中国近现代文化思想学术文丛

中國近代史

吕思勉 著

中国书籍出版社
China Book Press

图书在版编目（CIP）数据

中国近代史/吕思勉著．—北京：中国书籍出版社，2017.3
（中国近现代文化思想学术文丛）
ISBN 978-7-5068-5396-5

Ⅰ.①中…Ⅱ.①吕…Ⅲ.①中国历史-近代史Ⅳ.①K25

中国版本图书馆 CIP 数据核字（2016）第 023714 号

中国近代史

吕思勉　著

图书策划	范洪军
责任编辑	刘　娜
责任印制	孙马飞　马　芝
封面设计	北京汇智泉文化传播有限公司
出版发行	中国书籍出版社
地　　址	北京市丰台区三路居路 97 号（邮编：100073）
电　　话	（010）52257143（总编室）（010）52257140（发行部）
电子邮箱	eo@chinabp.com.cn
经　　销	全国新华书店
印　　刷	三河市华东印刷有限公司
开　　本	710 毫米×1000 毫米　1/16
印　　张	18
字　　数	230 千字
版　　次	2017 年 3 月第 1 版　2017 年 3 月第 1 次印刷
书　　号	ISBN 978-7-5068-5396-5
定　　价	36.00 元

版权所有　翻印必究

出版者的话

十九世纪中叶以后，西方学术思想来到中国，并得到了广泛的传播，长期束缚国人的思想禁锢得到解放；至二十世纪初，随着清帝逊位，二千余年的封建帝制彻底宣告结束，中国进入一个崭新的时代——社会历史的新时代，也是思想学术的新时代。

在这个新的时代，随着海外留学的大力拓进、新学堂的纷纷建立、西学学理的广泛传播，国内各学术领域进入了一个空前繁荣时期，同时也造就了一批博古通今、学贯中西的大师。这些学术大师秉承"独立之精神、自由之思想，为后世学人表率"之旨，撰著了一批对当时及后世的中国学术发展与演进均产生巨大影响的经典学术著作。这些著作反映了中国近现代的学术研究成果，全面展示了中国现代学术体系建立及发展过程。这些大师级学人的经典著述，虽经岁月的磨洗，至今仍然璀璨生辉，在诸多学术领域发挥着广泛影响。

民国初叶处于历史激变时期的大师级学者，他们都有一个共同的特点：既受过中国传统思想文化的洗礼，国学功底深厚；同时又接受过西方先进学术思想的熏陶，能够熟练运用所学西方先进的学术理念和科学方法，研究国是，探求真知；更重要的一点，他们有着严谨治学的态度，精益求精的治学精神——他们令人叹为观止的学术成，正是建基于这种种主客观因素之上的。

还须指出的是，那一时期独立之精神、自由的思想与学术氛围亦十分重要，与孕育培养出学术大师、撰著出版学术经典密不可分。在今天的清华园中，陈寅恪先生为王国维纪念碑撰写的碑文，至今可谓金声玉振、振聋发聩："先生之著述，或有时而不章，先生之学说，或有时而可商，唯此独立之精神，自由之思想，历千载万祀，与天壤而同久，共三光而永光！"精神独立、思想自由，是王国维的学术品格，也是民国初叶众多学术大师所共有的学术风范。

二十世纪已经渐渐远去。那是个人才辈出的时代，也是个激变的时代，更是一个留下了自己深深印痕的时代。那个时代所产生的众多人文学术大师及其学术成果，当时是、现在是、也将永远是我们国家一笔丰厚的文化财富，值得后人珍惜、继承和研究。

编辑出版这套《中国近现代文化思想学术文丛》，我们存有一个素朴的心愿：既坚持学术性与可读性并重的原则，亦以弘扬这些人文大师们的学术经典为指归，来进一步展示这些学术经典是中华民族的文化之本；让广大读者从中体悟到，阅读经典可以帮助人们深入理解我国传统文化的深层结构与博大精深。经典愈悠久，就愈具有长期的重要历史影响与现实作用。

整理出版这套文丛，可为广大读者提供二十世纪初期以来的中国学术精品。这些著述以历史、文学、哲学为主，不仅是近代各新学科的开山之作，亦是典范之作，业已经历时间检验，学术界对其有一定的肯定。如胡适的《白话文学史》、蔡元培的《中国伦理学史》、陈青之《中国教育史》等，皆为轰动当时并影响至今的经典学术著作，有些著作更是近年来第一次整理出版。

本次编辑整理这些著作，均以民国时期的初版为底本，用现代汉语标点符号标点，采用横排简体的形式出版。本着尊重原著的原则，对原书中一些词汇，包括人名、地名、书名及其译名皆仍其旧，不做改动，一般只做技术性处理。

盛世多撰述，盛世出好书，盛世重藏书。在今天这个中华民族最接近伟大复兴的时代，推出这套文丛，其嘉惠时人、流传后世意义不言而喻，出版者和广大读者当以此目标共勉。

中国书籍出版社
2016年2月

目录

第一篇　中国近代史讲义

第一章　绪　论 …………………………………………………… 2
第二章　中西交通之始 …………………………………………… 4
第三章　传教之始 ………………………………………………… 7
第四章　康雍乾三朝与俄国交涉 ………………………………… 9
第五章　清代之盛衰 ……………………………………………… 12
第六章　道光以前中外通商情形 ………………………………… 18
第七章　道光以前烟禁 …………………………………………… 23
第八章　烧烟及中英战事 ………………………………………… 25
第九章　江宁和议 ………………………………………………… 28
第十章　鸦片战争之役评论 ……………………………………… 30
第十一章　五口通商后广东中英交涉 …………………………… 35
第十二章　咸丰戊午、庚申之役 ………………………………… 38
第十三章　戊午、庚申和约大要 ………………………………… 41
第十四章　中俄咸丰戊午、庚申两约 …………………………… 44
第十五章　同光中俄交涉 ………………………………………… 49
第十六章　嘉道咸同光之朝局 …………………………………… 53
第十七章　各国立约交涉 ………………………………………… 56
第十八章　革新之渐 ……………………………………………… 68
第十九章　日本立约及台湾生番事件 …………………………… 73

第二十章	英人《芝罘条约》	77
第二十一章	法越之役	80
第二十二章	英缅之役	86
第二十三章	英谋西藏	91
第二十四章	中日之战与马关条约	93
第二十五章	港湾之租借	99
第二十六章	戊戌政变及庚子义和团	102
第二十七章	俄占东三省及日俄之战	106
第二十八章	清末外交情势	111
第二十九章	改革政体之动机	113
第三十章	清之亡及民国成立	117
第三十一章	民国以来之政局	121
第三十二章	民国以来之外交	123

第二篇　中国近世史前编

第一章　论中国近世史的性质	126
第二章　入近世期以前中国的情形	130
第三章　中西的初期交涉	143
第一节　近代西人的东来及中西交通	143
第二节　近代基督教的输入	147
第三节　康雍乾时的中俄关系	150
第四章　鸦片战争和咸丰戊午、庚申之役	153
第一节　鸦片战争和五口通商	153
第二节　咸丰戊午英法交涉	159
第三节　咸丰庚申英法交涉	164
第四节　咸丰戊午、庚申中俄条约	167
第五节　教禁的解除	173
第五章　汉族的光复运动	180
第一节　太平天国以前诸秘密结社的活动	180
第二节　太平天国的兴亡	185

第三节 捻党始末 …………………………………………… 199

第三篇 中国近百年史概说

第一章 总　　论 …………………………………………… 204
第二章 中西交涉之初期 …………………………………… 205
第三章 鸦片战争前之国内情形 …………………………… 210
第四章 外力侵入时代中国之情形 ………………………… 213
第五章 变动中之中国 ……………………………………… 220
第六章 国民政府之北伐 …………………………………… 229

第四篇 中国近世文化史补编

第一章 商　业　篇 ………………………………………… 232
第二章 财　产　篇 ………………………………………… 234
第三章 征　榷　篇 ………………………………………… 239
第四章 官　制　篇 ………………………………………… 257
第五章 选　举　篇 ………………………………………… 258
第六章 刑　法　篇 ………………………………………… 262
第七章 学　校　篇 ………………………………………… 274

后　记 ………………………………………………………… 278

第一篇　中国近代史讲义

第一章

绪　论

《史记·六国表》曰："《传》曰'法后王'，何也？以其近己而俗变相类，议卑而易行也。"此为研究历史当略古详今之注脚。盖事易见而理难明，自谓能明原理者，往往所执仍系实事，事已过去而犹欲强而行之，则泥古之祸作矣。世之侈谈皇古以及理想太高者，其不可用即由于此。然则历史知识信莫贵于现世矣。

史事前后相因，又彼此皆有关系，欲强分之，正如抽刀断流，不可得断一事也。欲求其原因，非谓全宇宙皆其因不真，欲求其结果，亦非谓全宇宙皆其果不确也。然事之真相难穷，而人之知识有限，就凡人识力所及，原因结果，要不能无亲疏之分，然则举吾侪认为与现在有直接关系之事，搜集而研究之，夫固未为不可也。所谓近世史者，其义如此。然则近世史当自何时始邪？

中国历史可划分三大时期。羲、农、巢、燧利物前民，文化由来，邈哉尚矣，虽书阙有间，传说要非尽虚诬，此为自草昧入文明之世，一也。孔子删《书》，断自唐虞，史公作《记》，始于黄帝，惇史留诒，盖自兹始。斯时部落林立，异族错居，以累代之尽力经营，而林立者始渐合并，错居者始渐同化，至于嬴秦，遂胥宇内而为郡县，此自分裂入统一之世，二也。自秦迄今二千余年，就大体言之，疆域实无甚变更，政治亦无甚根本变动，四方异族程度皆较我为低，虽亦有时凭恃武力，荐居上国，至于声明文物，终不得不舍其故有者而从我。一再传后，其族且与我同化，泯然无迹焉。文化足以裨益者，惟一印度，亦仅及神教哲学而止耳，此为闭关独立之世，三也。自欧人东来，而局面乃一变，其文化既与我大异，政治兵力亦迥非前此异族之比，我国受其影响，遂至凡事皆起变化，此为现在所处之时期，就此时期之事而讲述之。此则所谓近世史者也。其中又可分为二期：一自欧人东来，至清末各国竞划势力范围止，此为中国受外力压迫之时代；一自戊戌变政起，讫于现在，此则中国受外力压迫而起反应之时代也。

第二章

中西交通之始

　　自中国通欧洲陆道凡四：北经西伯利亚逾乌拉岭入欧俄，一也；自蒙古经天山北路出两海间咸海、里海，二也；自天山南路逾葱岭，三也；南经前后两印度西北行，四也。四道中，北道最荒凉，直至俄人据西伯利亚筑铁路而后大开。自蒙古迄两海间为游牧人种荐居之地，匈奴、蒙古侵略欧洲实自此道，两洲之声教文物由此相接者，希焉。葱岭以西、印度固斯以南，自古多城郭繁华之国，然天山北路，既阻之以大沙漠，川边海藏又为世界第一高原，越此相通，实云艰阻。安南虽为中国郡县，而暹罗、缅甸，开化皆晚，且中国文化古来亦迄在北方，至南方渐即开明，而安南已离去矣。故中欧虽陆地相接，然其关系反至海洋交通之世而后密也。

　　海道自地中海、黑海出波斯湾，或自埃及出红海，为自古贾舶所由，然是时航海之业尚未大盛，至近世此道沿岸悉为土耳其所据，而西人航海之业转于此时勃兴，遂不得不舍旧有之道，而别觅新路，其究也，海路之新通者有二，一绕非洲南端入印度洋，一则经西半球东来也。此时欧洲文化亦骤进，其与我相异而足以相资之形大著，于是东西交往有如一家，而世界风云影响且及于亚东之古国矣。

　　西人近世之东航，实始明代。宪宗成化二十二年，葡萄牙人始抵好望角。武宗正德十一年，遂来广东。世宗嘉靖十四年，乃得澳门为根据地。见《中西纪事》。自葡人抵好望角后七年明孝宗弘治六年，而哥伦布发见美洲；其抵广东后三年正德十四年，则麦哲伦环绕地球。嘉靖四十四年，西班牙县菲律宾，建马尼剌；神宗万历三年、八年，再至福建求通商，为葡所阻，而中国贾舶往来于马尼剌者甚多。荷兰故西属也，以万历九年叛西班牙自立时，西班牙王兼王葡萄牙，恶之，禁其出入里斯本，荷人乃自设东印度公司，谋东航，先后据苏门答腊、爪哇、马六甲。万历四十八年，攻澳门不克，转据澎湖，旋略台湾明熹宗天启四年，至清顺治十七年，乃为郑成功所夺。先四年顺治十三年，荷人使至清廷求通商，清人许其八岁一至，舶数以四为限。康熙三年，又求改立商约，清人不许。然荷人于好望角、麦哲伦海峡皆筑塞驻兵。自万历三十七年，已得日人允许通商长崎。岛原乱后事在明思宗崇祯十年，日人悉禁他国不得通，惟荷人不传教独免。当时东方之商业实以荷人为独盛也。英立东印度公司事在万历二十七年，与葡人争印度，葡人累败，其卧亚总督乃与英和，许其出入澳门。思宗崇祯十年，英人遂以舰至，而葡人之守澳门者拒之。英人乃自谒中国官，至虎门，为守兵所炮击，英人还击，陷其炮台详见《华英通商事略》，后还所掠，中国亦许其通商。未几，兵事起，复绝。郑经尝许英人通商厦门及安平，然台湾初开，安平实无甚贸易，惟厦门时一至而已。明清之间中欧海路之交通如此。

其自陆路东来者，则为俄罗斯。俄盖《唐书》之遏罗支也。《元史译文证补·地理志西北地附录释地》上阿罗思云：“令官私文书定称为俄罗斯，详审西音似云遏而罗斯。遏而二字滚于舌尖一气喷薄而出，几于有声无词，自来章奏纪载曰斡罗思、鄂罗斯、厄罗斯、兀鲁斯，直无定字。又曰罗刹、罗察、罗车、罗沙，则没其启口之音，促读斯字，变为刹察，岐异百出，有由来也。其族类曰司拉弗哀，既非乌孙，亦非羌种。佛书罗刹尤为不拟于伦。其国名最晚著而族类之名则早见西书。俄史释司拉弗哀，义谓荣耀，欧洲他国，则释为佣奴。《瀛环志略》谓唐以前为西北散部，受役属于匈奴，最为近似。元人所谓林木中百姓是也。唐季此种人居于俄，今都森彼德普尔之南，旧都莫斯科之北，其北邻为瑞典、挪威国。国人有柳利哥者，兄弟三人，凤号雄武，侵陵他族，收抚此种人立为部落。柳利哥故居地有遏而罗斯之名，遂以是名部。他西国人释之曰遏而罗为摇橹声，古时瑞典、挪威国人专事钞掠，驾舟四出，柳利哥亦盗魁，故其地有是称。是说也，俄人所不乐闻。”愚案《唐书·回鹘传》：“驳马或曰弊剌曰遏罗支，直突厥之北，距京师一万四千里，人貌多似结骨，而语不相通。”遏罗支即遏而罗斯异译。结骨人皆长大赤发，暂面绿瞳，亦见《唐书》，正是白种形状。司拉弗哀盖先为遏罗支所征服，而后柳利哥君之，故犹蒙其旧称，释为橹声，语涉附会。俄人之不乐闻，未必尽由自大也。

唐懿宗咸通三年，有柳利哥者始建诺佛哥罗特，后嗣渐拓而南迁于计掖甫，居黑海之滨，行封建之制。蒙古兴而俄为所征服，地属成吉思汗长子拙赤。拙赤死后，其长子拔都实为之共主，西史称为钦察汗国。明英宗天顺中，俄人叛蒙古，时钦察汗正统已绝，支庶纷争，遂为俄人所乘，次第破灭，时当宪宗成化中，约与葡人之绕好望角而至印度洋同时也。俄人既复西疆，复思东略，收抚可萨克族以为己用，遂东侵西伯利亚，于是托波儿斯克万历十五年、托穆斯克万历三十二年、叶尼塞斯克万历四十七年、雅库次克崇祯五年、鄂霍次克崇祯十一年相次建立。至崇祯十二年，遂抵鄂霍次克海，又欲南下黑龙江，而清俄之交涉起矣。

第三章

传教之始

　　近世东西交通关系之大，在于文化，而西方文化之输入，实始基督教士，此不可诬也。基督教之入中华，不自近世始，当唐太宗时，教徒阿罗本已赍经典来长安，太宗许其建寺曰波斯。是为基督教之乃斯脱利安宗，中国名曰景教。乃斯脱利安者，当南北朝之初，基督教中有基督为神抑兼为人之争，乃斯脱利安主兼为人，后其说见摈，其徒因谋为乱，事泄见逐，皆居波斯，凡三万人，故阿罗本自波斯来也。玄宗以其教本出大秦，改寺名曰大秦。德宗时寺僧景净立《景教流行中国碑》，明末出土，可以考见当时景教流行之情形焉。武宗禁佛教，诸异教皆遭波及，景教亦绝。元世兵力抵欧洲，欧人苦其侵扰，欲以神教怀柔之，于是若望高未诺奉教皇之命，以世祖至元二十七年至大都，世祖许立教堂四，皈仰者逾六千，然多蒙古人，故元亡后绝。元时基督教徒称也里可温，近人陈垣有考。

　　明世东西航路通后，旧教教士入中国者，当以利玛窦为始。利玛窦之至澳门，事在万历九年，先传教于肇庆，后至南京。交其士大夫。万历二十八年始至北京，表献方物。明年又至，神宗赐之宅，并许其建立教堂。利玛窦知中国士大夫不易崇信教理，又知形下之学，为中国所乏，乃先以是牖道之。士大夫多重其人，故其传教无阻。万历三十八年，利玛窦卒。未几南京礼部侍郎沈㴶奏攻其教，四十四年遂遭禁断，教士之居北京者，皆勒归澳门。熹宗立，满洲战事急，召其人造大炮，乃得解，时天启二年也。会《大统历》疏舛，而深通天文之汤若望亦来华，遂于首善书院设历局，命造仪器，且译历书。思宗崇祯十四年新历成。十六年命以代旧历，事未行而明亡。清人入关，汤若望上书自陈所学，诏名其所造历曰时宪。汤若望及南怀仁并官钦天监，时顺治二年。世祖没，杨光先疏攻之，汤若望等皆论死，以前劳仅免，各省教士亦多见禁锢。圣祖康熙六年，以推闰失实，乃复黜光先而用南怀仁，在京教堂，仍许设立，然各省之禁止如故也。初波兰人卜弥格以教皇命传教广东，尝于永历四年清顺治七年，赍桂王母王、马两太后及教士庞天寿书，致教皇请其代祈天主，保佑中兴。当时两太后及皇后王氏，太子慈烜，大臣瞿式耜、丁魁楚等咸受洗礼。逮清圣祖兴，好尚西学，用西教士益多。圣祖最眷南怀仁，南怀仁又引进徐日昇、张诚、安多等进讲西学，外交、制造、测绘等事，亦咸使襄理，各省教堂，虽未解禁，然私设者亦不问。当时广东省有教堂七，江南百馀，在他省者亦二三十，信者至数十万人焉。初利玛窦等之传教于中国也，不禁拜孔子，亦不禁拜天祀祖，其说曰，中国人之拜孔子，乃崇敬其人，其拜天，则敬万物之本，祀祖出孝爱之诚，皆非拜偶像求福也。教士咸习华语，通华文，衣食居处，一如华人，其人皆无家室，行坚卓而邃于学，故易起人敬仰之忱，不萌异教畏恶之念，然别派教士有不以为然者，讦之教皇，谓其卖教求荣。康熙四十三年，教皇命铎罗赍密令至中国禁之。铎罗以明年至燕京，知其令与中国不相中，迟至四十六年乃以己意布其大要，而命教士不从令者皆去中国。圣祖大怒，执铎罗致之澳门，命葡人锢之，后以幽愤死。康熙五十六年，碣石总兵陈昂以天主教在各省开堂聚众，广州城内外尤多，洋船所汇，同类勾引，恐滋事端，乞依旧例严禁。许之。世宗雍正元年，闽浙总督满保请除送京效力人员外，概行安置澳门。各省天主堂皆改为公廨。明年，两广总督孔毓珣以澳门地窄难容，请令暂居广州城内天主堂，而禁其出外行走。乾隆五十年，西人巴亚央等因私行传教，刑部审拟监禁，奉旨以情实可悯释之。又明年，毓珣奏言香山西人丁数已逾三千，乞着为定额，馀额者悉令归国，皆从之。先是一七一八年康熙五十七年教皇尝发令，处不从一七○四年之令者以破门之罪，使嘉禄至中国行焉。嘉禄知其不可，别以己意加八条于令后以调和之，教皇不谓然。一七二一年康熙六十年及一七二四年雍正二年再发令申明一七一八年令意，于是在华教士不得复顺中国之俗，华人畏恶愈深，川楚教乱后，尤视异教如蛇蝎。仁宗嘉庆十年，御史蔡惟珏疏请严禁西洋人刻书传教，适广东人陈若望为西人德天赐送书函地图至山西，事觉下刑部严讯，德天赐监禁热河营房，陈若望及馀任职教会之华人皆遣戍伊犁，教会所刻汉文经三十一种悉销毁，教禁益严矣。

第四章

康雍乾三朝与俄国交涉

　　西、葡、英、荷等国之东来，其志皆在通商而已，而俄与中国之交涉，则自争界始。俄人于明穆宗隆庆元年，神宗万历四十七年两次遣使至中国求通商，以无贡物，未得朝见。清之兴也，兵锋直至黑龙江下流，而俄略地之兵亦于是时东下。顺治六年，俄哈巴罗甫始筑雅克萨城。十五年，叶尼塞斯克守将帕斯可夫复筑尼布楚。是时俄东征之军，皆无赖子，日事剽掠，清人称之曰罗刹。哈巴罗甫西归，斯特巴诺代统其众，为宁古塔章京沙尔瑚达所杀，帕斯可夫亦为宁古塔将军巴海所败，弃尼布楚。先是，顺治十年，什勒喀河外土酋罕帖木儿以俄人侵掠来降，有司遇之薄，复奔俄。十一年、十二年、十八年，圣祖康熙六年，俄人屡遣使来求通商，其使或以商人充之，或与商人偕行，而以商人为副，皆以争朝见跪拜等礼节多所纠葛，惟所携货物，均许其发卖而已。雅克萨之陷，清军毁其城，俄人旋复筑之，尼布楚亦复为俄据。康熙九年，圣祖谕尼布楚守将，命交还罕帖木儿，约束边人，毋抄掠，守将许之而不果行。十四年，俄使尼果来来，请划界通商，圣祖要以交还罕帖木儿，否则均无庸议，议又不就。罕帖木儿后徙莫斯科，入希腊教。尼布楚之会，索额图知其不可得，未以为言。三藩既平，圣祖乃为用兵计。二十一年，命户部尚书伊桑阿赴宁古塔造大船。筑墨尔根今嫩江县、齐齐哈尔今龙江县二城，置十驿以通饷道，以萨布素为黑龙江将军驻瑷珲，后移驻墨尔根，命喀尔喀绝俄贸易并遣戍兵割俄田禾以困之。二十四年，都统彭春以陆军一万、水军五千围雅克萨，俄将阿尔巴青以四百五十人守，已知不敌，约降，奔尼布楚。彭春毁其城而还。阿尔巴青既去，俄将皮尔顿以兵六百人来援，复偕还，据雅克萨。明年，萨布素以八千人复围之，阿尔巴青战死，守兵

· 9 ·

七百三十六人存者六十而已。城旦夕下而和议起，朝命止攻围乃解。

时俄大彼得初立，内难未靖，又外与土耳其、波兰构衅，未遑东略。清亦未知俄情当时称俄人曰罗刹，圣祖致书俄皇，则以蒙语称为鄂罗斯察罕汗，圣祖因尼果来致书俄皇，俄人莫能解，又遣降俘至蒙、俄境上宣谕，亦不得报。二十五年，乃因荷兰使致书俄皇，俄皇复书，许约束边人，续遣使议界约，而请先释雅克萨之围，圣祖许之。二十六年，俄使费耀多罗东来，二十七年，清内大臣索额图等与议于尼布楚。费耀多罗之东也，彼得命以黑龙江为两国之界，索额图受命，亦请尼布楚以东黑龙江两岸之地皆归我国，否则勿与和，圣祖许之。是时俄东方兵力未充，费耀多罗之来，从卒一千五百人，而清使者从卒万馀，都统郎坦又以精卒万人自瑷珲水陆并进。议既不谐，从行之天主教士徐日昇、张诚调停亦不就，清兵将围尼布楚，俄人不得已，悉如中国意以和。定约六条，西以额尔古纳河，东自格尔必齐河以东，以外兴安岭为界，岭南诸川入黑龙江者，皆属中国，其北属俄，立碑于两国界上一在格尔必齐河东岸，见《清一统志·盛京通志》；一在额尔古纳河南岸，见《清通典》。杨宾《柳边纪略》谓东北威伊克阿林大山尚有一界碑，再毁雅克萨城而还。

尼布楚约既立，划界之议已决，而通商之议仍未定。康熙三十二年，俄使伊德斯来，圣祖许俄商三年一至京师，以二百人为限，居于京师之俄罗斯馆，以八十日为限而免其税。俄人请遣学生习中国语言文字，又为设俄罗斯教习馆焉。尼布楚定约前三年，准噶尔噶尔丹攻喀尔喀，喀尔喀三汗车臣、土谢图、札萨克图三汗皆走漠南。圣祖出兵击破噶尔丹，至三十六年而噶尔丹自杀。三汗还治漠北。土谢图与俄本有贸易，于是蒙、俄划界通商之交涉复起。时俄人至京通商者以官吏多所诛求苦之，其在边境者亦时见停罢，乃于五十八年遣伊斯迈罗夫来议，不得要领。伊斯迈罗夫留参赞兰给待命而归。未几，土谢图汗以俄人通商者任意滥入，不受弹压，蒙人又逃亡入俄，请停俄人互市，许之，遂并遣兰给。世宗雍正三年，大彼得殂后叶卡捷琳娜一世立。五年，俄使乌拉的斯拉维赤复来，清不欲与在京议约，使返恰克图，乃命郡王策凌、内大臣四格、侍郎图尔琛往议，定约十一条，自额尔古纳河以西至齐克达奇兰以楚库河为界，自此以西，以博木沙奈岭为界，乌带河地方乌带河在外兴安岭之北，入乌带湾仍为瓯脱。在京贸易与旧例同。俄蒙边界则以恰克图、尼布楚为互市之地。高宗乾隆二年停北京互市，命专在恰克图。时贸易以皮毛为大宗，为俄官营，于财政颇有关系，故每遇交涉棘手，辄停互市以挟制之。乾隆三十年、三十三年、四十四年、五十年皆曾停市，而五十年一次停闭最久，至五十七年乃复开焉。

以上为清乾隆以前与俄交涉，看似占胜，然其失策有二：一则尼布楚条约得地虽多，而不能守，仍视为边荒弃置之，遂启俄人觊觎之心；二则陆路许俄无税通商，当时以此为怀柔之策，亦启后日要索之端也。

第五章

清代之盛衰

　　西力东渐，开数千年未有之局，此即以中国所谓盛世者当之，亦终不克于败绩失据，何者？中国政治疏阔，武备废弛，但求与天下安，实只可处闭关独立之时，而不宜于列国竞争之世也。惟是西力东来，若值朝政清明之日，则所以应付之者必较得宜，不至如清末丧败之甚耳。外力深入，盖自道、咸以来，适值清代中衰之候，客强主弱，郑昭宋聋，丧败之端，遂至层见叠出，此亦我国民之不幸也。今先叙述五口通商以前清代盛衰之大略如下。

　　中国立国亚东，以内地十八省为根本，而东三省、蒙、新、海、藏以及东北之朝鲜、南方之后印度半岛等，实为之屏蔽。历代盛时，此诸地方或为兵威所及，或则声教所通，在当时仅等诸羁縻，然及西力东渐，则剥妆及肤，情形与前此大异矣。明清间之蒙古，以科尔沁、察哈尔、土默特、喀尔喀为大宗。元顺帝之北走也，五传而大汗之统绝。有阿鲁台者，成吉思汗弟哈布图哈萨尔之后也，迎立元裔本雅失里。阿鲁台后为瓦剌部长马哈木所杀，其众走嫩江，依兀良哈，是为嫩江科尔沁部。瓦剌者，元世之斡亦剌，清时之卫拉特也。马哈木孙也先始替元裔自立，雄据漠南北，于是有土木之变。也先死，瓦剌复衰。鞑靼诸部相纷挐。至明宪宗成化六年，即一四七〇年，成吉思汗之后巴图蒙克即汗位，乃复统一漠南北，是为达延汗。达延汗有四子，长子图鲁早死，次子乌鲁斯，三子巴尔苏，四子格埒森札赉尔。达延汗留第四子守漠北，是为喀尔喀部。车臣、土谢图、札萨克图三汗其后也。自与图鲁之子卜赤徙牧近长城，称插汉儿。插，蒙语近也，清人改译为察哈尔。乌鲁斯攻套部蒙古，为所杀，巴尔苏定之。巴尔苏二子，长曰衮必里克图，其后为鄂尔多斯；次曰阿勒坦汗，即明史之俺答，其后为土默特。衮必里克图早死，其众亦归俺答，故世宗时俺答最强，屡犯中国，又使其子宾兔、丙兔据青海。时黄教已行于青海，二子信之,遂由之化及漠南北。俺答曾躬迎三世达赖至漠南布教。后准部强,道阻,乃自奉黄教始祖宗喀巴第三弟子哲卜尊丹巴,即后来库伦之活佛也。俺答即信喇嘛教,不复为边患而察哈尔独强。而天山北路为卫拉特凡四部,曰和硕特,居乌鲁木齐,哈布图哈萨尔之后长之;曰准噶尔,居伊犁,曰杜尔伯特,居额尔齐斯河,皆也先之后长之;曰土尔扈特,居塔尔巴哈台,元臣翁罕之后长之所据,南路则自唐以来,为回纥种人所据,青海川边,自古为羌族所据,而后藏高原则为藏族栖息之地有一妇数夫之俗者,属此族,如嚈哒、女国等是,唐初吐蕃王室来自印度见《蒙古源流考》,始举海藏川边尽臣之。及喇嘛教盛行,政权亦渐入其手。明初喇嘛新派黄教起,旧派红教又渐失势。世宗时,蒙古袭据青海,黄教因之化及漠南北,于是蒙新海藏皆为黄教盛行之区,而天山南路之回族,仍笃信伊斯兰教,此当时诸地方部族及神教之情形也。清之兴也,科尔沁首先归附,旋漠南诸部以苦察哈尔林丹汗之凌轹,亦来降。明思宗崇祯七年清太宗天聪八年,清太宗征诸部兵伐察哈尔,林丹汗走死漠南,蒙古皆平,漠北亦通贡,然未大定也。时卫拉特分四部,而和硕特、准噶尔二部为强。崇祯十六年清太宗崇德八年,西藏第巴官名桑结召和硕特固始汗袭杀红教护法拉藏汗,而奉班禅居札什伦布达赖、班禅分主前后藏始此,和硕特遂徙牧青海,遥制西藏,桑结又恶之。清圣祖康熙十六年召准噶尔噶尔丹击杀固始汗之子达颜汗。准噶尔先已逐土尔扈特,服杜尔伯特,及是遂并四部为一。时天山南路之伊斯兰教分白山、黑山两宗,互相轧轹。白山为素尼宗,黑山为什叶宗,中伊思马哀耳一派,即元时之木剌夷也,可参看《元史译文证补·报达木剌夷补传》。白山酋亚巴克为黑山所败,辗转奔拉萨,噶尔丹既杀达颜汗,奉达赖命纳之康熙十七年。遂尽拘元裔之长诸城者致诸伊犁天山南路本成吉思汗三子察合台分地。清初叶尔羌汗阿布都拉伊木,成吉思汗十九世孙也,尝命诸弟分长吐鲁番、哈密、阿克苏、库车、喀喇沙尔、和阗、乌什、喀什喀尔八城,别遣将督南路收其赋税,势益张。康熙二十七年,噶尔丹攻喀尔喀,三汗溃走漠南。圣祖命科尔沁假以牧地,亲征击破噶尔丹,噶尔丹旧地又为兄子策妄阿布坦所据。三十六年,噶尔丹自杀。三汗还治漠北,外蒙自此为清不侵不叛之臣矣。额驸策凌,成吉思汗十八世孙图蒙肯之后,愤喀尔喀之衰,自练精兵。雍正时,准噶尔来犯,大破之,世宗嘉之,使独立为三音诺颜部,不复隶土谢图。喀尔喀始有四部。噶尔丹之侵扰，桑结实指使之。康熙四十四年，固始汗曾孙拉藏汗杀桑结，诏封为翊法恭顺汗。五十五年，复为策妄所袭杀，清发兵击却之。圣祖崩，固始汗孙罗卜藏丹津煽青海喇嘛以叛，亦为清所讨平世宗雍正元年。高宗时，策妄阿布坦死，准部内乱，高宗乘机平之乾隆二十年。先是策妄替白山宗羁其酋玛罕木特，及是其二子布罗尼特大和卓木、霍集占小和卓木归南路自立，清又讨平之乾隆二十五年，声威所播葱岭以西。若浩罕亦作教罕，所属有八城，而安集延之人来经商者最多，故清人又称其人为安集延、若哈萨克分三部：左曰鄂尔图玉斯，俄人称为大吉尔吉思，中曰齐齐玉斯，俄人称为中吉尔吉思，西曰乌拉玉斯，俄人称为小吉尔吉思、若布鲁特分二部，俄人称为喀剌吉尔吉思、若干竺特亦作坎巨提，又作喀楚特、若博罗尔即帕米尔、若巴达克山、若克什米尔、若布哈尔、若阿富汗皆通贡市。西藏南之廓尔喀于乾隆五十五年、五十六年再犯西藏。高宗遣兵击破之，亦定五年一贡之制。东北边自《尼布楚条约》定后，全包有黑龙江，朝鲜自太宗以来久臣服。幅员之广，迈于汉唐矣。惟南方疆域则尚未逮明世。安南当明成祖时，曾隶中国，为布政司，后虽叛去，然黎莫二氏，仍为中国内臣。明宣宗弃安南，黎利有之。世宗初为莫氏所篡，明以为讨，莫氏请为内臣，乃削国号，立都统司，以莫氏为都统使。黎氏遗臣阮氏立黎氏之后于西京，万历时灭莫氏。明以莫氏为内臣，又来讨，且立其后于高平。黎氏亦如莫氏受都统使之职，乃许其并立。暹罗亦受封中国，缅甸尚为土司，其北平缅、麓川两司最强大。明太祖初，命平缅酋思氏兼长麓川，后又分其地置孟养、木邦、孟定、潞江、干崖、大候、湾甸诸司，思氏欲复故地，屡叛。英宗时，尝三发大兵讨之，卒不能克，仅定陇川而归，自此中国实力，西不越腾冲，南不逾普洱明初西南疆域实包今伊洛瓦谛江流域及萨尔温、湄公两江上游。阅《明史·土司传》可知，而思氏亦破坏，缅甸遂坐大。清乾隆时，缅甸莽氏为木梳土司雍籍牙所并，犯边，遣兵击之，不利乾隆三十三年。安南黎氏为阮氏所篡，遣兵征讨亦无功乾隆五十三年，即一七八八年。安南阮氏又有新旧之分。黎氏之复国也，以阮氏之力，既得国，任外戚郑氏，阮氏遂据顺化俨同独立，是为旧阮。阮氏自以子弟守西贡，是为新阮。乾隆时，新阮酋文惠与其兄文岳、弟文虑皆骁勇知兵，遂灭旧阮，又入东京灭郑氏，废其主黎维祁。黎氏遗臣来告难，高宗使两广总督孙士毅出师败新阮于富良江，后立维祁，已而不设备，为新阮所袭破。新阮亦请和，高宗许之，而编维祁入旗籍。然二国惧中国再讨，皆请和。暹罗事中国尤恭顺，虽实力不及，亦滇、黔、两粤之屏藩也。清代盛时，武功之略如此。

清代内治可分数期：（一）自顺治入关至康熙平三藩、灭郑氏为戡定之期；（二）圣祖、世宗整顿内治，至高宗遂臻极盛；（三）高宗秉性夸大，文治武功，皆近文饰，末年更用一黩货无厌之和珅，吏治大坏，民生日蹙；（四）遂至内忧外患纷至沓来，嘉、道以后，日入于艰难之世矣。今就五口通商以前政治、财政、军备情形略论之，以见木腐虫生，其来有自，虽曰西力东渐，为数千年未有之变局，然今日所以国蹙民贫至于此极者，其患实有所受之也。

满洲部落，本极贫窘，太宗时稍有窥伺中原之志，仍岁兴师，加以赏赐中国降人，安置归附及掠取部落，财用尤见竭蹶。入关之后，以不逮三分有二之地，支持东南、西南两面之军费，更属捉襟见肘矣。然当时宫中用度，确较明代为节俭。圣祖曾言："本朝入关以来，外廷军国之需与明略相等，至宫中服用，则以各宫计之，尚不及当时妃嫔一宫之数，以三十六年计之，尚不及当时一年之数。"政治亦较清明，故能废除三饷，又定赋役全书，一以明万历以前为准。是时海宇未宁，用兵不息，苛派骚扰，自不能免，然圣祖励精图治，一以实事求是为归，度支渐见宽裕，屡免天下钱粮，蠲除灾欠。末年库储已有二千余万。世宗政尚严肃，财政尤所注意，盐课关税，则增加收数，陋规火耗，则化私为公，故虽承西北用兵之馀，库储仍有二千七百万。高宗时继长增高，遂至七千八百万。历朝畜积，除隋文帝之世，盖无足与清比伦。然库藏之有馀，未必即为财力之雄厚。高宗内多欲而外施仁义，在位时南征北讨，军费所耗逾一亿，河工所耗又数千万，此尚出诸府库，至于南巡之供账，和珅之贪求和珅家产清单见薛福成《庸庵笔记》，估计其值在八亿两左右。近世论者谓甲午、庚子两次偿款，和珅一人之产偿之而有馀云，则皆计簿无征，而所费实远较国家经费为巨。于是上官诛求州县，州县剥削小民，吏治坏而民生蹙，国家之元气隐受斫伤，内乱遂接踵而起矣。

满洲兵力本极强悍，用能以一隅之众抗天下之兵，然其衰敝亦极速。太宗崇德元年谕王大臣即谓"太祖时八旗子弟一闻行师出猎，莫不踊跃争先，今则或托妻子有疾，或以家事为辞"，可见清人尚未入关，其部落勇武之风，已非初兴时比矣。入关以后，江南川陕之戡定，皆恃降将偕行，西南之并吞，尤尽出降将之力，三藩之尾大不掉以此。吴三桂既叛，满洲兵顿荆州不能进者八年，且有谋举襄阳降敌者。见《啸亭杂录》。三藩之终于覆亡，仍汉人之自相屠戮耳。川楚白莲教起，清兵以乡勇居前，绿营次之，旗兵居后。论者谓经三藩之变，而知旗兵之不足用，经川楚白莲教之变，而知绿营之不足用。其实清代兵力，入关以后，即不可以遇大敌，其戡定中国，开拓疆土，非适值天幸，则掩耳盗铃耳。西南之平，纯由汉将效力。永历本不能自振，吴三桂亦暮气已深也。准部适值内乱，回疆残破之馀，皆非大敌。其征安南、缅甸、廓尔喀，则皆情见势绌矣。金川地不逾千里，人不盈五万，而用兵至五年，糜饷至七千万，尤为自古所未有。高宗顾以十全武功自夸，可谓颜之厚矣。清以异族入主，镇压本专恃兵力，兵力衰则外若蒙业而安，而其基础实已动摇矣。

历代北族入主中国，无不以骄奢淫佚致败。清室初兴时，程度已较金、元为高，颇能预以为戒。太宗崇德元年，即集诸王贝勒大臣命弘文院官读《金史·世宗本纪》，谕以保守旧俗，为子孙万世之计。历朝遵守此旨，未尝或渝。如乾隆时因胡中藻之狱戒满人毋得好吟咏，重汉文，荒骑射，忘满语。又定满人应试必先试弓马及格，然后许入场。然其人之柔靡竟如此，而其不能勤事生业亦与金代之女真人同。清既不能泯除满汉之见，则恃为捍城者，厥惟满族，汉族兵力即强，亦不可终恃，况乎绿营、旗兵，其积弱又如出一辙邪。

然兵力之不振，财用之不足，尚皆不为大忧，政治苟善，未始无挽回之策也。而清代又不能然。清代政治，盖误于满汉之见，始终未能化除。又惩明代横议及门户水火之弊，遂专以大权独揽，挫折士气，猜防臣下为治法，一人为刚，万夫为柔，当其盛时，亦有言莫予违之乐，一朝变起，则环视皆巧言令色，全躯保妻子之徒，求一与之共患难者而不可得矣。明太祖以雄猜废宰相，然中叶以后阁权未尝不重，六部亦各有其权，而吏兵二部，权力尤大，其人不贤，诒误固巨，然得贤君良相，则亦足以有为。清代则内阁军机，皆不过书写谕旨，朋党如张廷玉、鄂尔泰，仅以营私，即炙手可热如和珅，亦不过黩货，而能把持朝政者无有也。故虽声势赫赫而去之易于振槁。六部本已见压，且尚侍皆满汉并置，吏、户、兵三部又有管部大臣，内官迁转极难，非六七十不能至尚侍，管部又为兼差，坐啸画诺，一切听命司员而已。故其中枢之地，先已不振，外官则督抚司道，层层抑压，州县不能有为，督抚亦无大权，不能系一方之重也。康雍乾三朝，皆以明察自矜于臣下，动辄严加申饬，摘发隐微，使臣以礼之风，荡焉以尽，故多得脂韦巧媚之士，上焉者亦不过供奔走使令，骨鲠者且绝迹，况以安社稷为悦者乎？自顺治入关即禁士子结社，后来文字之狱，摧挫士气尤甚，士皆屏息不敢出气，高者遁于考据辞章，中材则沉溺帖括，下焉者则苟求温饱，寡廉鲜耻，无所不为已。嘉、道而降，时局日趋荆棘，然官方敝，而草野之士亦未有结缨揽辔，慨然以功业自期者。职是故也，善夫管同之言之也，曰："明之时，大臣专权，今则阁部督抚，率不过奉行诏命；明之时，言官争竞，今则给事御史皆不得大有论列；明之时，士多讲学，今则聚徒结社者渺焉无闻；明之时，士持清议，今则一使事科举，而场屋策士之文及时政者皆不录。大抵明之为俗，官横而士骄，国家知其敝而一切矫之，是以百数十年，天下纷纷亦多事矣。顾其难皆起于田野之间闾巷之侠，而朝廷学校之间安且静也。然臣以为明俗敝矣，其初意则主于养士气，畜人材。今夫鉴前代者，鉴其末流而要必观其初意，是以三代圣王相继，其于前世皆有革有因，不力举而尽变之也，力举而尽变之，则于理不得其平，而更起他祸。"《拟言风俗书》。其于清代官方之坏，士习之敝，及其所以致此之由，可谓言之了如指掌，以此承西力东渐数千年未有之变局，夫安得而不敝乎？

第六章
道光以前中外通商情形

　　中国初与西人交涉，不过通商、传教两端。通商本两利之事，传教亦无害于我，我非生番野蛮，岂虑其藉传教以潜夺吾民，而教士之科学且足为吾效力，则廓然大公而许其来，于我实有益无损也。然当时于西洋情形，全无所知，见通商则虑其将为海盗，见传教则疑为黄巾、白莲之流，且从古未见此船坚炮利之外夷，亦从古未见此长于科学之教士，遂疑其别有所图，而不能已于畏忌。而西人于中国情形，亦全然隔膜，徒觉其庞然自大，冥顽不灵而已。隔阂既深，衅端遂终不可免。道光以后之变局，夫固非一朝一夕之故也。

　　明室初兴，沿海已有倭寇，中叶受祸之烈，尤为旷古未闻，故于泛海来之外国，疑忌最深，然疑忌之而又假之以地，令其得有根据，则官吏之好贿为之也。明代广州本设有市舶司，暹罗、占城、爪哇、琉球、浡尼皆来互市。海舟恒泊香山县南虎跳门外之浪白洋就船贸易，正德时移于高州之电白。世宗嘉靖十四年，指挥使黄庆纳贿请于上官，移之濠镜，即今之澳门也。是为西人在陆地得有根据之始，遂有筑城置戍者。中国颇忌之。踞者亦旋去，惟葡人于穆宗隆庆初请纳租银五百两租空地建屋。总督林富为请于朝，许之，葡人遂得公然经营市步，据为己有矣。神宗万历三十五年，番禺举人卢廷龙入京会试，上书，请尽逐澳中诸番出居浪白，当事不能用。后何士晋督粤，毁其城。熹宗天启初，葡人藉口防倭，复筑署，海道副使徐如珂又毁之。时倭寇初平，或言澳中诸番实为倭乡道，请移之浪白。粤督张鸣冈谓香山内地，官军环海而守，彼日食所需，咸仰于我，一怀异志，立可制其死命，移泊外洋，则大海茫茫，转难制驭，如故便。部议从之。鸣冈之说，在当时未为非计，后来屡以断绝接济，胁制英人，其策盖原于此，然清代交涉之失，固别有在，不能为断绝接济咎也。清圣祖顺治四年，佟养甲督粤，奏言佛郎机人寓居濠镜澳门，与粤商互市，已有历年，后因深入省会，遂饬禁止，请仍准通市，惟仍禁入省会。此为清人禁西人入广州城之始，亦沿明之旧也。世宗雍正二年，以安插西洋人，命粤督孔毓珣筹议。毓珣奏言澳门西洋人与行教之西洋人不同，居住二百馀年，日久人众，无地可驱，守法纳税，亦称良善，惟恐呼引族类，人数益众，请以现在三千馀丁为额，现有船二十五只亦编列字号，作为定数，不许添造。自是葡人贸易之船以二十五只为限。先是康熙二十五年，葡人言澳门系专给彼国居住，他国船只，不应停泊。粤海关监督宜尔格图为之题请，部复许各国船只移泊黄埔。及是毓珣饬船到日只许正商数人与行客公平交易，其馀水手人等，均在船上等候，不许登岸行走，并不许内地人等擅入夷船。定十一、十二月风信便利，将银货交清，即令回国。雍正九年，因总兵李维扬言，仍令各国船停泊澳门。葡人独擅澳门之志，至是一挫。然时各国皆船货并税，惟葡船二十五止纳船钞，货许入栈，卖去然后输税。乾隆时，闭浙海关贸易，并于粤海，各国船舶，在澳住冬，皆向葡人赁屋而居。葡人独擅东道之势，其权利犹独优也。

　　清开海禁事在康熙二十四年台湾郑氏亡后两岁时，仍严南洋诸国之禁。至雍正七年乃弛。安南、广南港口等，乃相率偕来。其华人出洋者，康熙五十六年，以安南为限，西南洋皆不许往。雍正五年，闽督高其倬奏福建地狭人稠，宜广开其谋生之路，许其入海，富者为船主商人，贫者为舵工水手，一船几及百人。今广东船许出外国，何独于闽而靳之？廷议许之。世宗尝谕闽督，闻小吕宋有中国奸民二万人，宜留心察访。是年又谕廷臣，康熙未许噶罗巴小吕宋华民附洋船回内地，而回者甚少。今后出国宜定限期，逾期即不许回国，庶几不敢稽迟。当时不独畏忌外人，即华人留外国者，亦未尝不畏忌之，实缘不知海面情形，故于海盗恐怖殊深也，设榷关四：曰粤海，在澳门；曰闽海，在漳州；曰浙海，在宁波；曰江海，在云台山。二十七年，以舟山为定海县改旧定海县曰镇海，浙海关移设焉。特建红毛夷馆一区明时称荷兰曰红毛，后英人至，亦以是称之，为西人住居之所。时英、法、瑞典、西班牙、比利时等在广东均已立有商馆俗称洋行，唯荷兰商馆至乾隆二十七年始设立，而浙海税则较粤海为轻，于是诸国麇至。乾隆二十年，英总商喀喇生、通事洪任辉请收泊定海而运货至宁波，亦许之。乃越二年，忽有停止浙海之议，于是中英交涉起矣。

当时广东商馆势力以英人为最大，然不能径与人民交易，必经所谓官商者之手，买卖皆然。其事约起于康熙四十年顷，后因官商资力不足，且利为一人所专，亦为众情所不服，乃许多人为官商，于是有所谓公行者。公行始于康熙五十九年，入行者约十馀家，每家出款至二三十万，故其取诸外商者不得不厚，外人屡以为言，然中国官吏委以收税，管束外人之事亦以责之，故虽暂废，亦必旋复。当时外货估价之权全在公行，公行之估价也，合税项、规费、礼物等并计之。价既定，乃抽取若干以为行用。初，银每两抽三分，后军需出其中，贡项出其中，各商摊还洋债亦出其中，于是有内用、外用之名，有十倍、二十倍于其初者，而官吏额外之需索，尚不在内。公行垄断亦出意外，如当时输出以茶叶为大宗，茶商售茶于外国者，恒先与公行接洽，其货萃于江西之河口，溯赣江，过庾岭，非一二月不能至。嘉庆时，英商自以海船至福州运茶至广东，不过十三日，而公行言于当道禁之。英商虽衔之，无如何也。康熙时英商屡以粤关费重，纠洋商争之不得。雍正初，又议增收礼物银两。七年，外商合词控于大府，得稍裁减，未几又增出口税。于是外商趋浙者渐多。乾隆二十二年，闽督喀尔吉善、粤督杨应琚请将浙海税则较粤海加重一倍以困之。奉谕粤东地窄人稠，沿海居民大半籍洋船为生，而虎门、黄埔，在在设有官兵，较之宁波之可以扬帆直至者，形势亦异，自以驱归粤海为宜。明年应专令在粤。二十四年，洪任辉赴宁波陈请，浙中已将夷馆拆毁，见其至则逐之。洪任辉愤甚，自海道经赴天津陈请，且讦粤关积弊。朝廷怒其擅至天津，命由岸道押赴广东，圈禁于澳门者三年，而命福州将军赴粤查办，得监督李永标家人苛勒状，革其职。朝廷自谓足示外商以大公矣。二十九年，又以闽浙总督岁收厦门洋船陋规银一万两，巡抚八千两，革总督杨廷璋职。而外人亦未尝不怨朝廷之不通下情也。而粤督李侍尧又奏定防范外夷五事。一禁夷商在省住冬；二夷人到粤，令住洋行，以便管束；三禁借外夷资本及夷人雇请汉人役使；四禁外夷雇人传递消息；五夷船收泊黄埔，拨营员弹压。案此后管束外人之苛例甚多，如外人必须居住商馆，不许泛舟江中，并不许随意出入，惟每月初八、十八、二十八三日得携翻译游览花园。外人不准乘舆，住商馆者不准挈眷，外人陈请必由公行转递。公行隐匿，亦只许具禀由城门守兵代递，不得擅行入城，均极无谓。道光八年，一大班挈洋妇居商馆，其时十三洋行中，有东裕行司事谢某为置肩舆，出入乘坐，久之反不许行中人乘轿入馆。大吏廉得之，立拿谢某究治，瘐死狱中。大班闻其事，架大炮馆外，设兵自卫。大府虑激变，遣通事蔡刚以理晓谕，令撤去兵炮，并速遣夷妇回国。于是洋行具禀，托以大班患病，需人乳为引，俟稍愈当即遣之。大府据禀完案，不复根追。夷妇卒逗留不返。数年后，义律来粤，竟以挈妇为援例之常。见《中西纪事》。英人以中英之间种种隔碍，乃于一七九二年遣马甘尼斯当东来，时值高宗八旬万寿，赐宴赐物，颁给英王敕谕两道，于所请之事，一概驳斥不准。敕文见《熙朝纪政》及《国朝柔远记》。又疑英使至澳门将勾结他夷为患，令松筠以兵护送，所过提镇，陈兵迎接以威之。抵杭州乃召松筠还，而命粤督百龄督带过岭，其疑忌外人如此。嘉庆初，中国方困于海寇，英亦与拿破仑构衅，拿破仑发布大陆条例以困之。葡萄牙不听，为法所破。英虑法侵及东洋，七年以六艘泊鸡头洋，声言防法。粤督饬洋商中国与外洋贸易之商人当时称为洋商，外商则称为夷商，谕之，乃退去。十年，英人遣商舶赍表，亦以法为言，且言愿助中国剿海盗，政府疑其有他志，谕粤督那彦成饬兵备。十三年，英将度路利又以保护中英葡三国贸易，助剿海寇为辞，以九艘至澳，遣三百人登岸据炮台。时英人以澳门属葡，但得葡人允许，即可代守，而中国视澳门为领土，特借给葡人居住，于是轩然大波起。时总督为吴熊光，巡抚为孙玉庭，命洋行挟大班往谕，不去，乃禁贸易，断接济以困之。度路利遂以兵船三闯入虎门，进泊黄埔，又乘舢板入会城，居商馆，谓中国禁采办，将入运其积也。又以中国断贸易，请还茶叶而索其值，又索偿商欠。碣石总兵黄飞鹏炮击其继至之船，毙英兵一，伤其三，乃退。然其先至者居商馆自若也。时海盗甫平，兵力疲弊，故督抚皆务持重避启衅，而仁宗以英兵闯入我境，且以保护中葡贸易为辞，以天朝与小夷相提并论，又请代剿海盗，有藐视我水师意，疑其谋袭澳门，怒吴熊光畏葸，谕令严饬英人退兵，抗延即行剿办。又派永保赴粤查办。适英大班自印度至，以封舱怼度路利，葡人亦以银六十万两犒英师，吴熊光又许其兵退即行开舱，乃退兵，贸易而去。仁宗以开舱虽在退兵后，而许之在先，益怒，革熊光、玉庭职熊光旋遣戍伊犁，以百龄为总督，韩葑为巡抚。于是增澳门防务，定各国护货兵船均不准驶入内港，禁人民为夷人服役，洋行不得搭盖夷式房屋，铺户不得用夷字为店号,清查商欠,勒令分年归还停利归本,选殷实者为洋商。十五年,大班喇佛以行用过重诉于蒋,蒋与督臣司道筹议,佥以洋人无利,或可阻其远来,不许减。十九年英舰捕美商船一,押至澳门,又追获一艘于黄埔。中国以责大班,大班无能为,遂欲停止贸易。于是英派罗尔美都来使,而使加拉威礼至粤。故事贡使见制府,免冠俯伏,制府坐,堂皇受之,加拉威礼不可。时总督蒋攸铦入都,巡抚董教增摄督事,许以免冠为礼,教增亦起立受之。英使入都,仁宗命户部尚书和世泰、工部尚书苏楞额赴津迎迓,命在通州演礼。英使既不肯跪拜,和世泰又挟之一昼夜自通州驶至圆明园,劳顿不堪,国书衣装皆落后。明日,仁宗御殿召见,正副使遂皆以疾辞。仁宗以为傲慢,大怒,绝其贡,命广惠伴押赴粤。已知咎在伴迎者,乃谴和世泰等,命粤督慰谕英使,致收贡品,仍赐英王敕谕,赐以物品,然英人之所要求,则一未得逞也。英人在广东之贸易,自乾隆四十六年以后为东印度公司所专,至道光十四年乃废。公司之代理人,中国谓之大班。十三洋行言散商统驭无人,不便,请令再派大班来,粤督卢坤奏请,从之。于是英以律劳卑近译亦作拿皮尔为监督,蒲罗登副之,带威为第二监督,鲁宾逊为第三监督,以十四年六月至黄埔,请晤总督。卢坤以为大班也,怒其书用平行体,且不经公行转达,饬令回澳。律劳卑不可,坤遂绝英贸易。律劳卑乘兵舰突入虎门,坤以英人既无照会,律劳卑又不举出凭证,坚不信为英官,调兵围商馆以困之。会律劳卑有疾,乃退去,未几,卒于澳门。带威继为监督。带威去,鲁宾逊继之,议于珠江口占一小岛为根据,不复与中国交涉。十六年,英废监督,以义律为领事。邓廷桢为总督,乃许其至广州,然交涉仍多隔碍。义律上书本国,诏欲得中国允许平等,必须用兵,而战机潜伏矣。

第七章
道光以前烟禁

鸦片输入由来已久,惟以为烟而吸之,则始于明清之间。鸦片本作药用,其后与烟同吸,久乃去烟而独吸鸦片。说见日本稻叶君山《清朝全史》。案雍正朱批谕旨,七年福建巡抚刘世明奏,漳州府知府李国治拿得行户陈远私贩鸦片三十四斤,业经拟以军罪,及臣提案亲讯,则据陈远供称鸦片原系药材,与害人之鸦片烟并非同物。当传药商认验,佥称此系药材,为治痢必须之品,并不能害人,惟加入烟草同熬,始成鸦片烟。李国治妄以鸦片为鸦片烟,甚属乖缪,应照故入人罪例,具本题参云云。其初本作药用,故亦以药材纳税。担税银三两,又每包加税二两四分五厘。雍正七年始定贩者枷杖,再犯边远充军之例,然其时输入岁不过二百箱耳。贩运者皆葡萄牙人也。乾隆四十六年,英吉利东印度公司得垄断中国贸易特权,而印度为鸦片产地,输入遂日多。道光以前历年输入之数详见萧一山《清朝通史》。出孟加拉者曰公班,亦称大土,出孟买者曰白皮,亦称小土,总名波毕。乾隆末年粤督奏禁入口。嘉庆初,又奉诏申禁,裁其税额,自此入口遂成私运。二十年,粤督蒋攸铦奏定查禁章程,奉谕自后西洋人至澳门,均须按船查验。道光元年因查出叶恒澍夹带鸦片案,奉旨重申前禁。凡洋舶至粤,先由行商出具所进黄埔货船并无鸦片甘结,方准开舱验货,其行商容隐,事后查出者加等治罪。自此鸦片趸船尽徙之零丁洋。其地水路四达,福建、江浙、天津之泛外海者,就地交兑,销数之畅如故也。二年,复奉廷寄交粤督阮元密查,奏请暂事羁縻,徐图禁绝。而其时鸦片趸船已改泊急水门、金星门等处,勾结内地奸民往来传送,包买则有窑口,说合则有行商,私受土规则有关汛为之奥援,包揽运载则有快蟹资其护送。于是趸船之来,每岁骤增至数万箱。六年,总督李鸿宾专设水师巡缉,而巡船受私规银日且逾万,私放入口。其年突增至趸船二十五只,烟土二万箱。十二年,卢坤督粤裁之。十七年,总督邓廷桢复设,而巡船仍沿旧规,且与之约,每万箱别馈数百箱。甚至代运进口。副将韩肇庆顾以此擢总兵,赏孔雀翎,而鸦片且岁至五六万箱矣。

道光十六年,太常寺卿许乃济上言:"近日鸦片之禁愈严,而食者愈多,盖胥役棍徒藉法令以为利,法愈峻胥役之贿赂愈丰,棍徒之计谋愈巧。逞其鬼蜮伎俩,法令亦有时而穷。究之食鸦片者,率皆浮惰无志、不足轻重之辈,亦有逾耆艾而食之者,不尽促人寿命。海内生齿日繁,断无减耗户口之虞,而岁竭中国之脂膏,则不可不早为之计。闭关不可,徒法不行,计惟仍用旧制,照药材纳税,但只准以货易货,不得用银购买。又官员士子兵丁不得漫无区别,犯者应请立加斥革,免其罪名"云云。

乃济之言既上,奉旨交疆臣会议,而一时九卿台谏,咸谓其有伤政体。上以言者不一,必须体察情形,通盘筹划,令邓廷桢议奏。是时疆臣奏覆,率请严定贩卖吸食罪名。十八年,鸿胪寺卿黄爵滋又奏请严禁。此疏至今尚为人所传诵,然于法之何以能行,似亦未曾筹及,盖皆不免徒知烟之当禁,而未一察当时政治情形,至于因此而动干戈,终至败绩失据,则自非当时之人所及料,不能以此为议者咎也。奏上,奉旨交督抚会议,并饬部臣重定新例,开设窑口烟馆、栽种兴贩及员弁兵丁受贿故纵者,均处斩绞;吸烟者予限一年六个月,限满不悛拟绞监候,时十九年五月间也。而烧烟之事已先三月行之广东矣。鸦片输入,当时朝野上下所最虑者为漏银,其实以货易烟,与以银易烟受损等耳。然当时以此为大忧,则亦币制之不善有以致之也。黄爵滋之奏曰:"各省州县地丁钱粮征钱为多,及办奏销以钱易银。前此多有盈馀,今则无不赔垫。各省盐商卖盐具系钱文,交课尽归银两。昔之争为利薮者,今则视为畏途。若再三数年间,银价愈贵,奏销如何能办,课如何能清。"盖币制不立,银钱比价一生变动,财政即受其影响也。

第八章
烧烟及中英战事

方宣宗之以烟禁交疆臣议奏也,一时议者多主禁绝,而湖广总督林则徐言之尤激,有不禁则国日贫民日弱,十馀年后岂惟无可筹之饷,亦且无可用之兵等语,宣宗以为深识远虑,召入京面授方略,以兵部尚书颁钦差大臣关防赴广东查办。时道光十八年十一月也。明年则徐驰至广东停英贸易,绝其接济,迫英商缴出鸦片二万有二百八十三箱一箱百二十斤,凡二百三十七万六千二百四十五斤,焚之。时四月中也。则徐请定例,洋人运鸦片入口,分别首从,处以斩绞。又布告各国商船入口,须具"夹带鸦片,船货充公,人即正法"具结。葡、美皆愿遵命,而义律不可,请许英商船泊澳门,派员会议禁烟办法。则徐谓许英商船泊澳门,则粤关遂成虚设,不可。会英水手在尖沙嘴与华民交哄,杀华民林维喜,则徐令义律交出凶手,义律亦不听。中外相水火益深。七月,则徐遂令沿海州县,绝英接济。

时义律居澳门,屡请本国政府强硬对华,其政府未之许,而印度总督遣军舰二至澳门。义律大喜,以索食为名,攻九龙。水师参将赖恩爵击之,沉其双桅船一,舢板二。义律不得逞,又未得政府许开战之命。八月,复介葡人转圜,惟请删"人即正法"一语,馀悉如命。时中朝方严厉,则徐奏报"夷船之遵法者保护之,桀骜者惩拒之",奉批"同是一国之人,办理两歧,未免自相矛盾",大理寺卿曾望颜至奏请闭海关,尽绝各国贸易,则徐持之乃止。时又奉谕"不患卿等孟浪,但患过于畏葸",则徐遂坚持不许。九、十月间英船屡扰尖沙嘴附近,至十一月八日,中朝遂发停英贸易之谕。

时英议会中亦多不主用兵,且有以行销鸦片为不义者,然卒以九票之多通过"对中国前此之侵害,要求赔偿,英人在华之安全,要求保证"，时一八四〇年四月，道光二十年二月也。英政府乃调印度、好望角兵万五千，使乔治·懿律统陆、伯麦统海率之而东，五月至澳门。则徐已严备沿海，焚其杉板二。伯麦乃遣二十六艘趋定海，以五艘攻厦门。时邓廷桢督闽，败其兵，而定海以六月八日失陷。伯麦投巴里满致中国首相书书要求六事，一偿货价，二开广州、厦门、福州、定海、上海通商，三中英官交际礼用平行，四偿军费，五不以英船夹带鸦片累及岸商，六尽裁洋商即经手华商浮费，浙抚乌尔恭额不受，乃赴天津投之直督，琦善受之以闻。时诸大吏恶生事，多不悦则徐，相与造蜚语，谓去岁烧烟本许价买，而后负约，致激英变，又谓厦门奏报战事不实。浸闻于上，廷意遂中变，命江督伊里布赴浙访致寇之由，以乌尔恭额却伯麦书，致其北上，革其职。谕沿海督抚，洋船投书许即收受驰奏。时津海道陆建瀛以英人据定海要我，请录其船，羁其酋，命还定海然后议之。又谓宜先决禁烟事，然后以免税代偿货价，以开澳门代五口，而令海关监督与其官吏平行，馀仍令回广东与则徐商议。当道不许。则徐已署粤督，革其职，令留粤听勘，命怡良署总督，琦善以钦差大臣赴粤查办，并革邓廷桢职，代以颜伯焘。旧史或云，伯麦以甘言饵琦善，谓中堂赴粤，予等即可永远和好。琦善为所中，故力以自任。其入都面陈，多造膝语秘，世莫得闻云。此则近莫须有矣。朝廷既许查办，义律遂返舟山与伊里布定停战之约，时九月也。

琦善至广州，尽撤则徐所设守备。时乔治·懿律有疾，甲必丹·义律代之交涉。琦善许偿烟价二百万，义律易之，又求割让香港，琦善不敢许。十二月十五日，义律发兵陷沙角、大角两炮台，副将陈连陞死之。连陞骁将也。琦善惧，许开广州，让香港，义律乃还两炮台，并许还定海。事闻，朝廷大怒，下谕有烟价一毫不许，土地一寸不给之语，以奕山为靖逆将军，隆文、杨芳为参赞赴粤，饬伊里布回本任，命江督裕谦赴浙。旋以英人在香港出示，指其地为英属，并求驻港营汛撤回。怡良奏闻，革琦善职，籍其家。二月五日，英人陷横档、虎门各炮台。提督关天培死之。时杨芳自甘肃先至杨芳本任固原提督，而英印度总督命卧乌古率陆军亦至，险要尽为敌据，芳亦束手无策。二十六日，美、法商人介行商伍怡和调停，言义律但欲得通商，无他求。芳与怡良据以入奏，欲姑抚之，图收回险要。朝旨不许。三月二十三日，奕山及新督祁㙔至，问计于则徐，则徐言宜使人诱敌退出，仍于要隘设防，乃可徐图战守。奕山亦然之。已又惑于人言，以四月朔夜袭英军不克，明日英人进攻，城外炮台皆陷，全城形势已落敌人掌中，不得已，令广州知府余葆纯縋城出，许偿军费六百万元，尽五日交付，将军率兵退至距会城六十里之处，香港则俟将来再议，英兵乃退出虎门。奕山遂奏称初八日进剿，大挫凶锋，义律穷蹙乞抚，求准照旧通商，永远不敢售卖鸦片，而将六百万改为商欠。英兵既撤，大行淫掠。初十日，将赴佛山，过三元里，人民树平英团之帜御之，各乡团勇集者数万。义律被围。奕山虑败抚义，遣余葆纯慰谕，众乃散。十二日英兵去广州。十六日，奕山、隆文退屯小金山。隆文旋卒，杨芳留城弹压，寻亦以病罢去。时朝廷得奕山奏，信以为真，但饬与督抚妥议章程。而英先得琦善与义律所定草约，以为偿金太少，又英人后此之安全并无保证，撤回义律代以璞鼎查，命巴尔克率海军从之。六月至七月十日卧乌古、巴尔克陷厦门，弃之。八月攻舟山，总兵王锡朋、郑国鸿、葛云飞力战七昼夜，十七日同日败死。舟山遂陷。时裕谦自守镇海，以提督余步云为宿将，命守招宝山，总兵谢朝恩守金鸡岭。二十六日英兵登陆，步云先逃，朝恩兵望见亦溃，裕谦自杀。英人遂陷镇海。步云走宁波，英兵进迫之，又弃城走上虞。浙抚刘韵珂遣兵划曹娥江而守，朝廷闻之，以奕经为扬威将军，进兵浙江，命粤抚怡良以钦差驻福建，旋罢颜伯焘，以怡良代之。移豫抚牛鉴督两江。奕经用知泗州张应云议，约宁波、镇海汉奸为内应，以二十二年正月分三路进攻。事泄败绩。先是伊里布以遣家人张喜往来洋船革职，逮入都，遣戍。及是，刘韵珂请令赴浙效力，乃以耆英为杭州将军，给伊里布七品顶戴随往，旋以为乍浦副都统。三月，英撤宁波、镇海军。四月，陷乍浦，五月攻吴淞，提督陈化成死之，英兵遂陷宝山、上海。攻松江不克，将图苏州，遣船测量水道，胶于水草而止。乃撤兵入江。六月陷镇江，焚瓜洲至仪征，盐船估舶扬州官绅赂以银三十万元乃免。七月，英兵进薄江宁，于是战守俱穷，而和议起矣。

第九章
江宁和议

道光二十二年，英兵既逼江宁，清廷战守俱穷，乃以耆英、伊里布为全权大臣，与英使璞鼎查订立条约十三款，是为中国与外国订约之始。此约中国割香港与英，开广州、厦门、福州、宁波、上海五口，许英人携眷居住，英国派领事驻扎，英商得任意与华人贸易，无庸拘定额设行商，进出口税则订明秉公议定，由部颁发晓示，并订明英商按例纳税后，其货物得由中国商人遍运天下，除照估价则例加收若干分外，所过税关不得加重税则。英国驻中国之总管大员与京内外大臣文书往来称照会，属员称申陈，大臣批覆曰札行，两国属员往来亦用照会，惟商贾上达官宪，仍称禀。凡以破前此口岸任意开闭，英人在陆上无根据地，税额繁苛，及不许英官平行之局也。又偿英军费千二百万元，商欠三百万元，烟价六百万元，限四年分期交清。第一期六百万元交清后，英兵退出长江，惟仍占舟山、鼓浪屿两处，俟偿款全清，五口均行开放，然后撤兵。此约条款殆全出英意，清廷以福州系省会，欲以泉州代之，又不愿钤用御宝，欲代以钦差大臣关防，以英人不可，卒未能得。约定于是年七月二十四日，即一八四二年八月二十九日也。

当英人侵扰沿海时，闽粤江浙均不能抗，而独未能得志于台湾。是时台湾总兵为达洪阿，兵备道为姚莹。英人于道光二十一年八月犯基隆，因中国炮击却退，触礁而沉。中国获"黑夷"百馀及刀仗衣甲图书等。九月，再犯基隆，遣兵登陆，又为中国伏兵击退。明年犯大安港时中国募渔船防敌船。有粤人伪通英船所携粤中汉奸，诱之入土地港，英船遂触礁，官兵乡勇奋击，获白夷十八、红夷一、黑夷三十、粤东汉奸五。事闻，诏加达洪阿太子太保衔，赏姚莹二品顶戴。台湾本属福建，以在海外特加兵备道三品衔，与总兵皆得专摺奏事。基隆之捷陈明事属隔海，恐督臣转奏稽滞，由驿递径行呈奏。奉朱谕嗣后攻剿夷匪摺件，由五百里奏报，如大获胜仗，即由六百里奏报。大安之役，乃由五百里奏闻。自是驿递相望，督臣怡良颇甚之，又虑英人报复。时俘获监禁台湾者百六十馀人，镇道谓解省既不可，久羁亦非计，奏明倘夷船大帮猝至，惟有先行正法，以除内患。报可。闽督怡良闻之惧，亟令泉州守函止之。镇道不听，除英酋颠林等九人及汉奸黄某、张某奉旨禁锢外，馀悉杀之。时英人尚据鼓浪屿，闻之大怒，遍张伪示，谓中华之辱莫甚于此。见姚莹致刘韵珂书。及和议成，订明被禁英人及因英事被禁之华人，一律释放。于是颠林等九人及散夷二十五人均送厦门省释，而英人谓两次俘获均遭风难，夷胁江浙闽粤四省大吏入奏，诏怡良渡海查办。甫至，兵民即诸行营为镇道诉冤，全台士民，陆续奔诉者甚众。怡良虑激变，受其词而迫镇道自认冒功，奉旨革职，逮入都交刑部审讯，旋以业径革职，免其治罪结案焉。此事措置盖迫于势不得不然，论者以此咎怡良，未为平允。然谓镇道冒功则实诬。当时兵勇确曾协力战斗，革镇道之职，已足以全和局，乃并因此议叙之官绅概行撤销，则亦稍过矣。达洪阿、姚莹多杀英俘，自今日观之，诚不免于野蛮，然今昔思想不同，不能执此以议昔人。莹致刘韵珂书谓镇道天朝大臣，不能与夷对质辱国。诸文武即不以为功，岂可更使获咎，失忠义之心，惟有镇道引咎而已。颇有大臣之风概也。

英人用兵实缘种种积衅，鸦片之利或其所歆，然必挟兵力以求仇，则究为义所不许。故当时虽许以通商，仍可要以禁烟，而诸臣不明外情，置诸不论不议之列，烟禁遂暗中解除。咸丰五、六年间，各省竞行抽厘以充军饷。八年，乃以洋药为名，收百斤三十两之税，除官员、兵丁、太监外，人民概许买用焉。

第十章
鸦片战争之役评论

五口通商为中国见弱于外人之始,此乃积数千年之因,以成此一时代之果,断非一人一事之咎;然即就事论事,当时事势之危险,亦有可见者,今试举其荦荦大端,亦可见道、咸以来清室之所以终不复振也。

一曰朝政之非。此役之主和,论者皆以为穆彰阿、耆英等数人罪,几诋为宋之秦桧。秦桧之为是为非姑措勿论,即以桧为误国,要不失为始终一贯之人。此役则忽而主和,忽而主战,和战既无定见,任使亦复不专,试问宋时有之乎?此可见宣宗之漫无成见,而中央亦无能主持大局之臣矣。清朝之不足为全国重心,已见于此。

二曰兵力之不振。外洋之船炮诚非我所能敌,然客主之形概不相如,众寡之数又复悬绝。果能尽力战守,断无败坏至此之理。当时所夸者林则徐广东之守,姚莹台湾之捷,然亦幸而英人未曾尽力猛攻耳。否则广东之防,未必可恃,况台湾乎?王廷兰致曾望颜书述当时各处调到之兵"纷扰喧呶,毫无纪律,互斗杀人,教场中死尸不知凡几,城中逃匿难之百姓,或指为汉奸,或劫其财帛,内外汹汹,几至激变",甚至"夷兵抢夺十三洋行,官兵杂入其中,肩挑担负,千百成群,竟行遁去,点兵册中,从不闻清查一二。及至沿途讨要口粮,城外各处又将逃兵数千应付,回省以追逐洋鬼迷路为词"。见《中西纪事》卷六。有兵如此,恃以应敌能无寒心乎?

三曰士大夫之虚骄,不能知己知彼、勤求敌情,又不能实事求是、尽其在我,而徒放言高论,轻挑强敌。此为自宋以来士大夫之积习,道、咸之时,亦复如此。当时于外国情形,可谓暗昧至极。当时诸臣,唯林则徐能求通外情,日译外国报纸读之。然当英人向索烟价时,则徐覆文有曰:"本大臣威震三江五湖,计取九州四海,兵精粮足,如尔小国,不守臣节,定即申奏天朝,请提神兵猛将,杀尽尔国,片甲无存。"抑何可笑!台湾获英俘后,上谕该逆夷中必有洞悉夷情之人,究竟该国地方周围几许?所属国共有若干?其最为强大、不受该国统束者共有若干人?英吉利至回疆各部有无旱路可通?平素有无往来?俄罗斯是否接壤?有无贸易相通?此次遣来各伪官是否授自国王?抑由带兵之人派调?着达洪阿等逐层密讯,译取明确供词,据实具奏云云。则更堪发笑矣。按世界情形,当明末艾儒略等即已著有《职方外纪》等书,而当时中国之人漫不留意,纪昀修《四库书目》,且疑其书为妄说。暗昧如此,安得不败绩失据耶?而一切情势之妄论,则弥漫一时。穆彰阿等固非贤臣,然当时攻击之谈,则大都不切情实,且多诬罔之辞。如诋耆英、伊里布、牛鉴至英舰拜谒英国主像。又疑为天主像之类,见《中西纪事》卷八。且如余葆纯不过一知府,而能弭衅端于众怒难犯之时三元里之众围义律时,葆纯亲出慰解,义律乃免。粤人指为通夷卖国,葆纯告病去。见《中西纪事》卷六,江寿民不过一游士,而能挺身说谕洋将,保全一郡生灵英临镇江后,讹传将因粮于扬州,淮商惧,将尽室行。寿民请身至英营诃之,乃成纳赂之议。其后在第一期赔款中扣去。兵不能御敌,不能责人民以不保全也。后太平军下镇江,寿民亦欲赂令过扬不入,以身质其营中。太平军以数百人入城,果秋毫无犯。而清兵有续至者,太平军疑寿民陷之,鞭之,贯其耳,驱登城令退官兵。寿民乘间自杀,亦可哀矣。而《中西纪事》反诋为乘危邀利之市侩,寸磔之曾不足比死者一洒,即至鲍鹏广东人,识义律,为英商馆买办,粤督以查办私枭入之访案。鹏匿迹山东。琦善赴粤,沿途访通英语之人,知潍县招子庸以鹏荐,挈之至粤,于交涉事,数往来其间。见《中西纪事》卷六。案鹏非必端人,然当时通知外情者太少,用之亦不得已也、张喜伊里布家人。伊里布在浙时,曾使犒英师海上,坐此革职,及再起议和,喜仍往来其间。《中西纪事》卷七记其闻英人索赔款,喜拂衣而起,则亦非小人也,以市侩仆役,而能尽力国事,皆有其难能可贵者。而论者一切加以丑诋,掣当局之肘,灰任事之心,此等议论既多,往往国是因之动摇,以道谋而败大计。曾国藩办天津教案时,奏言"道光庚子以后,办理洋务,失在朝和夕战,无一定之至计,遂使外患渐深,不可收拾"。此固由君主之昏庸,辅臣之选偄,然此等高谈激论之士,亦不容不分任其责也。

四则民心之不靖。王廷兰致曾望颜书云:"粤省自少翁查办烟案以来，禁兴贩，杜走私，未免操之过刻。故兵怨之，夷怨之，私贩之莠民亦怨之。当积重之馀，以为绝我衣食之源也。故当逆夷蠢动之时，群相附和，反恐逆夷不胜，鸦片不行，则前辙不能覆蹈，而该逆又四布流言，以为与官为仇，绝不向民加害。于是奸民贪其利，顽民受其愚，虽督抚晓谕，示以能擒逆夷者，赏有差，数月以来，绝无成效。及至贼破四方炮台，复淫掠不堪，始悟其奸，操戈相向。设使当时被围不解，迟之数月，必有内应而开门迎贼者。食毛践土，乃良者少而莠者多，此可为痛哭者矣。"《中西纪事》谓"关吏水师，无非汉奸，皆不利于烟土之禁，必欲破其局而后已。闻虎门失守时，水勇奉提督命开炮，无不杂以沙土"。此或传闻之辞，未必得实，然刘韵珂与金陵三帅书谓"除寻常受雇持刀放火各犯外，其为逆主谋，以及荷戈相从者何止万人"。证以各种纪事，前后各役，无不有汉奸为外人效力，则其言不尽诬矣。国民性丧失至此，能不惧乎？

  此役之败绩，尚有一远因，历代与外国通商，多在南海，其地距中央远，为政府监察所不及。南方开辟晚，或以处左迁贬谪之人，或则用孤立无援之士，志气颓唐，能奋发有为者少，甚或不矜惜名节。而多见异物，足以起人贪欲之心，故岭南官吏贪黩者多，因此激变之事，历代有之，特其诒患皆不甚巨耳。中西启衅，名由烧烟，实因商务，今录《中西纪事》议论两节于后，此书见解诚稍偏激，然此论则皆情实也。

《中西纪事》节录

  自康熙开海禁以来三百年，互市之消长变迁，令人不可思议。于是论者皆谓中西之衅，自烧烟启之，今载考前后，乃知衅端之原于互市，而非起于鸦片也。夫互市者，实中西交争之利，而关胥牙侩，必欲专之；外洋因利而得害，乃思以害贻中国，而阴收其利。善夫！范蔚宗之言曰：匈奴贪尚关市，嗜汉财物，汉亦通关市不绝以中之。此盛世柔远之术，知者知务之言也。中之云者，中其求利之欲耳。梯航万里，远涉风涛，得利则欣，失利则戚，人之常情，何足为惧。一自贪吏渔侵，奸商掊克，彼以求利而来，终于失利而返，能无怨谤之沸腾邪？明之倭祸，始于中官，继之以商侩，终于豪贵，于是外番之怨日深，而中国亦官民交困矣。

国初海禁既开，设关有四，江浙闽粤，无不可通。乃未几而粤东海关专其利薮，未几而十三行操其利权。税有定则，未几而益以规费支销名目，未几而益以归公充饷名目。始则取之在吏，继则取之在官。如据《澳门月报》：言洋行抽用定例，不得过三。今据嘉庆年间大班禀控之词，言棉花一石，价值八两，向例行用二钱四分，连税银不过四钱据此则初定税则，每两不过二分，为百中取二，其后每石行用，加至二两，几十倍之矣。又言茶叶税饷，二两五钱之外，洋行会馆，每石抽费六元至九元不等。计茶叶出口之价，不过三四倍于八两一石之棉花，而税用两行，已亏折其十之三，则增设名目之渐也。洋商不堪其悉索，则控于地方官，地方官不能平其讼，则越控于大府，大府不欲穷其狱，乃回诉于本国，于是带兵船讲论，而干戈之衅以起。《书》曰：若颠木之有由蘖。《语》曰：物必自腐也，而后虫生焉。由是言之，即使鸦片不入中国，亦未能保外洋之终于安靖而隐忍也。且鸦片之来，亦为货物之亏折起见耳。货物不得其利，乃思取违禁之物以补偿之。若使税用不增，逋欠可得，彼又何乐乎以违禁之烟土，而予关吏以把持，啖水师之贿赂哉？窃谓当日欲与之申明烟禁，必先取中西互市之全局，通盘折算，平其百货之税则行用，更择其胥侩之尤者而惩之，必使番人憬然于生计之赢绌，不在鸦片之有无。但使关税行用之积蠹渐除，则湖丝茶叶之转输自便，此为中外一体，威福并行，制吏抚夷之策，似无逾于此者。不清其源，而图害其流，一旦决堤溃防，而莫之遏。虽籍十七省商民废著之赀，不足以填其无厌之壑。有识者观于鸦片之流毒中土，未尝不扼腕长叹，以为戎首兴于关市，其厉阶梗于封疆，则甚矣。漏卮之失轻，而养痈之患大也。以上录自《中西纪事》卷三，十九页下半八行至廿一页下半七行。

英人自闻烧烟之信，举国皇皇，皆以为此非正经贸易，其曲在我，因请其国主先禁栽种。若乘之机会，照会该国，询其关税行用，如何扰累，为之酌量裁减，则义律先入之言，未易得而中之。林制使查办此案，计其到粤未及十日，发令太早，蒇事过速，转令善后事宜，益形竭蹶。汉晁错之劝孝景削七国也，曰削之则反速而祸小，不削则反迟而祸大。制使当日烧烟之举，毋乃类是，故其请罪奏中，谓发之于此时，与发之于异日，其轻重当必有辨。然夷人惟利是趋，度非有不轨之逞。而以今日承平既久，水师废弛，彼强我弱，苟非迫于其势之不可遏，毋宁沉几观变，以徐视吾力之所能为，甚无取乎持之急而发之暴也。且法令必先于内而后及于外。今使发令之始，拟斩则必斩，拟绞则必绞，吸者先严于官幕，贩者先治其牙窑，内地之禁既多，则外来之烟自滞。然后仿盐法之减价敌私，平其百货之税则行用，以示通商之利，在此而不在彼。如是数年，然后与之申明烟禁，有不羁首系颈而就衔绁乎？即使其不便于大利之坐失，而别寻他衅，则其事亦必在数年之后，各省防范，皆如粤东，则反迟者又安见其祸大？今昔之形，固未可同日语也。以上录自《中西纪事》卷四，廿页上半四行至完。

第十一章
五口通商后广东中英交涉

五口通商以前，中西隔阂极深，是役虽以劫于兵力，允许西人通商，然实非本意所欲，其终不能免于冲突者，势也。果也不久而后有咸丰戊午、庚申两役。

《江宁条约》定后，伊里布以钦差大臣赴广东办理通商事宜，适广东人民有与英工人斗殴受伤者。舆情愤激，毁英商馆。时璞鼎查为香港总督，调兵舰至广州。伊里布亟惩肇事之人以谢，乃已。道光二十三年，伊里布卒，耆英管理五口通商事宜。五月与英换约，九月又与璞鼎查订《五口通商章程》十五条。于是诸国麇至，法、美且遣公使，皆求订约通商。清朝仍命耆英主之。二十四年五月十八日《中美条约》成，九月十三日《中法条约》成。惟俄国于二十八年附英、美船来沪，仍由大府驳回。俄船二于嘉庆十一年到粤，请互市，总督那彦成不许。监督延丰不俟札覆，遂准一船进口，议降七品笔帖式。后任阿克唐阿仍准后船进口。总督吴熊光、巡抚孙玉庭未经查明，率准三船回国。诏熊光、玉庭、阿克唐阿均交部议，处延丰革职。嗣后该国商船来粤贸易，仍当严行驳回。

五口通商以后，四口领事均已入城，与中国官员相见，惟粤人仍援乾隆五十八年西洋各国商人不得擅入省城之谕，合词诉于大府，欲申旧禁。大府知其不可，不许之。于是南海、番禺之绅士耆老，传布义民公檄，令富者助饷，贫者出力，按户抽丁，以办团练，众议汹汹，浸与官为仇矣。道光二十三、二十五两年，英人欲入城见制府，皆为粤民所阻。二十五年英人之来也，耆英使广州知府刘浔登其船，告以将晓谕军民，约期相见。粤人侦知之，于城厢内外遍张揭帖，约以夷人入城之日闭城起事。会浔自英船归，担油者犯其前道，隶执而笞之。

· 35 ·

市人哗曰，官清道以迎洋鬼，其以吾民为鱼肉也！劫府署，出浔朝服焚之庭，曰彼将事夷，不复为大清官矣。督抚惧激变，出示安抚之。英人闻之遂去。粤人益自得，外人登岸，辄多方窘辱之。外人数诒书让大吏。大吏谋于绅士，绅士则曰，此众怒，不可以说动也。大吏无如何。二十六年，赔款既清，耆英会英大卫于虎门，请撤舟山、鼓浪屿驻兵。大卫求舟山不割让他国，又以入城为言，于是订约五条，首申入城之旨，第三条申明中国不得以舟山群岛给与他国，第四条言他国犯舟山，英必出而保护，毋须中国给与兵费。光绪十一年，中国以越南事与法开衅，法舰游弋舟山时，薛福成任宁绍台道兼理防务，乃于西报申明此约，且云今法日强，英日弱，舟山恐将为法所占矣。英议院闻之以诘政府，其政府遂宣称舟山为英保护地，不许他国侵占，法人之谋乃戢。舟山得免沦陷，然亦辱矣。而入城一事，且引起无穷枝节。

　　道光二十七年，耆英内召。英人以其管理五口通商，因要其实行入城之约而后去。耆英以粤人风气强悍，请纾其期二年。英人许之，而要耆英入告，耆英亦许之。于是徐广缙为总督，叶名琛为巡抚。二十九年，英人以二年期届，请入城，广缙登其舟见之，不许其入城，而密与巡抚筹战守。各乡团练先后至。港督文翰乘舟闯入省河，广缙再登其舟。文翰谋劫广缙以要入城，两岸义勇呼声震天，文翰惧乃去，不复言入城事。事闻，锡广缙爵子，名琛男，皆世袭；馀官照军功例从优议叙，并盛奖粤民。好事者遂布流言，欲乘势沮通商之局。文翰闻之，诒书广缙请定粤东通商之约。广缙采绅士议，要其将不入城列入约中，并出示晓谕英商，将约文刊载于其新闻纸，文翰亦许之。事闻，奉旨将约文载入档案，所谓《广东通商专约》者也。明年，宣宗崩，子奕詝立，是为文宗。咸丰二年，广缙移督湖广，名琛代为总督，颇易外人。外人投文书辄略批数字答之，或径置不答，外人衔之，然无如何也。时沿海华船颇有藉英旗为护符者。咸丰八年，桂良等在沪议商约，曾照会英法美三使云，查上海近有中国船户由各国领事发给旗号，计船三十馀只，日渐增添，殊多不便。此等船户向系不安本分，然无外国旗号，犹不敢玩法为匪，今持旗号为护符，地方官欲加之罪，踌躇不决，遂至无所不为，犯案累累，流弊无穷。上海如此，各口谅均不免，尤虑煽成巨祸，致启中外争端，万不能不立法禁绝。拟请贵大臣即饬各口领事官，嗣后永不准以贵国旗号，发给中国船户，如有从前已给者，一概撤销。本大臣一面出示晓谕，如有人擅领外国旗号张挂驾驶者，应行查拿，从严究办，俾知警戒。观此则当时粤中不免有恃外国旗号为护符者，从可想矣。咸丰六年九月十日，有船来自外洋，张英旗泊粤河。水师千总梁国定以所载皆华人，欲治其通番之罪，执十三人，械系入省，并拔英旗。英领事巴夏礼据约照会叶名琛，谓武弁应移取，不应擅执，且明舟子无罪，请释之。名琛不许，因在粤之包公使以请，乃许之。使送十三人于领事廨，而英水师提督某欲藉此行入城之约，巴夏礼遂托事关水师弗受。于是英执《江宁条约》欲入城，我执文翰所定《广东通商专约》不许。英兵遂窥省会，十月朔，陷之，然无朝命，兵少，亦不能久踞也，后退去。粤民怒焚城外商馆。巴夏礼遂驰书本国请战。下院否决。英相巴米顿解散下院，重召集，遂通过，迫中国改约，赔偿损失，否则战。英政府告俄、法、美请俱，俄、美仅遣使从之，而法王拿破仑三世发兵与偕，于是战端复起矣。

第十二章
咸丰戊午、庚申之役

　　咸丰七年九月，英使额尔金、法使噶罗、美使利特、俄使普提雅廷至粤。额尔金致书叶名琛，请约期议立约及赔偿损失事，名琛不答。法、美领事亦求偿损失，且言英已决攻城，愿任调停，名琛谓彼皆协以谋我，又不许，亦不为备。十二日英、法兵攻省城，陷之，执名琛。叶名琛于咸丰九年三月卒于加尔各答。事闻，革名琛职，以巡抚柏贵署理，旋代以黄宗汉。四使各遣属官赍致首相裕诚书，求派全权至上海议善后，诣江苏求见两江总督何桂清。桂清时驻常州，为之转奏裕诚。覆英、法、美书，言黄宗汉已赴粤，令其回粤听候查办，另照会俄使，申明不得在海口通商，令速赴黑龙江与该处办事大臣妥议。四使不听，英以舰十馀，法六俄一美三，同时北上。八年三月至天津，使赴大沽投文直督谭廷襄。奏闻，命户部侍郎崇纶、内阁学士兼礼部侍郎乌尔棍泰赴津，与廷襄商办，四使以非全权拒之。四月八日，英、法兵入大沽，陷炮台。朝命罢廷襄，以托明阿为直督，命僧格林沁驻防天津，旋以俄、美居间，和议复启，以大学士桂良、吏部尚书花沙纳为全权大臣赴津，又赏耆英侍郎衔，令其赴津。耆英往见英使，英使不见。或传耆英与英使有隙，桂良虑败和议请召回。奉旨仍留天津。耆英遂还通州，肃顺劾其违命，赐死。桂良等与四国各定新约英五十六条，法四十二条、补遗六条，俄十二条，美三十条，又以其中税则必须在上海筹议，乃派桂良、花沙纳及工部右侍郎基溥、武备院卿明善旋以殷承实代之至沪，会同何桂清共议。是岁，南海、番禺之民，设团练局于佛山，侍郎罗惇衍、翰林院编修龙元禧、给事中苏廷魁主其事。惇衍等亲赴各乡团练，得数万人，令耆老通饬民间，凡受雇于外人者限一月内辞归，否则收其家属，无家属者，系其亲属，于是辞归者二万馀人。扬言将攻广州，司道皆潜出，英人防守巡抚，而收驻防兵军械。巴夏礼自出示，言中外已和好，其至新安，张帖者见杀，遂发兵陷新安。团练袭广州不克。和议既成，罗惇衍托巡缉土匪，请缓撤团练，而粤人有伪造廷寄者，谓英、法心怀叵测、已密饬罗惇衍相机剿办云云。桂良等至沪，英人以粤事为言，必欲撤黄宗汉，惩惇衍、元禧、廷魁。于是发上谕，严拿伪造廷寄之人，夺黄宗汉钦差大臣关防，以授何桂清。是时粤中民气颇盛，然不能成节制之师，故《中西纪事》亦惜其筑室多谋，攻城鲜效，又谓抚事既定，有去而为盗者，能以众整，古今所难，君子观于此，而知利用民气之不易也。十月，议定通商章程十条，英、法、美相同。先是和议之成，其谏部寺连衔谏止。侍讲殷兆镛一疏言之尤激，其所尤甚者，则京师驻使、长江通商、内地游历、传教诸端。朝廷于此犹思挽回，又谓牛庄究近京畿，又为东三省货物总汇，欲罢之，并欲先期收回广州，屡饬桂良等设法，而不知正约已定，断不能于此时更张也。九年二月，授何桂清五口通商大臣，桂良留驻上海，办理善后。陈奏敌情叵测，得旨允其进京换约，仍不准久驻，其馀三事，犹命乘势开导，不能全行挽回，亦当予以限制，而四使亦不更议他事，但请入都，遂有庚申之警。

时朝廷最忌外人至京，而外人则欲力破此局。九年，英使普鲁斯额尔金之弟、法使布尔布隆来换约，英相饬其必至北京，使何伯率舰卫之。时僧格林沁方在大沽设防，命改由北塘，不听，而照会守将请除河中之栅，守将亦不答。何伯破栅而入。五月二十四日，攻炮台，为守兵所败。英舰十三，逃出者一而已矣。我直隶提督、大沽协副将亦死焉。英、法使皆走上海，美使华若翰后至，遵照会由北塘入清，乃许其递国书，即在北塘换约而去，欲以风示英、法也。时英人议论亦多以航行白河为非，而英相仍主战，以额尔金为使，发本国及印度、好望角兵万三千，益以香港戍卒五千，使克灵顿率陆，何伯率海。法仍以噶罗为使，蒙他板率陆军七千二百，谢尔尼率海军从之。先照会何桂清，谓若守天津原约，仍可罢兵。桂清奏闻，奉上谕，普鲁斯辄带兵船，毁我海口防具，首先背约，损兵折将，实由自取。所有八年议和条款，概作罢论，若彼自知悔悟，必于前议条款内，择道光年间曾有之事，无碍大体者，通融办理，仍在上海定议，不得率行北来。

再有兵船驶入拦江沙者，必痛加攻剿，毋诒后悔。于是衅端之起，无可挽回矣。

咸丰十年二月，英、法兵北犯，过舟山，见其无备，陷之，以储军需，于是克灵顿还香港，何伯率兵而北。时朝廷亦惮用兵，命留北塘，为款使议和之地。僧格林沁亦听人言，欲纵洋兵登陆，以马队蹙而歼之，遂撤防赴大沽，而埋地雷于北塘。汉奸侦得以告英人，英人发之，遂陷北塘，时六月二十六日也。进陷新河，占唐儿沽。时僧格林沁守南炮台，直隶提督乐善守北炮台，大学士瑞麟以京兵万驻通州。七月五日，英兵攻北炮台，乐善败死。诏僧格林沁退守通州。僧次张家湾。七日，英兵陷天津，朝命侍郎文俊、粤海关监督恒祺至津议和，为英、法所拒，改命桂良及恒福。英人欲增兵费、开天津、入京换约，朝命严拒之。时副都统胜保自河南召回，命与贝子绵勋率旗兵万人，助瑞麟、僧格林沁守通州。时文宗驻海淀，谋幸热河，尽括京城车马，人心大震，官民皆徒行避难。六部九卿台谏侍从力请还宫，胜保亦以为言，乃命发还车马，人心少定。命怡亲王载垣赴通州议和。或告载垣，巴夏礼衷甲将袭我，载垣惧，以告僧格林沁，僧执巴夏礼送京师。英、法兵攻张家湾，僧格林沁败绩，瑞麟、胜保之兵亦皆败。八月四日，英、法兵入通州，长驱而北。八日，文宗走热河，留恭亲王奕訢守，明日以为全权大臣。二十一日法军至海淀，据圆明园，二十三日，英兵亦至焉。中国乃还巴夏礼。二十六日英人胁开安定门，以三日为限，中国不得已许之。二十九日，遂入城，时与巴夏礼同拘者死十馀人，额尔金怒，焚圆明园九月五日，欲替清室代以洪秀全。俄使伊格那提也夫止之，且劝奕訢出议和，奕訢不敢，俄使愿以身任之，乃出。七日，革僧格林沁、瑞麟职，恤英人监毙者银五十万两，和议乃成。英约于十一日，法约于十二日签字。

时清人方与太平军剧战，八月十一日尝诏曾国藩、袁甲三各选川楚勇二三千人卫谓其能俯身猱进，可避枪炮，曾国藩、胡林翼奏请于二人中简一人北上。山西巡抚请西巡，官文请驾陕代，俟敌兵退出大沽返跸，以和议旋就，皆未果行。其英、法占广州之兵，则于十一年三月退出。是时赔款尚未交清，其能早退者，则法使哥士耆调停之力也。见谕旨。

第十三章

戊午、庚申和约大要

咸丰八年、十年两条约，其受亏远较《江宁条约》为巨，今撷其大要：

英约第二条，规定彼此得互派公使，法约同英约。第三条规定英使拜中国皇帝之礼，与拜泰西各国君主同，此项礼节，直至《辛丑条约》附件方行更改。

英约第七条，订明领事与道台同品，副领事、翻译官与知府同品。其后桂良等在上海复照会英、法、美三国使臣，定总领事与藩、臬同品，惟美国覆文言该国从无此制，可无庸议。其法约第四条规定，彼此大臣行文，皆用照会，二等官用申陈，中国大宪用札行，商贾仍用禀，则英《江宁条约》之旧也。

英约第八条，许传天主、耶稣教。法约十三条但言天主教。又规定得持执照入内地。美约二十九条，则言耶稣基督圣教，即天主教传教习教之人，当一体保护。

英约第九条，许英人持照往内地游历、通商。照由领事发给，地方官盖印。《通商章程善后条约》规定，京都不许通商。法约第七条，商人持执照可在各口往来，而不得在沿海沿江各埠，私买私卖，否则船货入官。

英约第十条，沿江自汉口以下，开放三口后开汉口、九江、镇江；第十一条，开牛庄、登州、台湾、潮州、琼州五口。法第六条多淡水、江宁而无牛庄，然既均有最惠国条款，则此等异同，亦不足较也。

英约规定领事裁判权者，为十五、十六、十七三条；法约为二十八、三十五、三十九三条；美约为十一、二十七、二十八三条。其辞句互有异同，然既皆有最惠国条款，则此等同异，亦不足较矣。

· 41 ·

英约第二十六、二十七条，规定税则为值百抽五，又因前所定税则，物价低落，暗中加重，规定派员赴沪会议，以后满十年一改，惟须于六个月前知照，否则再行十年。法约二十六条，规定七年一改。后在上海以另款改，与英同。

英约二十八条，规定英商运货往来于内地及口岸之间，应输税项，总数由领事备文询问各关监督，关监督应即照覆，彼此出示晓谕，英商愿在首经子口及海口，一次完纳者，应给票，以为不另征之据，其额为值百抽二有五。后来《通商章程善后条约》确定在首经子口及海口完纳，用照会将移文询问，照覆出示办法撤销。

英约第五十条，规定中、英文字以英文为准，法约第三条规定以法文为准。英约第五十一条，规定公文不得称英为夷。

最惠国条款英约在五十四条，法约在第四十条，美约在第三十条，而法约第九、美约第六、第十四、第十五各条，亦有涉及。

英另立专条，订明中国偿英商欠一百万，军费二百万，由粤省督抚设措交清，乃还粤城。法补遗第四条，规定赔款及军费总额为二百万两。

以上乃英、法咸丰八年条约也。上海所定《通商章程善后条约》除规定子口税外，又定洋药每百斤税三十两，第九条所谓许英人持照往内地通商，第二十八条所定税法，均与洋药无涉，嗣后修改税则，亦不得按照别货完税。第五条。又裁向来缴费每百两加一两二钱之倾镕费即所谓火耗也，并得邀英人帮办税务。案此项规定，盖为中国人不谙税法及海口事务而设。故其条文云：通商各口收税，如何严防偷漏，自应由中国设法办理，条约业已载明。又云任凭总理大臣总理各国通商事宜大臣邀请英人帮办税务，并严查漏税，判定口界，派人指泊船只，及分设浮桩、号船、塔表、望楼等事，毋庸英官指荐干预。法、美二约皆同，亦非英人独有之权利也。第十条。

咸丰十年英约续增九款，废八年约之专条，改商欠为二百万，军费为六百万，共八百万两第三条，增开天津为通商口岸第四条，法约第七条，许华民出洋作工第五条，法约第九条。此事至同治五年，恭亲王乃与英、法使臣订立章程，割九龙司第六条。法约亦改赔款为八百万，以七百万为军费，一百万赔偿法人在粤损失。第四条。

美约与英、法二约颇异。当咸丰八年谭廷襄奏陈美国所求条款时，奉谕添设贸易口岸，准于闽、粤两省酌添小口各一处，至于大臣驻扎京师，文移直达内阁礼部，赔偿焚劫船货等条，不能准行。桂良、花沙纳至津议约，美遂照此删改，故美约无赔款。第十四条订开广州、潮州、厦门、福州、台湾、宁波、上海、潮州，台湾即所谓酌添之小口。第四款规定驻使与内阁、两广、闽浙、两江督抚均属平行。而第五款规定，遇有要事，准到北京暂住，与内阁大学士或派出平行大宪酌议，但每年不得逾一次。到京后迅速定议，不得耽延，若系小事，不得因有此条，轻请到京。第四款又规定照会内阁文件，或交以上各督抚两广、闽浙、两江照例代送，或交提塘驿站赍递。清廷当日最忌外人进京及与中枢直接交涉，故于此曾再三饬桂良等与英使磋议，欲令照美约办理。又九年许美使换约，谕云：换约本应回至上海，念其航海远来，特将和约用宝发交恒福，即在北塘海口，与该国使臣互换，以示怀柔远人，敦崇信义。则在津换约，尚出特许，而入京无论矣。十年，英约第二款诏英使在何处居住一节，戊午年九月在沪会商所定之议，作为罢论。将来应否在京长住，抑或随时往来，仍照原约第三款明文，总候本国谕旨遵行。则当时在沪磋商，不为不力，然至此则皆成画饼矣。又法约第二款规定法使进京换约时，宜以优礼接待。则入京换约一节，前此竭力争持者，至此亦皆无效。美约第六条规定他国使臣驻京，美国即无庸更议，一律办理。十四条规定他国条约更开他口，美人亦得居住贸易，则英、法以干戈得之者，美使并不费笔舌之争，而于暗中得之，相形之下，劳逸巧拙，可谓悬殊矣。中国当时甚以美国为恭顺，故八年条约第一条云，若他国有何不公轻藐之事，一经照知，必须相助，从中善为调处，以示友谊关切。盖以美为易与，而不知其所取权利却未尝后于他国也，亦可笑矣。

以上述英、法、美三约，其俄约则受损，尤属不可思议，于下章详之。

第十四章

中俄咸丰戊午、庚申两约

凡事不进则退，中国自尼布楚、恰克图两约定后，于边防之地，仍恝然置之，俄人则逐渐经营，此其所以卒有咸丰八年、十年割地数百万方里之事也。当尼布楚、恰克图两约定时，俄人于东方情形，亦属茫昧。道光二十七年，尼古拉一世以穆拉维约夫为东部西伯利亚总督，穆拉维约夫使尼伯尔斯探察鄂霍次克海、堪察加半岛及黑龙江，始知库页之为岛。初，俄人以库页为半岛，则入黑龙江口，必航鄂霍次克海。鄂霍次克海冰冻之期甚长。今知库页为岛，则可航鞑靼海峡，鞑靼海峡不冰，且可容吃水十五英尺之汽船，则黑龙江之利益大矣。三十年，俄遂定尼哥来伊佛斯克为军港。咸丰二年占德喀斯勒湾，遂占库页，而东北之危机至矣。

道光三十年，俄人请在伊犁、塔尔巴哈台、喀什噶尔通商。理藩院议许伊犁、塔尔巴哈台，而拒喀什噶尔。文宗立，命伊犁将军萨迎阿与议，旋召入京，以奕山为将军本参赞大臣、布彦泰为参赞大臣本塔尔巴哈台大臣。八月，定《通商章程》十七条，两国贸易皆免税第二条；我由伊犁营务处派员，彼派匡苏勒管理第三条；俄商来者，清明后入卡，冬至停止第八条；居住之地，由我指定；入市，必持执照第六条、第九条、第十三条；禁止赊欠第十二条。而严缉失物第六条，交逃人之约第十条，犹是乾隆以前之旧眼光也。

咸丰二年，俄、土开战，英、法将援土。穆拉维约夫西归，见俄皇，极陈当占据黑龙江，于是决议与中国重行议界，而俄外务大臣尼塞劳原不以为然，乘穆拉维约夫卧病，致书中国请协定格尔必齐河上流界标。明年，吉林将军景淳奏闻，诏派员查办，于是吉、黑、库伦同时派员会勘，此时若能迅速定议，自是中国之利，而或以冰冻难行，或以期会相左，辗转经年，事迄不集，而俄与英、法开战，尼古拉畀穆拉维约夫以极东全权，得径与中国交涉矣。

于是穆拉维约夫致书中国政府，言为防守太平洋岸起见，由黑龙江运兵及饷，须与中国定界，请派员会议。使至恰克图，中国不许其入京。穆拉维约夫虑迟延，径航黑龙江，赴尼哥来伊佛等处布防。瑷珲副都统以其兵多不敢拒。咸丰五年，穆拉维约夫与黑龙江委员台恒会，藉口为防英、法计，黑龙江口与内地必须联络，请划江为界。台恒以咸丰三年萨那特来文示之，诏该文明认黑龙江左岸为我地，何得翻议。穆拉维约夫不能答，乃要求航行黑龙江，而境界诸缓议。时朝命景淳及黑龙江将军奕格、库伦办事大臣德勒克、多尔济照会俄人，言此次画界，止以未设界碑之地为限。会尼古拉一世卒，亚历山大二世立，俄外务部仍不以穆拉维约夫举动为然，穆拉维约夫乃再西归，觐见新皇，自请为中俄画界大使，代主东方之将，仍航行黑龙江，且在江左岸置戍，时咸丰六年四月间也。穆拉维约夫在俄都遂请合堪察加半岛、鄂霍次克海岸及黑龙江口之地，置东海滨省，江以外殆尽所占。朝廷但命景淳及黑龙江将军奕山据理折辩，并命理藩院行文萨那特衙门，请其查办而已。

咸丰七年七月，普提雅廷至天津，投文以画界为请，奉谕中俄接壤，惟乌特河一处未曾分界，从前委员会议，因该国持论未能公允，是以日久无成。今该使既系该国大臣，正可秉公查清界限，饬令折回黑龙江会办。未几，萨那特衙门来文，援恰克图约第九条，请仍令普提雅廷进京议事。廷议以所行条约，系指使臣到边界而言，并无进京明文，驳之。十二月，英、法犯广东，俄、美以调停为名，赴沪赴津，文书杂沓。理藩院行文萨那特衙门，令其毋庸干预，仍照前议，将乌特河地方会同勘定，江岸居人，速行撤去。又命普提雅廷回黑龙江，普提雅廷又投文声称实为英、法说合而来，请加沿海通商口岸。其勘界一事，穆拉维约夫已前往经理。奉旨该国既以界务为重，自应先办，其馀通商各事，俟粤事了结，再行商议。八年，英、法陷大沽，时局益亟。穆拉维约夫以兵万二千赴黑龙江口，使告奕山，将过瑷珲，可以就便开议。于是中国派奕山为全权大臣，与俄定约三条，割黑龙江北属俄，而以乌苏里江以东，为两国共管之地。黑龙江、松花江、乌苏里江只准中俄两国行船。而黑龙江左岸，由精奇里河以南至豁尔莫勒津屯原住之满洲人等，照旧准其居住，仍着满洲国大臣管理。案此约汉文云"黑龙江、松花江左岸，由额尔古讷河至松花江海口作为俄罗斯国所属之地"。此松花江不知何指。中国人因谓指松花江口以下之黑龙江并下文"黑龙江、松花江、乌苏里河此后只准中国、俄国行船"之松花江，亦欲以此说解释，谓俄人航行松花江，实与条约相背。然据钱恂《中俄界约斠注》，则谓满蒙文、俄文及英、法各文，均无上两松花江字，而下文则确有之也。

此约成后，侍讲殷兆镛劾奕山，以黑龙江外五千馀里，藉称闲旷，不候谕旨，拱手让人，寸磔不足蔽辜，论者亦皆咎奕山之愚懦。然据日本稻叶君山之《清朝全史》，则奕山当日未尝不竭力争执，而俄人以开战相胁。当时情势与结《尼布楚条约》时适相反，中国断非俄敌，其屈伏亦出不得不然。边备废弛，由来已久，实不能专为一人咎也。

时普提雅廷在津沽仍以添设通商海口，由陆路赴黑龙江，派员再清疆界为请。清廷诏恰克图、伊犁、塔尔巴哈台已有三口，再援五口之例，则共有八处，他国要求，无以折服，命谭廷襄于五口之中，选择两口，至多三口，嗣亦准其一律，于清理疆界，亦许派员查勘，盖欲倚俄、美，以拒英、法。及英、法兵占炮台，又先与俄、美立约，欲使俄与英、法商，将遣使驻京，改如美约。镇江通商，缓至太平军平后举行。天津互市，易以登州，事皆无效。俄人乃请馈军械，并派人教演，修筑炮台，以为见好之地。清仍以谕旨嘉奖，亦可发一噱矣。

咸丰八年《天津和约》凡十二条，其要者，以后行文，不由萨那特衙门及理藩院，而由俄外务部径行军机处或特派之大学士，彼此平行，俄使与大学士、督抚亦平行，遇有要事，得由恰克图故道或就近海口进京第二条；开上海、宁波、福州、厦门、广州、台湾、琼州七处通商，他国再增口岸，俄亦一律照办第三条；并得设领事第五条；陆路通商人数不加限制第四条；俄人居京城学满、汉文者，亦不拘年份第十条。案乾隆十六年。库伦大臣奏称俄罗斯学生已届十年，请派人前来更换。则前此以十年为限；许在海口及内地传天主教第八条；派员查勘边界第九条；京城、恰克图公文信函亦得附带由台站行走，以半月为限；运送应用物件，三个月一次；台站费用，中俄各任其半第十一条及最惠国条款第十二条是也。英、法、美三国所得利益，俄亦皆得之，而陆路陆商之利，则又非英、法、美所及矣。

九年，英、法遣使换约，俄亦遣伊格那提也夫为驻华公使。时穆拉维约夫发现彼得湾，定海参崴为海军根据地。十年，伊格那提也夫又在北京订续约十五款，尽割乌苏里江以东第一条；交界各处，准两国之人随便交易，并不纳税第四条；西疆未定之界，应顺山岭大河，中国常驻卡伦，雍正六年所立沙宾达巴哈界牌，西至齐桑淖尔，自此西南，顺天山之特穆尔图淖尔南至浩罕边界为界第二条；兴凯湖至图们江，订于咸丰十一年三月，会立界牌，沙宾达巴哈至浩罕，则不限日期第三条；恰克图照旧，到京所经库伦、张家口，零星货物亦准行销第五条；库伦设立领事第八条；俄商来者每处不过二百人，须有本国边界官路引第五条；中国商人亦可往俄内地通商第五条；得在俄京或他处设立领事，开喀什噶尔，设领事第八条；除不许赊欠之例第七条；领事与地方官平行，犯罪争讼各归本国治罪第八、第十条；边事向唯库伦大臣与恰克图固毕尔那托尔、伊犁将军与西悉毕尔总督行文办理，今增阿穆尔、东海滨两省。固毕尔那托尔与吉、黑将军行文均平行。恰克图事有驻恰克图部员与恰克图边界廓米萨尔行文，要事由东悉毕尔总督行文军机处或理藩院。并规定行文交送之法第十一条，恰克图至北京书信，每月一次，限二十日，物件二月一次，限四十日。商人愿自雇人送书物者，准先报明该处长官，允行后照办第十二条。

此约论者多只知东北割地之巨，而不知西疆亦暗伏损失之机。其馀诸条，受损亦甚巨也。别于后文详之。

咸丰末年陕西募回勇设防，而人民亦办团练自卫，同治元年，捻党合太平军入武关，回勇溃，伐竹于华州之小张村，与汉民讧，死二人。回民相聚声言欲复仇。适云南回民赫明堂、任五至，遂起兵，与河南回勇合攻村镇，戕团练大臣张芾于临潼，围同州、西安。于是甘回马化龙、白彦虎等亦起事，据金积堡在灵州西，后于其地设宁灵厅。朝廷命胜保攻之，逗留不进。改命多隆阿，颇致克捷。而川蓝大顺入陕，陷盩厔，多隆阿还攻之，大顺走死。多隆阿亦以伤重卒于军。左宗棠督办陕甘军务，又以追击捻党，不暇兼顾陕事。捻党平。十月，宗棠还西安，时延、榆、绥各属游勇到处滋扰，马化龙居金积堡，资以粮马，而阳代乞抚。白彦虎据宁州之董志原，北接庆阳，南连邠、凤，东北达鄜、延。宗棠分兵破之邠、泾、鄜、凤、庆阳之间。八年二月，白彦虎走灵州，延、榆、绥亦平。五月，陕西遂定。宗棠驻泾州，分兵一由定边进宁夏灵州，一由宁州进环庆，一由华亭规平凉，一由宝鸡趋秦州。以宁、灵之间为回众根据所在，宗棠特进驻平凉，遣兵助攻。回众复分入陕西，再入邠州，宗棠分兵攻之，十年五月，陕西再定。七月，合出宁州之兵围金积堡。十一月，克之，杀马化龙。至十一年六月，自河以东，次第平定。七月，宗棠进兵兰州，十月复西宁。明年九月，复肃州，甘肃亦平。白彦虎先已自肃州走出关矣。

陕回之起事也，使其徒四出联络，于是回酋妥得璘以同治三年据乌鲁木齐，自称清真王，遂陷吐鲁番，下南路八城。五年正月，陷伊犁，二月，陷塔尔巴哈台，将军明谊死之。初博罗尼都大和卓木之死也，其子曰萨木克奔敖罕。萨木克子张格尔，于道光六年，以敖罕兵陷西四城喀什噶尔、叶尔羌、和阗、英吉沙尔，为清提督杨芳所擒。清谕敖罕执献张格尔家属，敖罕不可，清绝其贸易。道光十年，敖罕迎张格尔兄玉晋尔，资以兵，再陷喀什噶尔、英吉沙尔、叶尔羌，清卒许其通商乃和。道光二十七年，和卓木之族加他汉复入侵，往来于喀什噶尔、叶尔羌之间，回民无应者，而伊犁兵至，乃遁去。及妥得璘起，喀什噶尔回酋金相印开敖罕，敖罕复资张格尔子布苏格以兵，入据之。同治六年，敖罕将阿古柏帕夏废布苏格自立，与妥得璘争南路八城，会汉人徐学功起兵乌鲁木齐，击妥得璘，妥得璘败死。地皆入阿古柏，阿古柏据阿克苏，白彦虎既败，走归之。徐学功内附，阿古柏介之以求封册，又遣使土耳其及英、俄，俄与订通商条约，英印度总督亦遣使报聘焉。英使威妥玛亦为代请封册，朝议以用兵费大，欲以南路封之，左宗棠不可。光绪元年三月，乃命宗棠督办新疆军务，乌鲁木齐都统全顺副之。二年三月，宗棠命全顺及提督张曜进据巴里坤、哈密以通饷道，而命刘锦棠以湘军二万进北路。六月，克古牧地在乌鲁木齐东，遂复乌鲁木齐。九月，北路平。与张曜进规南路。三年三月，克辟展、吐鲁番，扼南路之吭。阿古柏战既不利，而敖罕已于前一年为俄所灭，四月，遂仰药自杀。子海古拉负父尸西窜。其兄伯克胡里杀之，据喀什噶尔。而白彦虎据开都河西岸，锦棠进兵迭复南路诸城，伯克胡里、白彦虎皆奔俄，南路亦平。

第十五章
同光中俄交涉

　　中俄陆路接界数千里，故交涉事务莫亟于分界。咸丰十年，黑龙江以北乌苏里江以东之地既割，于十一年派员分界。新界凭黑龙江、乌苏里江、松阿察河，画分处均自然明白，无待勘察。自此以南，条约订明白松阿察河之源，逾兴凯湖至白棱河，自白棱河口顺山岭至瑚布图河口，再顺珲春河及海中间之岭至图们江口。两国交界，与图们江之会处及该江口相距不过二十里，绘画地图以红色分界。咸丰十年《北京条约》第一条。十一年，仓场侍郎成琦奉命与俄使会勘。俄使欲混白棱河为穆棱河，图占宁古塔附近交通三姓、珲春要路见是年六月四日上谕，以成琦力争而止。此次共立八界牌，然有两牌遗漏未设，另两牌则与条约及立牌后所立约记不符。盖由兴凯湖以下交通艰阻，成琦与俄使仅在兴凯湖行营，将地图内未分之界，补画红线，而设立界牌，则彼此各差小官，未曾亲往故也。见是年五月成琦原奏。其㢐字界牌毁失，那字界牌虽存，中、俄亦皆谓已失。至光绪十二年，中国派右副都御史吴大澂及珲春副都统依克唐阿与俄使巴啦诺伏等会勘，乃重立土字界牌，展拓至沙草峰下，水路距图们江口三十里俄十五里，陆路距二十七里俄十三里半之处《重勘珲春东界约记》第一条添立玛萨二牌第二条。倭字牌移设交界之地，那字牌亦经寻得。第五条。旧立八牌，除土字牌毁失外，馀七木牌因其年久易坏，又乡民烧荒，易于延及，均毁之，改立石牌。第二条。条牌之间，多立封堆挖沟为记。第七条。俄人越界在我国黑顶子山地方设立卡伦民房，令其迁回。第三条。我国船只至图们江口者俄以照会申明不得拦阻。此约改正错误，一照条约办理，实为他约所不及。约文并用满文、俄文，以满文为主，亦他约所罕也。

· 49 ·

其西疆之界，雍正六年，仅定至沙宾达巴哈止乌里雅苏台属。咸丰十年，《北京条约》第二条订明西疆未定之界，应顺山岭大河。中国常驻卡伦，自沙宾达巴哈往西直至齐桑淖尔，自此西南，顺天山之特穆图淖尔南至浩罕边界为界。其后由明谊、锡霖、博勒果索与之会勘，在塔城屡议，总署亦与俄使往返诘难。同治三年回事方棘，俄又驻兵图尔根河，强占卡内之地。伊犁将军常清咨行明谊与之速诘。明谊照会俄使换约。俄使杂哈劳先派兵至塔属巴克图卡外，然后送来图志，丝毫不容商议，有如谓不可行，立即回国派兵看守分淮地界之语。明谊不得已许之，于是年九月七日，立分界纪约十条。定自沙宾达巴哈至浩罕界上之葱岭之界。此约第六条订明换约后二百四十日，会立界牌鄂博。其后科布多属境由奎昌与俄色布阔幅会立，定有约志三条。乌里雅苏台属由荣全与俄使穆噜木策傅会立，定有约志二条。事均在同治八年。塔尔巴哈台属由奎昌与穆噜木策傅会立，定有约志三条，事在同治九年。而伊犁属境，则未及勘定，遂启俄人占据后重大之交涉。

当同治三年伊犁危急时，将军明绪曾移文西悉毕尔衙门，以俄兵贸易圈地，为回众扰占，欲借俄兵相助，并奏请。饬下总署与俄使商办，其后迄无成议。见国史馆明绪传。明绪死，以荣全署伊犁将军。荣全奏言俄国来文，俄官不日带兵数千名，同往收复，后亦不至。其后回人与俄构衅，十年五月十七日，俄兵陷伊犁。朝廷命荣全驰往收回。俄官布呼策勒夫斯奇言当请示本国。总署以诘俄使，俄使言关内外悉定，当归还也。及回事平息，乃以崇厚为全权大臣使俄议之。时光绪五年四月。崇厚但欲收回伊犁，所定条约九月十六日。此约无全文可考受亏甚巨，朝臣交章论劾，主战之议大炽。诏下崇厚于狱，拟斩监候。时郭嵩焘以使英大臣卧病于家，上疏言国家用兵卅年，财殚民穷，又非道、咸时比。俄环中国万里，水陆均须设防，力实有所不及，衅端一开，搆患将至无穷。主战之论乃稍戢。六年二月，改使曾纪泽如俄。纪泽请贷崇厚死，并先办结边界案件，免俄有所藉口，然卒本原约于七月一日立约二十六条。崇厚原约收回伊犁之地广二百馀里，长六百里。此约添索南境要隘广二百里，长四百里。第一条。与原约比较之语，均见曾氏寄总署译稿原注。其界自别珍岛山顺霍尔果斯河至该河入伊犁河处，南至乌宗岛廓里札特村之东，自此往南，依同治三年旧界。第七条。按原约割霍尔果斯河以西，此约未能争回。其帖克斯上流两岸之地，则经此约争回，即自伊犁河至廓里札特界内之地也。同治三年塔城界约所定斋桑湖迤东之界，派员重定其界，系自奎峒山过黑伊尔特什河至萨乌岭画一直线。第八条。其费尔干与喀什噶尔之界，则照现管之界勘定，安设界牌。第九条。偿俄人代守伊犁及俄商民恤款九百万卢布。第六条。合英金一四三·一六六四万镑二先令，见专条。崇厚原约系五百万卢布。原约肃州、吐鲁番、科布多、乌里雅苏台、哈密、乌鲁木齐、古城均设领事。此约仅设肃州、吐鲁番两处，馀五处订明系商务兴旺议设。第十条。领事设肃州，或嘉峪关未定。约文皆作肃州而注曰即嘉峪关。吐鲁番非通商口岸，而设领事，约文订明各海口及十八省东三省内地不得援以为例。俄领事在蒙古天山南北路往来及寄信，均可由台站行走。约中亦订明。蒙古设官未设官之处，均准贸易不纳税。伊犁、塔尔巴哈台、喀什噶尔、天山南北路各城，则暂不纳税，俟将来商务兴旺再行议定税则。第十二条。设领事处及张家口准造铺房、行栈。张家口无领事，而准造铺房行栈，他处及内地不得援以为例。第十三条。俄商往肃州贸易，至关而止，照天津办理。第十四条。黑龙江、松花江、乌苏里江行船之约，再行申明。第十八条。原约只提俄国，改约中俄并提。将来陆路商务兴旺须另定税则时，按照值百抽五之例，未定税则前，将现照上等茶纳税之下等茶之出口税酌减。由总署会同俄使于一年内商定。第十六条。另定陆路通商章程十七条，以十年为满，但须于满期前六个月照会方得修改，否则照行十年。沿海通商照各国总例办理。第十五条。

通商章程最要者，第一条两国边界百里内准两国人民任便贸易，均不纳税。第二条俄人往蒙古及天山南北路贸易，只能由附单指明之卡伦过界，应有本国所发中俄两国文字并译出蒙古文或回文执照。第三条运往蒙古及天山南北路未销之货，准其运往天津、肃州或内地。第五条俄货运至肃州者完税，照天津办理，自肃州运入内地者，照天津运入内地办理。第十条，自肃州运土货回国，亦照自天津运土货回国办理。又第三条订明由恰克图、尼布楚运货往天津，由俄边运货经科布多、归化城往天津。第十条订明由天津运土货回国，均应由张家口、东坝、通州行走。

此约第七条所言之界,光绪八年由哈密帮办大臣长顺与俄会勘,定有界约三条。据原约廓里札特村以南,应顺同治三年旧界,而此约将塔约改变,于是温都布拉克水及其所自出之格登山咸割隶俄。格登山者,乾隆二十五年奏定为伊犁镇山,立有高宗御制碑文者也。自格登山以西南,旧以达喇图河为界,此次亦改以苏木拜河为界,别珍岛山口以北,约文虽未言顺旧界,而未别定新界,则应循旧界可知。乃旧以阿勒坦特布什山为界,此次改为喀尔达板为界,而塔尔巴哈台属巴尔鲁克山外平地,遂不能尽为我有。至九年塔城之约,又割平地之半入俄焉。

第八条所言之界,光绪九年由伊犁参赞大臣升泰、科布多帮办大臣额福与俄会勘,定有界约五条。同治三年勘分界约,西北自大阿勒台山至斋桑淖尔之北,又转东南沿淖尔顺喀喇额尔齐斯河。此约自大阿勒泰即彼约之大阿勒台即折西南而斋桑泊全入于俄矣。勘界后有记约,亦名阿勒喀别克河口约。

第九条所言之界,自伊犁西南那林哈勒山口起至伊犁东喀尔达板止。光绪八年,长顺所勘,其北段自那林哈勒噶至别牒里山豁为巴里坤领队大臣沙克都林札布所勘立,有光绪八年喀什噶尔西边界约四条。钱恂谓北段中木种尔特至柏斯塔格之间,未能以分水脊为界,致阿克苏河上源割入俄境。自别牒里山豁以南,至乌自别里山豁一段,亦沙克都林札布所勘,于光绪十年立有喀什噶尔续勘西边界约六条。先是阿古柏曾许俄人定界至玛里他巴山为止,曾纪泽议约时,俄人以此为请,纪泽力拒之,谓崇厚原约所无之地,断不能增。乌自别里在玛里他巴之南二百馀里,则较诸纪泽所未许者,反益拓而南矣。

七、八、九三条所言之界,勘定时皆失地于条约之外。其萨乌鲁与别珍岛之间,条约未言,自应循同治三年旧界,乃俄人又强援第九条迫我会勘,于光绪九年,由伊犁参赞大臣升泰与彼定塔尔巴哈台界约七条,而巴尔鲁克山以外平地,遂半割入俄焉。

当曾纪泽使俄时,俄人持原议甚坚,而其舰队游弋辽海,中国亦召回左宗棠,命刘锦棠代主军务。李鸿章在天津设防。及事定,锦棠请改新疆为行省,从之,至十一年而布置乃粗定。

第十六章

嘉道咸同光之朝局

清代盛衰当以乾隆时为关键，前已言之。中国地大而政主放任，层累级次又多，变法革政甚难。中衰之后，往往不易振起，况又遇旷古未有之局邪？

仁宗即位之后，王杰、董诰、朱珪、戴衢亨相继秉政。杰、诰皆乾隆时与和珅并相，差能持正者，珪与衢亨，尤称名臣，然亦特老成练达者流，不足以济非常之变也。中岁后信任曹振镛，琐细不知大体。而道光一朝政治，实出其手，中枢遂益颠倒矣。

仁宗以嘉庆二十五年崩，次子旻宁立本名绵宁，是为宣宗。宣宗在清代诸帝中，最称深于汉文，或云宣宗初即位，苦章奏之多，以问曹振镛。振镛曰，皇上几暇，但抽阅数本，摘其字迹有误者，用朱笔乙识发出。臣下见皇上于细迹尚能留心，自不敢欺慢矣。此说未知确否。要之不知大体，不能推诚布公，而为任小数，拘末节，则事实也。宣宗中叶后，相穆彰阿。五口通商之役，一意主和，论者多目为权奸。然清朝实无权臣。如穆彰阿者，亦不过坐视宣宗之颠倒而不能匡正者耳。宣宗未尝不思振作，然无康、雍之聪明，而思学其举措政令，朝更夕改，举棋不定，此其所以败也。

宣宗在位三十年死，子奕詝立，是为文宗。咸丰元年，即革穆彰阿职，并罢耆英时英舰驶至津沽，称欲吊唁。文宗谋诸穆彰阿及耆英，二人请许之。文宗不听而英舰亦自去。文宗谓外人本未尝不可折，而疑二人之主张其势以自重而自文也，遂革穆彰阿职，降耆英为员外郎，起用林则徐、雪达洪阿、姚莹，治奕经、牛鉴、余步云之罪，又下诏求直言，倭仁、曾国藩等咸应诏有所陈列，然太平军及捻党之势已强，英、法交涉又棘，末年遂益倦怠，自号且乐主人，致为载垣等所盅云。

· 53 ·

载垣者，怡亲王允祥之后；端华者，郑亲王济尔哈朗太祖弟舒尔哈齐之子之后；肃顺则端华母弟也。文宗既怠于政，三人导以游戏，而阴窃政权，机务多所参决，军机拱手而已。文宗之狩热河也，英、法兵既退，朝臣争请还跸，三人阴阻之。咸丰十一年，文宗死于热河，后钮钴禄氏孝贞无子，懿贵妃那拉氏孝钦后生子载淳即位，是为穆宗，方六岁，遗诏以载垣、端华、肃顺及御前大臣景寿、军机大臣穆荫、匡源、杜翰、焦祐瀛为赞襄政务大臣，而尊钮钴禄氏为母后皇太后慈安，那拉氏为圣母皇太后。御史董元醇疏请太后垂帘，派近支亲王辅政。载垣等令军机处驳之。谓清无母后训政之例，为家法所不许。恭亲王奕䜣至热河，太后欲召见，杜翰阻之，然奕䜣仍得独对，遂定返跸之议。肃顺护送梓宫，两宫及载垣、端华自间道先归。至京猝发载垣、端华罪，杀之，执肃顺于途亦杀之。襄赞政务大臣皆革职，两宫同垂帘，以奕䜣为议政大臣。

清白道光以前，猜忌汉人之心，实未尝泯，各省总督多用满人，而大征伐之将兵者无论已。咸丰时大难当前，满人实不可用，军机大臣文庆首创重用汉人之议。肃顺等虽专恣，亦能力守斯旨。胡林翼之督两湖，曾国藩之督两江，皆肃顺所荐举。左宗棠在湘抚骆秉章幕任用颇专，为人所劾，几至不测，亦肃顺保全之。故肃顺等虽败，于清室之中兴，实未尝无功也。孝钦、奕䜣虽倾肃顺等，于此旨亦守之不变。奕䜣当国，于汉人之为枢臣者，如沈桂芬、李棠阶等，皆能推心委任。故湘淮诸将，用克奋其全力于外也。

孝贞性庸懦，故虽以母后垂帘，实权皆入孝钦之手。内乱定后，稍以骄侈。同治十一年，穆宗将大婚，孝贞欲立尚书崇绮女阿鲁特氏，孝钦欲立侍郎凤秀女富察氏，相持不能决，命穆宗自择。穆宗如孝贞旨，孝钦怒，禁不使与后同居。穆宗郁郁，遂为微行致疾而死。时同治十三年，亲政甫一年耳。孝钦欲为太后以专大权，而醇亲王奕𫍽之福晋，孝钦女弟也，实生德宗载湉，遂立焉。方四岁，两宫再垂帘。穆宗后旋饮药死。时懿旨言以德宗嗣文宗，生子即承大行皇帝。内阁侍读学士广安上疏，援宋太宗故事为言，请颁铁券，奉旨申饬。御史潘敦让请表彰穆宗皇后，革职。穆宗及后既葬，吏部主事吴可读自杀，遗疏请长官代奏，请再下明文，将来大统，必归承继大行皇帝之子。

奉懿旨，皇帝将来诞生皇子，自能慎选贤良，缵承统绪，继大统者，即为穆宗毅皇帝嗣子，皇帝必能善体是意也。

```
宣宗 ┬ 文宗 ──── 穆宗
     └ 醇亲王奕譞 ┬ 德宗
                  └ 醇亲王载沣 ── 溥仪
```

孝钦虽有才而性非恭俭，同治时已宠太监安德海七年使如山东，为巡抚丁宝桢所诛，然时内乱未大定，尚未敢十分纵恣也。德宗时，荒淫益甚。光绪七年，孝贞死，孝钦益无所忌，复宠太监李莲英，罢奕䜣，而命军机有事与醇亲王商办。光绪十七年，德宗大婚亲政，然实权仍在孝钦之手，遂为戊戌政变之原云。

以上为清中叶后朝局。与外人相接后内政亦稍有变革，别详于后。

第十七章
各国立约交涉

　　中国以条约许外国通商，实以五口通商之约为始，而其丧失利权，则以咸丰戊午、庚申之约为尤甚。自有五口通商之约，各国纷纷援例，而闭关之局，遂不复能守。自有戊午、庚申之约，续订各国，辗转引用，而利权益不可问矣。今叙述此两约以后，各国与中国立约之大要如下。英法等国侵略中国之举，别为专章详之。

　　五口通商而后，法、美之外，订约者当以瑞典为最早。瑞典之来粤互市，远在雍正九年。道光二十七年，遣使赴粤，请援英例，在五口通商。耆英与之订约，凡三十三款。其第二款规定出入口税，俱照现定税册，不得多于各国。此语第五款中又提及。一切规费，全行革除。日后欲将税例变更，须与瑞挪领事等官议允。如另有利益及于各国，瑞挪国人应一体均沾。第三款许五口通商。第四款许设领事。第十六款裁洋行，准与中国商民任便贸易。二十四、五两款，规定领事裁判权。此约与英《天津条约》极相类，与美《天津条约》则更有全款相同者。盖道光二十二年，耆英曾在虎门定《善后条约通商章程》二十一款。二十六年，又在虎门定续约五款。瑞约及英、法、俄、美《天津条约》，实同以此二约为据，观英约第一款，谓广东善后旧约并入新约中可知也。虎门两约，今无华文本，观于瑞约，而知《天津条约》之丧失利权，有由来矣。瑞约十七款云，瑞挪国人在五口贸易，或久居，或暂住，均准其租赁民房，或租地自行建楼，并设立医馆、礼拜堂及殡葬之处。必须由中国地方官会同领事等官，体察民情，择地基，听瑞挪国人与内民公平议定租息。瑞挪国人泊船寄居处所，商民水手人等，止准在近地行走，不准远赴内地乡村任意远游，尤不得赴市镇私行贸易，应由五港口地方官各就民情地势，与领事官议定界址，不许逾越，以期永久彼此相安。颇可考见租界之所由来。又二十三款云，瑞挪国人携带鸦片及别项违禁货物至中国者，听中国地方官自行办理治罪。则是时烟尚有禁，领判权之庇护，并不及于携带鸦片及违禁货物之人。此条若亦以虎门两约为本，咸丰《天津条约》，何不一并声明？疑当时洋药业经纷纷抽厘，实利其税而自愿弛其禁矣。二十一款云，瑞挪国以后或有国书递达中国朝廷者，应由中国办理事务之钦差大臣，或两广、闽浙总督等大臣，将原书代奏。观此条规定，不过如此，亦可知后来争执驻使之由也。

《天津条约》立后，首来上海，请援英、法例立约者，为西班牙及葡萄牙。桂良据奏，未许。十年，苏抚薛焕署理钦差，督办江浙闽粤五口及内江各口通商事务，诸国多以为请。上谕仍令严拒。并令晓谕英、法、美三国，帮同阻止。有"如各小国不遵理谕，径赴天津，惟薛焕是问"之语。十一年，普鲁士在上海请立约，薛焕拒之。其使艾林波径赴天津，请于三口通商大臣崇厚，又入京，请法使代请。总署请派仓场侍郎崇伦赴天津办理。是年七月八日，议定条约四十二款，专条一款，别附《通商章程善后条约》十条，另款一条。此约开广州、潮州、厦门、福州、宁波、上海、芝罘、天津、牛庄、镇江、九江、汉口、琼州、台湾、淡水十五口第六条；彼此均得遣使第二条；普国得派领事，亦可托他国领事代办第四条。光绪六年续约，乃定中国亦得派领事赴德。其领事裁判权，见第三十五、三十八、三十九款。最惠国条款，见第四十款。税则订明照《通商章程》办理第十五款、第二十四款。所附《通商章程》十款，与咸丰八年与英、法、美所定者同。订约之初，普鲁士欲以彼国文字为准，亦援英、法例也，中国不许。后以法使调停，另备法文一份，如有辩论，援以为证，谓法文为欧人所通习也。此约以十年为限。期满德使提出大孤山开港，长江添辟口岸，鄱阳湖行轮，德船入内江内河，德商入内地办货各条，屡议无成。至光绪六年，乃由沈桂芬、景廉与德使巴兰德议定续约十条，章程九条。续约第一款，除宜昌、芜湖、温州、北海前已添开口岸，及大通、安庆、湖口、武穴、陆溪口、沙市前已作为上下客货之处外案此系光绪二年《中英烟台条约》，见后，又允吴淞口停泊，上下客商货物。第二款，订明德国欲享最惠国利益，则中国与他国所订章程，亦须遵守。

第八款，中外官员审办交涉案件，以及商人运洋货入内地，洋商入内地买土货，如何科征，又中外官员如何往来，一切事宜，应归另议。今先订明，彼此均允妥商。此条意重在第二端。巴兰德原议洋货入内地，应征厘金，另议归并抽收。并请总署具照会，声明洋货入内地，应否免厘，与各国会商订办。总署拒之。巴兰德遂出京。时光绪三年五月也。旋由李鸿章与商，告以如议免厘，必于正子两税外，再加若干。巴兰德乃复入京，往复商榷，订为此条，实为加税免厘之议所自始。又议土货改造别货，经总署咨商李鸿章驳覆，实亦《马关条约》之张本云。

荷兰定约，事在同治二年。由三口通商大臣崇厚奏闻，约凡十六款，多与他国同。第一款，订设使领；第二款，准在已开口岸贸易；第三款，内地游历通商；第四款，传教；第六款，领事裁判；第十款，纳税以税则为准，不得与他国不均；第十五款，最惠。另款声明，各国税则，届重修年份，荷国亦一体办理，不另立年限。

丹麦即喥国使拉斯勒福亦作拉斯喇弗，于同治二年来求通商，径入京。署三口通商大臣董均函知总署，饬城门拦阻。英使威妥玛称系其宾客，请勿拦阻。又援法为德、葡代请之例，为之代请立约。朝命折回天津，向三口通商大臣崇厚递照会，乃派侍郎恒祺，令同崇厚办理。总署奏称事与法使哥士耆认大西洋葡萄牙使为朋友，由哥士耆出面商议相同，应仿大西洋葡萄牙成案办理，条约亦照葡萄牙商办。而丹使所拟，系以英约为蓝本，恒祺驳之，令与葡萄牙一律。威妥玛又言，丹与英为姻娅之国，拉斯勒福又托己代办，条约应仿英。旋定约五十五款。第二、三、四款，规定彼此各得遣使，丹使有要务，准赴京会议，与泰西各使臣同一优待；第九款规定设领；第八款规定传教；第十款规定游历通商；第十一、十二款规定各国通商口岸，均可通市居住；第十五、十六款规定领事裁判权；第二十三款规定输税照税则为准，内地税或过卡完纳，或在海关一次完纳，各听其便，如一次完纳，准照续定税则完百分之二十五；第五十四为最惠国条款；第五十一款规定公文等不得称彼国为夷云。

西班牙曰斯巴尼亚于咸丰八年桂良赴沪议税则时，与葡萄牙先后求通商，桂良坚拒之。同治三年西班牙使玛斯援丹麦、荷兰例，请于三口通商大臣。命候补京堂薛焕会同崇厚办理，英新旧使威妥玛、卜鲁斯先后来津见崇厚，称奉本国之命，相助为理。总署亦接英、法、俄、美四使函称相同。玛斯遂托病,由驻京各使向总署代请入京立约,又欲援丹麦、葡萄牙之例。中国以两使仍赴天津填写定约日期,且其托英、法及到京在未奉谕旨之前,今在既奉谕旨之后,万难允准,驳之。玛斯乃允在津商议。其所开送条款,请增开漳州,该国人犯,欲寄中国监狱,使臣驻京,须载明长住或久住字样,且欲立约后即行驻京。各使纷向总署代为说项,威妥玛尤力。属照美约第六款订立,嗣后再有别国钦差驻京,方准一体照办。彼仍持久驻之议,又求订期限为三年,以便与布使同时进京,又再三辩论,乃肯删去云。西班牙约凡五十二款,又专条一款,其第二款云:"大日斯巴尼亚国即西班牙大君主欲派秉权大臣一员至中国京师,亦无不可。"而专条规定议约后本应进京居住,惟因为翻译官缺少,议定画押后三年,方派使来京,限内仍准每年一次抵京。前此苦禁外使不许入京之举,几几不能维持矣。第四款定设领,有云:"所派之员,必须日斯巴尼亚国真正职官,不得派商人作领事官,一面又兼贸易。若系小口,贸易不多,可暂令别国真正领事官料理,仍不得托商人代办。"此则咸丰八年,桂良在沪,照会英、法、美使,即以是为言。原照会云:"各国领事皆系商人,本是无权管束,且己亦走私作弊,岂惟不能服众,反使众商效尤。本大臣等商议,如各国欲设领事,必须特派一员,方准管事,不得以商人充领事,致有名无实。"而至此始见诸条约者也。第十款订明准华民至日属各处承工。四十七款订明:"中国商船,不论多寡,均准前往小吕宋地方贸易,必按最好之国,一律相待。日斯巴尼亚国嗣后有何优待别国商人之处,应照最优之国,以待中国商人,用昭平允。"亦为前此条约所无。此外各条,均与各国略同。五条规定通商,六条规定传教,廿一、廿四条规定纳税,十二、十三、十四条规定领事裁判权,五十为最惠条款。

比利时商船,初尝至粤,后久绝。道光季年,法人为请通商,未得许。同治二年,其使包礼士至上海,薛焕奏言,德已不遵理谕,径赴天津,若再严拒,必至效尤,当令在沪核议,许之。焕与议定,而未互换。四年,比使金贝至天津,谒崇厚,以前约未将通商章程叙明,请再议。命侍郎董恂赴津,定约四十七款。规定使臣有要务得入京第二款:税则照所附章程与他国同办理。三十款。馀亦与他国略同。第七款规定设领。第十、十一款规定游历通商及通商口岸。第十五款规定传教。第十六、十九、二十款规定领事裁判权。

意大利于同治五年遣使阿尔明雍来京，由法翻译官李梅代请议约，并经阿尔明雍照会三口大臣崇厚，由崇厚奏闻。派谭廷襄会同崇厚办理。定约五十五款。使臣或长行居住，或随时往来，订明总候本国谕旨遵行第三款。领事不得用商人，别以照会申明。第二十一款云："将来中国遇有与别国用兵，除敌国布告堵口，不能前进外，中国不为禁阻意国贸易，及与用兵之国交易，凡意国船从中国口驶往敌国口，所有出口进口各样货物，并无妨碍，如常贸易无异。"为他约所无。第五十四条为最惠国条款，有云："各国如有与大清国有利益之事，与意国民人无碍，意国亦出力行办，以昭睦谊。"亦略有相互之意云。馀与他国略同。第二款定遣使，第七款定设领，第八款定传教，第九款定内地游历通商，第十一款定通商口岸，第十五、十六、十七款定领事裁判权，第二十四款定税则，照通商章程办理。所附通商章程，亦与他国同。第二十六款，定条约未满期，列国议改税则，则意国亦更改云。

奥斯马加奥匈帝国——编者于同治八年，遣使毕慈来京，由英使阿礼士代请，毕慈亦照会崇厚。派户部尚书董均会同崇厚办理，定约四十五款。此约所异者，无传教之条。又奥斯马加商人运货赴各处贸易，单照等件，照各国章程，由各关监督发给，其不携货物，专为游历者，执照由领事馆发给，地方官盖印。第十一款。第四十三款为最惠国条款，有云："中国商民如赴奥国贸易应与奥国最优待之国商民一律。"实各约中最具互惠之意者也。第二款定遣使，或住京，或随时往来，各听其便。第六款定设领，不得用商人兼充一节，亦别以照会申明。第八款定通两口岸。第九款定税则，照所附章程办理，附章亦与各国同；又定未至修约年限，而税则有增减，各国一律通行，奥亦遵守。第三十八、三十九、四十款定领事裁判权。

自咸丰戊午、庚申之后，各国来求通商，中国已不复能拒，其中略有顿挫者，惟秘鲁与葡萄牙。秘鲁以华工事，葡以澳门界务也。欧美之招华人出洋也，商舶皆在澳门，因就设招工公所。其初趋之者若鹜，后闻往者被虐，多死亡，乃稍稍瞻顾。外人则重其募，奸民因以为利，谋诱价买，无所不至，而所谓"贩猪仔"之事起焉。同治五年，总署与英、法使议定招工出洋章程二十二条，订明澳门不得招工。八年，申明前章，照会各使，英、法二使均覆称，此项章程在彼未曾允认，然十一年英领事在粤设招工公所，粤省大吏执五年章程为难，彼乃闭歇，盖公理主权所在，终有所不能违也。华工出洋者，实以往秘鲁、古巴、旧金山三处为多。同治八年、十年，驻京美使两次代递秘鲁华工公禀，陈诉被虐情状。十二年，秘使葛尔西耶来，请立约，未至，美公使先为代请。总署照会各使，言必秘鲁先将所招华工全数送回，并声明不准招工，方能商议立约。及葛尔西耶至津，北洋大臣李鸿章与之交涉。葛尔西耶言实无虐待情事，并言华工在彼，亦有身家，断难送回。议不谐，遂停顿。十三年三月，葛尔西耶复来。派李鸿章为全权，谕令将虐待华工之事，先行辩论明晰，订立专条，再议通商条约。五月，先立专条，订明中国派员查察在秘华民情形，秘国以全力相助。华工合同已满，愿归国者，如合同订明雇主应资送回国，秘国当严催雇主照办，如未订明者，由秘国送回。合同年限未满而被虐者，由查办华员开单照会秘国，雇主不承，由地方官讯断，不服上告者，秘国应派大员复查。旋立条约十九款。初议约时，葛尔西耶拟送五十一款，李鸿章不受，别拟二十款。中一款云："此次先行商订往来通商条款，俟中国委员查办事竣回国后，如照所议办理妥洽，始可会议永修和约，倘或未尽照办，并此次所订条款，亦作罢论。"葛坚持不可。又拟删利益均沾一款，葛亦未允行。此约删传教之条，遣使第二条、派领第四条、游历第五条、通商第八、九两条、兵船停泊修理第十条、商船遭险救护第十一条均彼此并列，与他约之专指一面者不同。设领一条，秘国申明不得用商人。虽领事裁判之权，仍为彼所独有第十二、十三、十四三条，而华民在秘呈控，得与秘国商民及待各国商民之例一律，亦径订立一条第十五条。第十六条云："今后中国如有恩施利益之处，举凡通商事务，别国一经获其美善，秘国官民亦无不一体均沾实惠。中国官民在秘国亦应与秘国最为优待之国官民一律。"虽语意微有轻重，亦非他约专言一面者比矣。华工之事，第六款云："除两国人民自愿往来居住外，别有招致之法，均非所准。""不得在澳门及各口岸诱骗华人，违者，其人各照本国例从严惩治。载运之船，一并按例罚办。"第七款云："秘国各府，凡有华民居住，即在该衙门外，设一汉文翻译官。以便通晓华民语言，随时保护。"约既立，鸿章派容闳赴秘鲁，华工二十馀万，情状具如公禀所言。光绪元年，秘使爱勒谟尔来津，由苏抚丁日昌在上海与之换约。日昌诘责爱勒谟尔，爱勒谟尔乃别具照会，申明钦差大臣前往商办，定必实力会商，以期尽除一切弊端云。

先是同治十三年，中国曾派陈兰彬为委员，查访华人在外洋承工情形。拟分致各国使臣，请其公断。光绪元年十一月总署又奏派兰彬使美、日斯巴尼亚即西班牙、秘三国交涉，时秘国条约已由李鸿章议立，日斯巴尼亚国则由总署拟订保护华工条款，与各使会晤数次，各次亦拟具条款，参酌合一。适英翻译官马嘉理在云南被戕，英使威妥玛声明此案不结，与日斯巴尼亚商办各议论，概不相预。旋即出京，事遂中止。至光绪三年十月，乃由总署与日斯巴尼亚议定华工条款十六款，订明彼此往来，皆出自愿，不许在中国各口或他处，用勉强之法，施诡谲之计，诱华民前往，违者严办。中国人已在古巴时为西班牙殖民地及嗣后前往者，均照最优待之国相待。第三款。华民自愿前往者，先赴关道报名，请领执照，送日斯巴尼亚领事画押盖印。船到古巴后，送中华领事查验。通商各口载客出洋之船，由关道领事委员查察。第五款。中国派领事驻扎古巴夏湾拿。此外日斯巴尼亚许各国驻领事处，中国亦均可派领。第六款。在古巴之华工，如有读书作官者，及此项人之亲属，又年老体衰，孤寡妇女，均由日斯巴尼亚出资送回。第十一款。雇工合同订明雇主资送回国者，督令照行，无此语而无力回国者，由地方官与中国领事设法送回。第十二款。华民在岛准随便往来立业。第七款。惟古巴地方官察某处聚人过多，恐滋事端，得一面禁止中国人前往，一面照会领事。第十二款。古巴华工交涉，大略如此。

英法俄美四国，同与咸丰戊午、庚申之役。事后交涉，当以美为最和平，以远隔重洋，利害关涉者希也。惟招用华工之事，亦颇滋纠纷耳。同治六年，总署奏派章京记名海关道志刚、候选知府孙家谷前往有约各国，办理交涉。以美人蒲安臣同领使事，英人柏卓安、法人德善充协理。是为中国遣使出洋之始。七年六月在美议定续约八条：（一）申明通商口岸及水路洋面贸易行走之处，并未将管辖地方水面之权给与，美与他国失和，不得在此争战，夺货劫人。凡中国已经及续有指准美国或别国人居住贸易之地，除约文内指明归某国官管辖外，皆仍归中国地方官管辖。（二）嗣后与美另开贸易行船利益之路，皆由中国作主，自定章程。惟不得与原约之议相背。（三）中国可在美国各通商口岸设立领事。（四）美人在中国不因异教稍有凌虐，中国人在美，亦不得因异教稍有屈抑苛待。两国人坟墓当一体保护。（五）两国人往来居住，须出自愿，不许别有招致之法，其勉强带往或运往别国者，照例治罪。（六）华民至美，美民至华，不论经历常住，均照最优之国相待。（七）华人入美，美人入华，大小官学者亦然。美在华，华在美，均许在住地设学。（八）襄理制造。美国愿指熟练工师前往，并劝别国一体相助，惟中国内治，美国并无干预催问之意，于何时照何法办理，总由中国自主酌度。约既定，又历英、法、普、俄、瑞典、丹麦、荷兰等国。九年正月，蒲安臣卒于俄都。志刚等又历比、意、日斯巴尼亚三国，于是年十月归国。在他国均未修约，惟与文牍讨论，大致谓彼此交涉，当以和平公正为主，不可挟兵恫愒，约外要求。此次遣使，颇有更新外交之意。或曰文祥实主持之，惜后来未能继此而行也。美约八款，宜壸《初使泰西记》附有注释，盖出蒲安臣之意。注谓第三、第四、第五、第六各款，均为华侨而发云。时华人在美，词讼不许作证。又人头税各国皆免，华人独否，皆以不奉耶教也。时华人在旧金山者，已十数万矣。

旧金山者，美国加里福尼亚州滨海之都会也。于咸丰季年，始属美，美人急图开拓，而欧洲及东方工人苦其遥远，至者不多，资本家苦之。及得金矿，议筑铁路，尤苦乏工，乃在香港设招工公司。同治初年，华人至者凡万馀人，及三四年间，其数骤增。或谓洪杨亡，馀党以海外为逋逃薮，故三合会盛于美云。光绪初年，华人在美者，凡三十馀万。时加里福尼亚日益繁盛，美东部及欧洲工人争趋之。华人工勤佣薄，遂为所嫉。光绪三年，加里福尼亚工商亏折，佣资骤贬，华人执业如故，疾忌益深。有埃里士者一作哥亚尼以投机丧其资，乃学演说，欲从事于政治，及是，集众在旧金山港沙地演说，痛诋华人，一部分人附之。政府捕之入狱，旋释之。埃里士名益高。光绪五年，选举获胜，加里福尼亚政权，操于沙地党之手，遂议改本省宪法，立限制华人之例。华民所居唐人街，大遭暴民攻击，久之，美人以其横暴，亦厌焉。光绪六年，沙地党选举失败，遂亡。然限制华人之说，自此遂不可戢。是年，美使安吉立至京，请续商条约，中国派宝鋆、李鸿藻为全权,美派帅菲德及笛锐克为全权。十月,立续约四款,许美限制华工人数、年数第一款;传教、学习、游历及其随带雇用之人,兼在美华工,仍听往来自便第二款。美所立章程,须知照中国,如有未洽,可由总署与美使,中国驻美公使与美外部商议。七年,又立约四款,规定彼此均可观审,均不得贩运洋药不以利益均沾之条为解,第二款。彼此船税,皆照他国一律。八年,美人始立新例,以禁华工:华工在美必有资产债务千元以上者,乃许报名居住;归国者由税关发给执照,许其复来,而禁新工之至。然华工回国者,执照多转售于人,于是苛例益新,往者皆拘诸港口之木屋,以待审问,其审问既迟延有至二三十日者,又非由司法官而由关员。问时不许旁听,口供不许宣布,上控仍由关员以达工商部,限以三日,审问之外,且用巴连太器法人巴连太所创,欧美用以量囚徒者量其身,其苛酷,万国所未有也。华人在美,多业酒食肆、卷烟、织帚、缝衣,资本皆绝巨,美皆不认为商,认为商者,又只限一肆主,置约文随带雇用字样于不顾,而学生之兼作工者无论矣。总署不得已,乃有自禁之议。十四年二月,驻美公使张荫桓与美外部议限华工之约,稿成而未克订定。是年八月美国复立新例,华工一离美境,即不许再往,从前所给执照,亦均作废。中国驻美使臣与美外部辩驳凡数十次,迄未转圜。十九年,美人复命华人注册,以绝顶名、影射之途。华人延律师讼之,不胜。时杨儒驻美,总署就十四年约稿与美磋议,又命寓华美人亦注册以抵制之。卒于二十年二月,订约六款。华工除有父母正妻子女及财产账目在美者,均不许留,其许留者,如因事离美,由税务司发给执照,以一年为期。疾病或别有要事,得展限一年。第一、第二款。来往他国,仍准假道,惟须遵守美政府随时所定章程。第三款。华工仍须注册,而以美工在中国者亦注册,美国他项人民,包括教士在内,由美政府每年造册一次,报告中国政府。第五款。为敷衍中国面子之计,亦可笑矣。此约以十年为期。光绪二十四年,檀香山属美,二十八年,菲律宾属美,咸推行禁例。二十九年,又将先后各例,汇列增订颁行,是时美于留美华民,复有查册之举,以无册被逐者,岁以千计。三十年续订之期既届,留美华民十馀万,上书中国政府,请以加关税为抵制。檀香山《新中国报》总撰述陈仪侃议由人民拒用美货,以为抵制。其后政府交涉，未能有效，抵制美货，自上海创始，曾一行之。是为中国抵制外货之始，久之乃罢。

巴西于同治季年，始至上海。光绪六年，使谒北洋大臣李鸿章，求立约，即授李全权，定条约十七款。此约驻使第二款、设领第三款、游历第四款、兵船修理第七款、商船收口第八款，亦均两国并言。设领一条，除订明不得用商人，虽请别国领事代办亦然外，又加"如领事官办事不合，彼此均可按照公例。即将批准文凭追回"一语。按此项办法，自此约为始。光绪二十五年韩、墨两约准之。二十九年中美商约第二款则云由外务部按照公例，认许该领事，并准其办事。两国人民准赴别国通商各处，往来贸易，见第五款。第四款中，则两国均无通商字样，巴人游历执照，由领事照会关道发给，亦与他约不同。第五款又云："嗣后两国优待他国，如立有专条，互相酬报者，彼此须遵守专条，或互订之专章，方准同沾利益。"亦较前此互惠之约为明显。领判权仍为彼所独享第九至第十三款，惟皆订明专由被告所属官员审理，以免会审之烦。中国人在巴人公馆寓所、行栈、商船隐匿者，一面知照领事，一面即可派差协同设法拘拿，亦与各约待彼交出者有别。又有"将来中国与各国另行议立中西交涉公律，巴西亦应照办"一语。第十四条彼此禁运洋药，订明不得引利益均沾之例自解。当时华民在巴西者二千馀人，恐其续行广招，成为秘鲁之续，故第一款订明彼此皆可前往侨居，又声明须由本人自愿也。第十款原议人犯由中国径行拘捕，巴使喀拉多力争，乃改如约。画押后，喀拉多言奉本国训令，请以商人充领事，游历执照，仍由领事发给，地方官盖印。鸿章拒之。

墨西哥于光绪十年来，请立约招工，久无成议。其南部地沃，急须招人垦辟。中国驻美公使郑藻如、杨儒，屡欲与之立约，亦未有成。二十五年，使美、日、秘大臣伍廷芳始与墨驻美公使卢美路及阿斯比罗斯，在华盛顿立约二十款。此约以同治十三年秘鲁约、光绪七年巴西约及墨与英、法、美所立条约，参酌而成。第三款，领事必奉列所驻之国认准文凭，方得视事，如办事不合，违背地方条例，彼此可将认准文凭收回。第八款，进出口货，各国一律，不得禁止限制，惟防疫、防荒、军务，不在此例。第十款，不得勒令华侨充兵，或出资捐免。以及军需名目，勒借强派惟按产抽捐，不在此例，供军用之物，亦不得征收。此款系仿英、墨约。十一款，不得于国内各口岸往来贸易，申明此为"本国子民独享之利"。如此国将此利施于别国，彼国自应一律均沾，惟须立互相酬报章程。十五款，将来中国与各国议立中外交涉公律，以治侨居中国之外国人，墨国亦应照办。十六款，船到口岸，船上诸色人等，如有上岸滋事者，在二十四点钟内，准由地方官惩办，惟只照该口常例罚锾或监禁。皆能注意收回权利，与前此各约不同。又第五款订明不准引诱中国人出洋，则以墨亦须工垦拓，虑其为日、美、秘鲁之续也。

又刚果自由国于光绪二十四年，使余式尔来求立约。总署言不必如欧美各国之繁冗，与订简明专款二条。主持之议者亦李鸿章。（一）中国与各国约内所载身家财产与审案之权，其待遇各国者，亦可施诸刚果。（二）中国人可随意迁往刚果，一切动静财产，皆可购买执业，并能更易业主。至行船经商工艺等事，其待华民与最优国人相同。此亦条约中之别开生面者也。

葡萄牙占据澳门，事已见前。康熙九年、十七年、乾隆十八年，《东华录》载大西洋国入贡，皆即葡国也。道光二十九年，葡目哑吗嘞为澳民所杀，葡人借端占澳地，抗不交租，莲花茎以内，悉为所占。粤大吏置诸不问。莲花茎，明万历中设关闸之处。咸丰八年，桂良赴沪议税则，葡请立约，未许。同治元年，葡使基玛良士赴京，时无约各国，必先至津谒三口通商大臣，不许径入京师。法使哥士耆为葡使代请，奕䜣不可，乃由哥士耆代办，而葡使则作为法使宾客。我仍派侍郎恒祺至津，会同崇厚办理。哥士耆偕基玛良士至津，立约五十四款，而未互换。此约今无可考。七年五月，总署复加删改，议以澳门仍归中国，而价其炮台道路之费百万两。使日斯巴尼亚人玛斯往议，仍未定。光绪十一年，法越事起，葡人称无约国，可以不守局外中立之例。中国虑其引法兵由澳门入，颇羁縻之。十二年，与英人订立洋药税厘并征专条，派邵友濂、赫德往香港商办法。英人言澳门如不缉私，香港亦难会办，而葡仍以无约为难，赫德乃拟草约四款，派税务司金登干在葡京画押，并允其遣使来华订约。草约第二款允葡永居管理澳门。第三款，非经中国允许，葡人不得将澳门让与他国。乃成割澳门以易其缉私之局矣。十三年五月，葡使罗沙抵京，命庆亲王奕劻、侍郎孙毓汶主其事。彼所开通商各款，与同治元年未换之约无甚悬殊，而粤督张之洞、抚吴大澂奏言，澳界镠辖太多，条约尚宜缓定，且言洋药来华，皆径到香港，分运各口，从无径运澳门之船，稽察关键，在港而不在澳。然中朝卒与葡立条约五十四款，缉私专款三条。申明草约第二、三款彼此均无异议。界址俟将来派员会订，未订以前，一切照现在情形，不得增减改变。第二、第三款。葡人协助中国，收由澳门出口运往中国各口岸洋药税厘。另定专约。第四款。派使或常住或往来，候本国谕旨遵行。第五、第六款。设领不得用商人。第九款。其馀通商十一款、税则十二款、游历十七款、领事裁判权四十七、四十八、五十一款、传教五十二款等款，与他国条约无甚出入。最惠国条款，申明如与他国立有专章者，葡国欲同沾利益，专章亦允一体遵守。第十款。又第十四条，许其任便雇用华人，而订明不得违例雇觅前往外洋，以澳门本为欧美人招募华工之地也。光绪二十八年，葡使白朗谷请画界，求割澳门西之对面山岛名及西南之大小横琴二岛。外务部拒之。葡以上年切实值百抽五之议，葡人未与相要挟，乃停勘界议，而立增改条款九款。各国公约增税，葡允遵照。第二款。于澳门设分关，助中国征收洋药税饷。第三至第六款。别用照会，许葡筑造澳门至广州铁路。迨三十年议商约，乃将此条款声明作废焉。

第十八章
革新之渐

　　中国自明代即知外人科学技艺之长，而引用之。然其渐改旧法，实自咸、同以后，则因迫于战败而然。物之静者，非加之以力则不动，物理固然，无足怪也。

　　中国借用西洋兵力，实始清初之借荷兰以攻郑氏，然其关系甚浅也。至洪杨军起，而其关系乃稍深。当太平军入湖南，即有创守江之议者，谓宁波、上海等处，外人驻有舟师以防海盗，可与商派，入江助剿，未果行。及江宁陷，向荣以长江水师不备，檄苏松太道吴健彰与外人商议。领事答以两不相助，事乃已。吴健彰者，粤人，尝为洋行帮办，后援例得官。而匕首党刘丽川香山人亦在洋行，与之相识。咸丰三年，丽川谋起事，托领事温那治先容于太平军，温那治许之。使轮船二，溯江西上，至镇江，为清巡船所获，得温那治与太平军书，并洋枪火药及刘丽川奏摺。温那治书言：三月间在南京，蒙相待优厚，并为照顾贸易之事。我兄弟同在教中，决不帮助官兵，与众兄弟为仇。今寄来火器若干件、火药若干斤，即祈早为脱售云云。则当时领事与太平军，确有往来。惜乎太平军不知世界大势，不能善用外人，而转使其为清人所用也。时两江总督为怡良，咨粤督穷治此案，卒亦未果，而丽川起兵陷上海，杀知县，劫道库，方露刃以胁健彰，领馆中人挟之去，健彰遂居领馆，诡称公出，规脱处分。言官劾其通夷养贼，擅将关税银两运回原籍。奉旨交督抚严讯。奏言无其事。惟以与本管洋行商夥往来酬酢，不知引嫌，避居洋行，捏报公出，遣戍新疆。而向荣请留之效力赎罪。《中西纪事》谓其钱可通神云。《纪事》又云上海自通商以来，莅事者率以和番称胜任，盖民心虽排外，巧宦已从而媚之矣。然丽川踞上海，亦不能有所为。至咸丰四年，而英、法助清军平之。丽川居上海，官兵碍租界，不能攻。是年冬，英、法让出陈家木桥一带，由官兵筑墙，丽川来扑，洋兵合力败之，于是官兵攻其东南，洋兵攻其北，又派船截其由江入海之路。五年一月一日上海陷，丽川亡走，被擒杀。

当太平军初起时，外人厌恶清廷殊甚，使能据公理，与立约束，外人之承认，指顾间事耳。然太平军固见不及此，此亦时会为之，未足为太平咎也。戊午、庚申两役，外人所获权利甚多，乃有助攻太平之议。换约后，法使噶罗干首称愿售船炮，如欲仿造，亦可派匠役前来，并请在海口助剿。王大臣等奏闻，不许。迨俄人换约，俄使伊格那提也夫亦言愿派水兵数百，与清陆军夹攻，又言明年南漕有无阻碍未可知，在上海时，有粤商及美商愿采台米洋米运京。如由伊寄信领事，将来沙船钓船均可装载，用俄、美旗，即可无事。诏江浙督抚及漕督议奏。漕督袁甲三、苏抚薛焕皆言不可听。曾国藩请温诏答之，而缓其出师之期。总署奏亦谓然。而谓初与换约，拒绝过甚，又恐转生叵测，宜设法牢笼，诱以小利。法夷贪利最甚，或筹款销其枪炮船只，使有利可图，冀其暗就为用。请令曾国藩酌量办理。代运漕米一节，由薛焕招商运津，华夷一体，无须预与该夷会商。十一年夏，又据赫德议，请购小火轮，又称法如必欲代购，亦请援例照许，其后曾否购到无可考，然攻太平军则未尝用也。《中西纪事》卷二十。

是时苏、松、常、太相继为太平军所据。苏抚薛焕驻上海。布政使吴煦及苏松太道杨坊募印度人防守，以美人华尔为将，白齐文副之。又欲募吕宋人。苏州王韬献策，言募洋兵费巨，不如募中国壮勇，用洋人统带，教练火器，从之。于是华尔、白齐文以募勇五百守松江，称常胜军。华尔、白齐文愿易服入中国籍，苏抚以闻，诏赏华尔四品衔，后加至三品，以副将补用。白齐文以战功亦赏四品衔。时李鸿章募淮勇于安徽。同治元年，上海官绅筹银十八万两，雇汽船七，迎之。三月秒，毕至，诏授鸿章苏抚，常胜军属焉。薛焕为通商大臣，专办交涉。于是外兵颇助清军，而饷项亦出沪税。外国水陆队及经理税务商人，时传旨嘉奖。常胜军会英、法兵陷嘉定、青浦，守松江，又随淮军入浙，陷慈溪，华尔伤死，遗命以中国衣冠敛。诏优恤，于松江、宁波建专祠。白齐文代将其军，通于李秀成，谋据松江以应。又至上海索饷，不得，殴伤杨坊，劫银四万两去。鸿章共美领事，替之，代以英人戈登，定军额为三千人。白齐文降秀成，劝其弃江浙，据秦晋齐豫，清水师之力所不及也。时避难上海者数十万人，苏州诸生王畹亦献策，以水军出通泰，掠商船，使物不入上海，避难者必汹惧，夷必求好，不则以精卒数千，伪为避难者，入租界中，夜起焚劫，夷必走海舶，我乃抚之归，夷必为我矣。秀成皆不能用。戈登从程学启陷太仓、昆山，又从攻苏州。纳王郜永宽等人约降，戈登为之保任。秀成微闻之，走，永宽等杀谭绍光，叛降清。学启杀永宽等，戈登怒，袖短铳索鸿章，鸿章避之，数日乃已。常州既陷，裁常胜军，戈登加提督衔，洋弁之受宝星者，六十有四人。淮军勇悍，而火器不精，其战胜，得常胜军之力实不鲜也。白齐文为淮军所俘，致之美领事，美领事使归国，约毋再来。白走日本，入漳州，与英人克令细仔俱投太平军，后为左宗棠所获。福州美领事庆乐索之，宗棠不与，致之苏州，及兰溪，舟覆而死。

中国初与外国交涉，恒不愿其直达政府，一则沿袭旧见，以示体制之严，一亦以交涉每多棘手，多其层次，可为延宕转圜之计，并可掩耳盗铃，以全体面也。迨咸丰八年戊午英约，第五款订明，特简内阁大学士尚书中一员，与英国钦差大臣文移会晤，商办各事，乃不得不一变旧习。十年十月，设总署各国通商事务衙门。命恭亲王奕䜣、大学士桂良、户部左侍郎文祥管理。司员于内阁部院军机处挑取八员。又以崇厚办理三口通商大臣，驻扎天津，管理牛庄、天津、登州通商事务。其广州、福州、厦门、宁波、上海及内江三口，潮州、琼州、台湾、淡水各口，命江苏巡抚薛焕办理。新立各口，惟牛庄归山海关监督经管，其馀各口，由各督抚会同崇厚、薛焕，派员管理。各国照会，随时奏报，并将原照会一并呈览。吉、黑边界事件，由将军等据实奏报，一面咨礼部，转致总理衙门。各将军督抚，仍互相知照。案咸丰八年，钦差大臣关防，由粤督接管，此时归诸苏抚者，以英人要免黄宗汉也。及同治四年，乃以此职归诸两江总督，谓之南洋大臣，拨江海关税二成，粤海、山海、闽海、沪尾、打狗各关税四成。江浙厘金二十万，湖北、广东、福建、江西各十五万，为筹办海防，添制船炮军械之用。九年，天津教案既结，署三口通商大臣毛昶熙以为徒挠督臣之权，奏请并归直督办理，命李鸿章议复。鸿章赞之，于是以直督兼北洋大臣，冰泮移驻天津，冰合仍回保定，增设海关道一，管理交涉。光绪二十四年十一月谕，向来沿海沿江通商省份，交涉事务本繁，及内地各省，亦时有教案，应行核办。各省将军、督抚，往往因事隶总理衙门，不免意存诿卸。总理衙门亦以事难悬断，未便径行，以致往还转折，不无延误。嗣后各省将军督抚，均着兼总理各国事务大臣，仍随时与总理衙门王大臣和衷商办，以期中外一气相生，遇事悉臻妥洽。及二十七年六月，改总理衙门为外务部，乃谕该衙门已改为外务部，各将军督抚即着毋庸兼衔，惟交涉一切，关系繁重，皆地方大吏分内应办之事，该将军督抚仍当加意讲求，持平商办，用副委任云。

咸丰庚申条约既定，各国均遣公使驻京。同治十年，日本来议约，曾国藩、李鸿章请立约后遣使日本，未报。十三年，台湾之案既结，李鸿章再以为请，并请公使到后，再于长崎、箱馆各处，酌设领事，以理赋讼。并请派员出驻泰西各国，总署乃议许之。

总理衙门之立，奏请饬广东、上海，挑选专习英法美三国文字语言之人，来京差委，挑选八旗子弟学习。除俄罗斯章程由该馆遵旨酌议外，其英、法、美教习及学习之人，薪水奖励，应仿照俄罗斯馆议定之例办理。此特以备翻译而已。同治元年，李鸿章抚苏，奏设广方言馆于上海后移并制造局，译出西书颇多。三年，又在上海设制造局，五六年间，左宗棠奏请在福建设船厂，命沈葆桢时丁忧在籍司其事。六年，设同文馆于京师。十年，曾国藩、李鸿章始派学生赴美国游学。十一年，设轮船招商局，筹办铁甲兵船。光绪二年，设船政学堂于福州。六年，设水师学堂于天津，设南北洋电报。七年，设开平矿务局。十三年，又开漠河金矿。十五年，总署请造铁路，张之洞请先筑卢汉线，迨二十二年，乃以盛宣怀督办其事。是年又设邮政局，此戊戌以前所办新政之大略也。皆一支一节，无与大计，然反对者犹甚多，主持其事者，必几费笔舌心力，乃克排众议而底于成。此以见图新之不易矣。李鸿章要筑津沽铁路，难者纷然，谓京通大道，自此无险可守。鸿章驳之曰，敌兵至，并拆毁铁轨而无其人，虽无铁路，又何守焉。同文馆之设也，御史张盛藻请毋庸招集正途。奉批：天文算学，为儒者所当知，不得目为机巧。大学士倭仁上疏曰："'天文算学'为益甚微；西人教习正途，所损甚大。立国之道，尚礼义不尚权谋；根本之图，在人心不在技艺。今求之一艺之末，而又奉夷人为师，无论夷人诡谲，未必传其精巧，即使教者诚教，学者诚学，所成就者，不过术数之士。古今来未闻有恃术数而能起衰弱者也。天下之大，不患无才，如以天文算学必须讲习，博采旁求，必有精其术者，何必夷人？何必师事夷人？且夷人，吾仇也。咸丰十年，称兵犯顺，冯陵我畿甸，震惊我宗社，焚毁我园囿，戕害我臣民，此我朝二百年来未有之辱，学士大夫，无不痛心疾首，饮憾至今，朝廷亦不得已而与之和耳，能一日忘此仇耻哉？议和以来，耶稣之教盛行，无识愚民，半为煽惑，所恃读书之士，讲明义理，或可维持人心。今复举聪明隽秀，国家所培养而储以有用者，变而从夷，正气为之不伸，邪气因而弥炽，数年以后，不尽驱中国之众，咸归于夷不止。伏读圣祖仁皇帝御制文集，谕大学士九卿科道云，西洋各国，千百年后，中国必受其累。仰见圣虑深远，虽用其法，实恶其人。今天下已受其害矣，复扬其波而张其焰邪？闻夷人传教，常以读书人不肯习教为恨，今令正途学习，恐所学未必能精，而读书人已为所惑，适堕其术中耳。"当时守旧大臣，其见解如此。

第十九章
日本立约及台湾生番事件

　　中国当明代，受倭患甚深，故康熙时，虽开海禁，仍只准我国商船前往，而禁日本船之来，且所以防之者颇密。康熙时风闻日人将为边患，尝遣织造马林达麦尔森，改扮商人往探，归报，极言其懦弱恭顺，遂不介意。雍正六年，苏州洋商余姓，言日本将军出重聘，请内地人教演弓箭藤牌，偷买盔甲式样。初有福州王应如，受其万金，为教阵法。复荐广东年满千总，每年受倭数千金，为钉造战舰二百馀号，习学水师。又洋商钟觐天、沈顺昌，久领倭照贸易，钟复带去杭城武举张灿若，教习弓箭，每年得银数千。沈亦带去苏州兽医宋姓，疗治马匹。又商人费赞侯，荐一绍兴革退书办，在倭讲解律例，复因不能通晓，逐归。浙督李卫，请严边备，密饬沿海文武，各口税关，藉盘诘米谷甲器，严查出洋包箱，悉令开验。水手舵工商人奴仆附客，俱着落牙行查明籍贯年貌，取具保结，限期回籍，返棹进口，点验人数，阙少者拿究。命卫兼辖江南沿海，卫请密饬闽、广、山东、天津、锦州访察，嗣访得别无狡谋，且与天主教世仇，备乃稍弛。卫又奏，会同江南督抚范时绎、尹继善，于各商中择身家殷实者，立为商总。内地往贩之船，责令保结，各船入货，即令稽查夹带违禁货物，及到彼通同作奸，令其首报，于出入口岸密拿，徇隐一体连坐。以上见《柔远记》。广东年满千总，后查明为沈大成，杭州武举，后审出名张恒睅。同治中，日本既维新，乃于九年，遣使至上海请立约，并致书总署，总署议驳。十年，复遣柳原前光至天津，谒三口通商大臣成林、直隶总督李鸿章，请立约。前光上书成林，略言："泰西各国，皆有公使领事，驻日本保护商民，中国独无，西人竟令华民归其管辖，外务卿函致上海道，请将华民暂归地方官约束，得覆允行，然终不免西人横议者，以未立约故也。日商至上海，亦无约故，依荷兰领事介绍，中东两国利权，均为西人侵占。特先遣员通款，为派使换约之地。"成林等闻于朝，总署令其另派大臣，再与商议。疆臣或以明代倭寇为辞，奏请拒绝。朝命曾国藩、李鸿章筹议。国藩言："道光间，与西人立约，皆因战守无功，隐忍息事。厥后屡次换约，亦多在兵戎扰攘之际，动虑决裂，故所缔条约，未能熟思审处。日本与我无嫌，今见泰西各国，皆与中国立约通商，援例而来，其理甚顺。若拒之太甚，无论彼或转求西国介绍，势难终却，且使外国前后参观，疑我中国交际之道，遂而胁之则易，顺而求之则难，既令其特派大员再商，岂可复加拒绝？惟约中不可载明比照泰西各国通例办理，尤不可载恩施利益，一体均沾等语。逐条备载，每国详书，有何不可？"鸿章奏略同。并请定议后，由南洋大臣就近遴员，往驻该国京师，藉以侦探动静，设法联络。是年六月，日派伊达宗城为使，前光副之，诣津订约。以李鸿章为全权大臣。鸿章奏江苏按察使应宝时、津海关道陈钦随同议订。凡立修好规条十八条、通商章程三十三款。第一款载明两国所属邦土不可稍有侵越。据原奏，系隐为朝鲜等国预留地步。内地通商一条，于通商章程第十四、十五条，明定禁止。十四款云："中国商货进日本国通商各口，在海关完清税项后，中国人不准运入日本国内地；其日本国商货，进中国通商各口，在海关完清税项后，任凭中国人转运中国内地各处售卖，逢关纳税，遇卡抽厘，日本人不准运入中国内地。违者货均入官，并将该商交理事官惩办。"十五款云："两国商民，准在彼此通商各口购买各土产，及别国货物，报关查验完税，装运出口。不准赴各内地买货物，如有入各内地自行买货者，货均入官，并将该商交理事官惩办。"以上两款，系因两国各有指定口岸，故须明定限制。原奏云："此条为洋人必争之利，而实我内地受病之深，是以论从前通商之弊，此为最重。名为指定口岸，而洋商运洋货入内地，暨赴内地买土货，条约既有明文，逮后定子口税章，由海关给领单照前往，沿途免再征收税厘，经过内地关卡验放，又只以有无完过税单为凭，不问其人之是华是洋。由此而内地各处，皆可以为通商之地，内地商民皆可以冒洋商之名，流弊滋多。然西洋之成局，无如何矣。内外通商及地方衙门，且互相维持，思所以补救于万一。今安得又听日本之无端滥入耶？其人贫而多贪，诈而鲜信，其国与中土相近，往还便捷，其形貌文字，悉与华同。以此攫取我内地之利，浸移我内地之民，操术愈工，滋害必愈甚，更非西洋比也。臣故知此次议约，以杜绝内地通商为最要，只以相习既久，相形见绌，能否独为禁阻，实未敢预期有何把握。兹经明定限制，尤望各海关临时办理，妥设范围，将来或值修改章程,仍须重申界限耳。"领事裁判权,彼此皆有。《修好条规》第八、第九、第十三。《修好条规》第十五条:"两国与别国用兵,应防各口岸,一经布知,便应暂停贸易及船只出入。平时日本人在中国,中国人在日本,指定口岸及附近洋面,均不准与不和之国,互相争斗抢劫。"第十六条:"两国理事官均不得兼作贸易,亦不准兼摄无约各国理事。如办事不合众心,确有实据,彼此均可行文知照秉权大臣,查明撤回。"《通商章程》第一款,彼此列举通商口岸。第十一款,彼此货物进口,均照海关税则完纳,税则未载之物,彼此值百抽五,皆与他约不同者也。十一年二月,日使柳原前光来议改约,鸿章不许。一以彼方议撤销领事裁判权,欲中国改约,一以《修好条规》第十一条,两国商民,在指定各口,不得携带刀械,违者议罚,刀械入官。谓佩刀乃日本礼制,由理事官检束则可,不便明禁。一谓《通商章程》所载进出口税各条,当由日本海关,按照成规抽收,不必指明税则。鸿章以约未换而议改,失信诒笑拒之。十二年,副岛种臣来换约,适值穆宗亲政,各使咸请觐见。六月,见于紫光阁。种臣以头等全权大臣,班俄、美、英、法诸使之上,是为中国皇帝许外使觐见之始。日人颇以居班首为夸耀云。先是十年,琉球民船遇飓风飘至台湾,为生番劫杀。是岁,日小田县民飘往,又见杀。种臣命副使柳原前光,以台湾疆界询问总署。总署言琉球亦我属土,属土民相杀,于日本何预。小田人遇害,则未之闻。又言生番为化外之民,不能负责。前光争琉球素属日本,且言日本将问罪生番。议不决,前光遽归。十三年五月,日兵攻台湾诸番,复遣前光至京师,言问罪于中国化外之地,中国声教所及,秋毫不犯。朝命船政大臣沈葆桢,巡视台湾,又命福建布政使潘霨,赴台会商。时福州将军为文煜,巡抚为李鹤年。葆桢率洋将日意格、斯恭塞格二人前往。旋命斯恭塞格赴上海,募洋匠,筑安平炮台,招洋将教练洋枪,从北洋大臣处借洋枪队三千,南洋二千,请命水师提督彭楚汉率之前往。又以前署台湾镇曾元福甚得民心,命倡练乡团,并募土勇五百人。前烟台税务司博郎教练,裁班兵由内地派往戍台者,以其费招当地精壮。李鸿章又命提督唐定奎率驻徐州之淮军十三营往助。葆桢命黎兆索中路、罗大春北路、袁闻析南路伐木开山,招降诸番。先是潘霨与台湾兵备道夏献纶往日本营,日统将西乡从道拒不见,驻兵屯田,示将久据。已见中国兵日集,其兵又遇疫,乃稍馁。八月,其全权大久保利通至都,由英使威妥玛调停,立《专约》三款,恤遇害难民家属银十万两,偿日修道建房之费四十万两。事定,李鸿章再请饬总署遴员驻日。公使到后,再行酌设领事,自理讼赋,并请遣使驻泰西各国,朝旨始报可云。

第二十章

英人《芝罘条约》

中国边境之受侵削，始于俄，而英、法继之。同治十二年，英之守印度者，欲派队至滇探测，英使威妥玛固请于总署。总署不得已，许之。十三年，印度派员由缅入滇，威妥玛遣翻译马嘉理此人通华语，习华事，自上海经汉口至滇边迎之。十二月，与印度所派副将柏郎遇于缅境，率兵三百入滇。光绪元年一月十七日，至腾越厅属之蛮允，马嘉理被戕或云杀之者土豪黎西台。明日，柏郎至，被人持械击阻。柏郎战且退，入缅境。威妥玛赴上海，派人往查，谓系官吏主使，坚求惩治。朝命鄂督李瀚章、前侍郎薛焕驰往查办。威妥玛使参赞格维讷赴滇观审。瀚章奏，戕马嘉理者为野匪，阻柏郎事，南甸都司李珍国实为主谋。英使谓难称信谳，必欲归狱疆吏滇抚岑毓英。二年，自沪入都，以七事相要，旋以议不谐，六月，出居烟台。直督李鸿章请赴烟会商，奉旨便宜行事。七月二十六日，立约，凡三端十六节、专条一款。其有关系者，滇缅通商章程。饬云南督抚，派员商订。一端三节。许英派员驻大理，或他相宜之处五年自一八七七年一月一日始，察看通商情形，俾商定章程时，得有把握。关系英国官民之事，即由此官与该省官员，随时商办。或五年之内，或俟期满之时，由英国斟酌，订期开办通商。一端四节。申明咸丰八年条约第十六款，允商办通商口岸承审章程。二端二节，约文云："查原约内英文所载，系英国民人有犯事者，由英国领事官或他项奉派干员承办等字样。汉文以英国两字包括，前经英国议有详细章程，并添派按察使等员，在上海设立承审公堂，以便遵照和约条款办理。目下英国适将前定章程，酌量修正，以归尽善。中国亦在上海设有会审衙门，办理中外交涉案件，惟所派委员，审断案件，或因事权不一，或因怕遭嫌怨，往往未能认真审追。兹议由总理衙门照会各国驻京大臣，请将通商口岸，应如何会同总署议定承审章程，妥为商办，以昭公允。"

内地或通商口岸，有关系英人命盗案件，由英国大臣派员前往观审，观审之员，以为办理未妥，可以逐细辩论。二端三节，约文云："此即条约第十六款所载'会同'两字本意。"各口租界，免收洋货厘金。宜昌、芜湖、温州、北海添开通商口岸。重庆可由英驻员查看川省英商事宜。轮船未抵重庆前，英商民不得在彼居住，开设行栈。俟轮船能上驶，再行议办。光绪十三年，英商立德自置小火轮，欲驶重庆。英使华尔身照会总署，请给准单。总署覆以川江路曲而窄，石多水急，轮船驶行，民船必遭碰损，必须妥议章程，方可试行。咨行四川总督派员前赴宜昌，与英领会商。委员议轮船每月准行二日，碰损民船，船货须全赔。英领不可，请在京会商。光绪十六年，我以十二万两买立德之船栈，定续增专条六款。第一款开重庆英商自宜昌至重庆，或雇用华船或自备华式之船，均听其便。第五款，俟中国轮船往来重庆时，亦准英轮一律驶往该口。大通、安庆、湖口、武穴、陆溪口、沙市均准上下客商货物。除洋货半税单，照章查验免厘。其报单之土货，只准上船，不准卸卖外，其馀应定税厘。由地方官自行一律妥办。外国商民不准在该处居住及开设行栈。三端一节。新旧各口岸，除已定租界外，其未定各处，应由英领事会商各国领事官，与地方官商议划定界址。三端二节。三端第一、第二两节，光绪十一年专条第一款，声明日后再行商酌。英商贩洋药入口，由新关派人稽查封存栈房或趸船。俟售卖时，洋商照则完税，并令买客输纳厘税即在新关输纳。其应抽厘税之数，由各省察勘情形酌办。三端三节。洋货运入内地半税单照，由总署核定划一款式，不分华洋商人，均可请领。英商所买土货，完纳子口半税，即可运往口岸。非英商自置，及非往海关出口者，不得援照。所有应定章程，即由英使与总署商办。其《通商善后章程》第七款所载，洋货运入内地，及内地置买土货等，系指不通商口岸言，应由中国自行设法防弊。三端四节。咸丰八年条约四十五款，已纳税洋货，复运外国，由海关监督发给存票，可作已纳税饷之据。原约未定年限，今订明以三年为期。三端五节。另定专条，许英派员，由北京，或历甘肃、青海、或自四川入藏抵印，探访路程。或另由藏印交界派员前往。光绪十二年缅约第四条，声明将此专条所订办法停止。至边界通商，由中国体察情形，设法劝道，如果可行，再行妥议章程，倘多窒碍，英国亦不催问。此约以一英参赞之死，所获权利，亦不菲也。

洋药，当咸丰五、六年间，东南各省，即奏请抽厘助饷，上海每箱抽银二十四两，厦门四十元，外加费八元，宁波、河口、屯溪等厘金，皆以此为大宗。时则有内地分抽之厘，而无海关进口之税。八年，议定税则，每百斤税银三十两，并于善后条约第五款声明："进口商只准在口销卖，运入内地，专属华商，如何征税，凭中国办理。嗣后修改税则，仍不得按照别货定税。"是冬，王大臣会同户部议奏，各海口及内江河面，均照上海一律。崇文门及各省由旱路转运者，减十两，然各省于应征税项外，仍自抽厘，其办法亦不一律。此约三端三节，订明厘金在海关并征。总署屡与威妥玛商议，威妥玛总以咨报本国为辞。于是北洋大臣李鸿章议于正税外加征八十两。统计百一十两，威妥玛仅许加至百两。使英大臣郭嵩焘与英外部商议，拟加征六十两合正税九十两。英坚不允。直督张树声与英商沙苗商承揽之法，税厘合计百两。总署议驳，英亦不以为然既不以承揽为然，亦不认百两之数。大学士左宗棠又奏请加至并征百五十两，迄无成议。光绪九年，总署请饬出使大臣曾纪泽商办时威妥玛已归国，许之。上谕云："洋药流毒多年，自应设法禁止。英国现有禁烟善会，颇以洋药害人为耻。该大臣如能乘机利导，联络会绅，与英外部酌议洋药进口分年递减专条，期于逐渐设法禁止，尤属正本清源之至计，并着酌量筹办。"正月十二日。是年六月七日，订立《烟台条约续增专条》。原奏谓："逐年递减之说，印度部尚书坚执不允，印度部侍郎配德尔密告参赞马格里，谓印度种烟之地，未尽属英，中国欲陆续禁减，惟有将来续议加税，不能与英廷预商递减之法。"故此次专条，但于开端申明："行销洋药之事，须有限制约束之意。"每百斤完正税三十两，厘金八十两，即可拆改包装，请凭单运往内地。货包未拆，不再完税捐，开拆者所纳税捐，不较土烟加增，亦不别立税课。运货凭单，只准华民持用。此专条以四年为期，如欲废弃，彼此皆可先期十二个月声明。如内地不免税捐，则无论何时，英有废弃专条之权。专条废弃，则仍照《天津条约》所附章程办理云。

第二十一章
法越之役

安南本中国郡县，五代时，始自立为国。明成祖后取之，立交址布政司，旋乱，宣宗弃其地，黎氏有之。世宗时，为其臣莫氏所篡，中国以为讨，莫氏请为内藩。乃削国号，立都统司，以莫氏为使。时黎氏之臣阮氏，仍以黎氏之裔据西京清华，入东京，并莫氏，明以为内臣，又以为讨，且立莫氏于高平。黎氏亦如莫氏，受都统使之职，乃听其并立。三藩之乱，黎氏乘机并莫氏，以任外戚郑氏，与阮氏不协。阮氏南据顺化，形同独立。乾隆时，西山豪族阮文惠与其兄文岳、文虑，皆骁勇知兵，是为新阮，入顺化，灭旧阮，遂入东京灭郑氏，留将贡整戍之。整助黎氏拒新阮，文惠攻杀之。黎氏之臣阮辉宿来告难，高宗使两广总督孙士毅出师，败新阮于富良江，立维祈，复为文惠所袭破。维祈来奔，文惠请和，高宗因而封之。旧阮之败也，其主定，走下交址。至定侄福映，下交址亦陷，福映奔暹罗，于是阮文岳据广南，称帝。文惠称泰德王上表中国称阮光平。受封册者，即文惠也。福映子景叡，与法教士比纽赴法，立同盟草约，法许阮氏复国，阮氏割化南岛，租康道耳岛于法，许法人来往，居住自由。法旋革命，约未签字，而法将校数十人，愿助越，率二舰以往。法印度总督亦许为出兵。时暹罗与新阮隙，以兵助福映。复下交址大半。乾隆五十三年法兵至，进攻顺化。时文惠死，子弘瑞，废文岳，杀文虑，兵势遂衰。嘉庆四年，福映取顺化。弘瑞守东京。七年，灭之。弘瑞者，中国所谓阮光瓒也。福映上言本黎氏甥，封于农耐。农耐古越裳，不忘世守，请以越南为国号。诏封为越南国王。是为越南嘉隆帝。嘉隆帝以嘉庆二十五年卒，子明命帝福皎立。道光二十一年卒，子绍治帝福璇立。二十七年卒，子嗣德帝福埘立。嘉隆之复国也，许法教士传教，而未酬以土地，且遗言当慎防法人。明命、绍治、嗣德皆仇教，拒法驻使，法及西班牙教士有见杀者。咸丰八年，法、西合兵入广南港。明年，陷下交址。同治元年陷边和、嘉定、定祥，遂陷永隆，占康道耳群岛。越南不得已，定约西贡，割边和、定祥、嘉定及康道耳于法，偿法、西军费二千万法郎，法商船军舰，得自由来往湄公河，越南非得法允许，不得割地于他国。先是黎氏之裔兴，以咸丰七年起兵，举南定、兴定、广安、海东、北宁、宣光、太原等地，亦求援于法，越南所以急与法和者，惧法之助黎氏也。约既定，法人屯兵永隆，约黎氏平乃撤，及黎氏平，卒不践约。同治六年，柬埔寨有乱，法人取永隆、安江、河仙、下交址六州，遂为法有。法人求水道通中国，知湄公河不足用，舍之而求富良江。时云南回事方炽，提督马如龙使法商秋毕伊运械。同治十年三月，秋毕伊知富良江可通云南，明年强行焉，遂欲运盐至云南，越东京总督阮知方不许，使告法下交址总督驻西贡秋布列，秋布列命秋毕伊退出，而其海军大尉加尔尼请往援秋毕伊，秋布列又许之盖胜则居其功，败则诿诸加尔尼。越南复国后，建都顺化，东京兵备不充。太平天国亡后，馀党吴琨据越边境。后分为二，曰黄旗兵，据兴安，曰黑旗兵，据劳开，而黑旗兵较强。刘义即刘永福为之魁，招徕边民，辟地至六七百里。加尔尼之北也，黄旗党附之，陷河内，遂陷北宁、海阳、南定、兴安诸镇。越南驸马黄维炎结黑旗兵守山西，加尔尼攻之，败死。秋毕伊退守河内。时秋布列使其书记希腊特尔赴东京，希不主用兵，乃尽撤东京之兵，而与越结约。声明越南为独立之国，外交由法监督，越有内乱外患，法人尽力援助。割下交址六州畀法，开河内、东京、宁海通商，自红河至中国之蒙自，法得自由航行。商港得设领事，驻兵百名以下，领事有裁判权。时西历一八七四年三月十五日。清同治十三年也。明年驻华法使以约文照会总署，总署不认越南为独立国，法人置不理，仍与越结通商条约。

光绪八年，法人欲筑垒红河上流，越南拒之。法陷河内，越南始来乞援。是冬，法使宝海至天津。时中国亦派兵入越南。李鸿章与宝海议，各撤兵，划河内为界，北归中国，南归法保护，红河许万国通航，中设税关于劳开。法无异议。鸿章命曾纪泽与法外交部定约，而法内阁更迭，撤回宝海，代以脱里古本驻日使。求中国偿军费五百三十万佛郎，与鸿章在上海磋议，不决。法派大兵至河内，时光绪九年也。朝命李鸿章节制两广、云、贵军务，鸿章主和，而左宗棠、彭玉麟主战，朝旨不定。旋改任鸿章直隶总督。时滇督岑毓英遣提督黄桂兰率兵五千至安南，安南政府益以三万人，与刘义协力。法以赫尔曼本驻暹罗领事为东京领事。波也将陆军本驻西贡，孤拔将海军，攻山西，为刘义所败。会嗣德殂，无子，母弟瑞国公立，越南大臣废之，立朗国公（亦嗣德弟）。法兵攻顺化，越与立约，越承认受法保护，与中国交涉，亦必由法介绍，割平顺属法，法于越要地得驻兵，红河沿岸置营哨。顺化江口筑港。并筑堡垒。顺化置高等理事，统理外交，外交关税事务，均归理事处分。繁盛地方警察税务及各府州官吏，归理事官监督。归仁、广南、修安升为万国商港。河内至西贡，两国共同出资，敷设铁路电线。此约越南不啻仅存空名而已。

时中国更命彭玉麟督办广东军务，诏滇、粤出兵，越南阮文祥亦弑朗国，立建福帝名福昊，建福其年号。不认前所结约。先是顺化自立约后，战事即停，而东京一带，战事如故。法人连陷兴安、山西。时波也归国，孤拔兼统海陆军。旋以宓约继波也之任。法兵在东京者一·六五万，中国则广西巡抚徐延旭、云南巡抚唐炯以三千人合黑旗兵守北宁。总兵王德榜以五千人守太原，滇督岑毓英以一·二万人合安南黑旗兵守兴化。法兵进攻，诸镇皆陷。于是褫徐延旭、唐炯、黄桂兰职以潘鼎新抚桂，张凯嵩抚滇，以李鸿章为全权大臣与法福禄诺议和。在天津定草约五条，中许撤兵，认法、越前后条约，惟不得碍及中朝体制。法允不索兵费。时光绪十年四月十七日也。彭玉麟疏劾鸿章，法议会亦以越约不碍中朝体制一语迟疑不能决。旋以出兵期误会法云三星期，中国云三个月，中、法兵冲突于北黎五月二十八日，法求偿金一千万镑。闰五月九日，中国批准草约，而此议仍不能决。时由江督曾国荃，以全权与法使巴特纳在上海磋议。法政府电命法使巴特纳，占中国一要地，为谈判之地。于是法军攻基隆六月十五日，而命其代理公使斯美告总署，偿金减为三百二十万镑。承认与否，限四十八小时答覆。我亦命曾国荃停止商议。六月十九日。时闽浙总督为何璟，而何如璋以船政大臣督办沿海军务，张佩纶以侍读学士会办海防，刘铭传督办台北军务。孤拔攻福州，毁船政局及马尾炮台，我舰沉者九，幸免者二而已七月初六至初八，中国乃宣战。八月十三日，法陷基隆炮台，攻淡水，我军败之。明年正月一日，孤拔入黄海，击沉我驭远、镜清两舰。封宁波口，破镇海炮台。二十五日南陷澎湖，其在台湾之兵，亦猛攻基隆、淡水。时桂抚潘鼎新自统大军驻谅山苏元春、陈嘉守中路、杨玉科、方友升守西路，王德榜守东路，于光绪十年十二月三十日失陷。明年一月九日，法军陷镇南关杨玉科中炮死，旋仍退谅山。广西按察使李秉衡、提督冯子材、总兵王孝祺至，攻谅山，大破法兵。二月十三日克之。先是二月八日，岑毓英亦破法兵于临洮，克广威、承祥，至二十三日，进逼兴化，法势大蹙。会和议成，兵乃罢。

　　时法内阁又更迭，由英使调停，巴特纳与李鸿章在天津立约十条。四月二十七日。法越条约，中国悉行承认，中越往来，必不致有碍中国威望体面，亦不致有违此次之约。第二款。画押后六个月勘界。第三款。中国边界，指定两处通商，一在保胜以上，一在谅山以北。中国亦得在北圻各大城镇，拣派领事。第五款。北圻与云南、广西、广东陆路通商章程，画押后三个月内会议。所运货物，进出云南、广西边界，照现在税则较减。广东不得援以为例，洋药应另定专条。第六款。法在北圻，开辟道路，鼓励建设铁路，中国拟造铁路，自向法国业此之人商办，惟不得视此条为法一国独享之利益。第七款。此次战事，中国业已获胜，而仍如法意结束，论者多咎李鸿章之失策，然是时海陆军力，实皆不足恃，似亦不当狃于小胜也。条约既定，法立阮氏幼子成泰，予以空名，守府而已。

　　条约既定，于是年七月，派周德润、邓承修至两广、云南会勘边界。八月，李鸿章与法使戈可当议商约。法要求两处之外，增辟商埠，滇、桂省城，许设领事。进出口洋土货税均减半，许彼在滇、粤开矿，制造土货，运销越南食盐。十二年三月，立通商章程十九款。勘界俟后再定。第一款。中国在河内、海防设领，北圻及他处大城随后商酌。第二款。越南各地听中国人置地建屋，开设行栈，其身家财产，俱得保护安稳，决不待拘束，与最优待西国之人一律。时华人以征身税为苦，法使许电告本国，从宽办理，而未载入约。原奏云：以此款及第十六款，为将来辩论之地。第四款。法人、法国保护之人及别国人住居北圻者，入中国，请中国边界官发给护照。中国内地人民，从陆路入越南者，请法国官发给护照，路过土司苗蛮地方，先在照上写明，该处无中国官，不能保护。按此项办法，为前此各约所无。侨越华人由北圻回中国者，只由中国官发护照，边界及通商处所，法入游历，在五十里内者，毋庸请照。第五款。洋货入云南、广西，照关税五分减一，如愿运入内地，须再报关，照通商各海关税则收内地子口税，不得援五分减一之正税折半。第六款。土货运出云南、广西者，税三分减一。法入云南、广西，中国入北圻之车辆牲口，免收钞银。进关水路通舟楫处，可照关例收船钞。以上六、七两款，日后他国在中国西南各陆路边界通商，另有互订税则，法亦可一体办理。第七款。光绪十三年续议商务专约第三条，进口货改为减税十分之三，出口货减为十分之四。土货在此边关完过子口税出口正税，转往彼边关者，照原纳正税之数，收复进口半税。但须照各口定章，不准洋商贩入内地，其转往海口者，一律另征正税。土货出中国海口，进越南海口，复往中国边界入关，应照洋货一律征收正税，入内地仍完子口税。第九款。中国土货由陆路运入北圻者，照法关税则完纳进口税，若系出口，一概免税。十三年专条第四条，增如系前往他国，仍纳出口税。第十一条。运土货，由中国此边关过北圻至彼边关，或由两边关运出越南海口回中国者，过北圻时，完纳过境税，不过值百抽二。出海关，入越南海口，过北圻进边关者同。第十二款。洋药土药均不准贩卖。第十四条。十三年专约第五条，规定土药出口征税而未及洋药，时闻法欲于越南广种罂粟，兼恐从缅甸输入也。法有领事裁判权，华人侨越，命案赋税词讼，与最优待国无异。第十六。此约法议院未批准。云南周德润与法狄隆、广西邓承修与法浦理燮。后浦理燮有疾，狄隆代之亦多争执。十二年法使恭思当到京，求改商约。十三年五月订界约续约四条，商务续约十条。广西开龙州，云南开蒙自，又开蛮耗以为保胜至蒙自水道所必由也。许驻蒙自法领事属官一员。第二款。中国土药，许入北圻，每百斤正税二十两内地厘金等费，亦不过此数。法人及法保护之人只能在龙州、蒙自、蛮耗三处购买。不许由陆路边界、通商海口再入中国，作为复进口之物。第五款。日后中国南境西南境，与友国立定和约条款章程，所有益处及通商利益，一经施行，法国无不一体照办，无庸再议。第七款。以照会声明，中国在北圻等处缓设领事，中国在河内、海防设领后，法国始可在滇、桂省城设领，龙州、蒙自、蛮耗系陆路通商处所，不得仿照上海等处，设立租界。光绪十九年，法割暹罗湄公河东岸之地，车里土司辖境，亦大半在湄公河以东。法以分界为请，二十一年五月定《续议商务专条附章》九条，《界务专条附章》五条，界约法多侵占，江洪界内，地亦被割。又引起英国交涉。其商务附章许法领于广东东兴街与越南芒街相对之处，以利捕务也。第一条，改蛮耗为河口第二条，添开云南思茅第三款。改十二年约之第九款，土货经越南出入龙州、蒙自、思茅、河口者，税皆十分减四，专发凭单，进口时免税。其往沿江沿海通商口岸者，入口时完复进口半税。沿江沿海口岸，运土货经越南往龙州等四处者，征十成正税，而进口时按十分减四，收复进口半税。第四条。云南、广东、广西开矿，先向法厂商及矿务人员商办，越南铁路已成或日后拟添者，可商订办法，接至中国境内。第五款。思茅至孟阿营即下猛岩，在越南莱州与两啪邦之间电局互相接线。第六条。法越交涉之始末，大略如此。

第二十二章
英缅之役

明初西南土司，本包伊济瓦谛江流域，其时诸土司中，以平缅、麓川为最强，后为明兵所破，而缅甸坐大，潞江以外，悉为所据。清时，木梳土司雍籍牙据缅甸，尝犯云南。高宗发兵攻之，缅请降，然是役中国所失实甚大也。雍籍牙幼子孟云，以乾隆四十六年嗣位，东服马尔达般、地那悉林，西取阿剌干，后阿剌干谋自立，缅人破之，其魁走孟加拉，缅人求之，英以为国事犯，不与，而使至阿瓦缅都通聘，缅人亦拒之，又争岛屿，几至决裂。嘉庆二十四年，孟云卒，孟继立，阿萨密内乱。道光二年，缅据其地，兵侵入英境。阿萨密亦求援于英。四年，印度总督攻缅，败其兵，陷仰光，声言逼阿瓦。缅惧乞和。六年与英结约一八二六年二月二十四日，偿军费百万镑，割阿萨密、阿拉干、地那悉林，并许英另订通商条约，设领事。十七年，孟继为弟孟坑所弑，迁都阿马拉普拉。二十五年，亦见弑。长子巴干麦立。孟坑拒英使驻国都。咸丰元年，仰光英商又以受虐诉于印度总督，印督与缅交涉，缅许易知事，而所易知事，又慢英使，英使要其谢罪，知事炮击英舰。印督闻之，遣兵陷仰光。时缅王又见弑，弟墨多默立，请和，立约仰光，割摆古。缅由是无南出之海口。伊洛瓦谛江两岸贸易日减，国用大蹙，屡图恢复，终不克。光绪八年，法人遣使如缅，与结密约，法代拘缅王之兄觊觎王位者，缅许割湄公河以东。九年，法人宣布其约，英人大惊。十一年秋，借缅王判英木商歇业，发兵陷蒲甘，连陷阿瓦旧都、蛮得缅都，俘其王，羁诸麻打拉萨。明年，并上下缅甸入印度，缅甸遂亡。

缅甸之亡，适值我有事于越，英人盖有意乘我之危也。总署以缅为我藩属，电曾纪泽与英外部争辩，又与英署使欧格讷辩论，要英人立孟氏后。英人言缅史但称馈送中国礼物，无入贡明文，不认为我藩属，议遂停顿。后英请行《烟台专约》，所派麻葛瑞，将由印入藏。英使又云，缅与法立有条约，若立缅王，则约不能废，愿照缅例，每十年，由缅甸总督派员来华，并请勘定滇缅边界，设关通商。中国欲乘机杜其入藏，乃于十二年六月，与立会议缅甸条款五款：（一）每届十年，由缅甸最大大臣，选缅人呈进方物；（二）中国认英在缅所秉一切政权；（三）会勘中缅边界，边界通商事宜，另立专章；（四）停止派员入藏。

当英人初占缅甸，颇有让中国展拓边界之意，其外部侍郎克雷称，愿将潞江以东，自云南南界，南抵暹罗，两滨潞江即萨尔温江，东抵澜沧江下游，其北有南掌，南有掸人，或留为属国，或收为属地，悉听中国之便。曾纪泽咨总署，请均收为属国。将上邦之权，明告天下，而总署未果。纪泽又向求八莫即蛮暮之新街。蛮暮本亦土司，后为缅所并。新街向为通商巨镇，英未许，而允饬驻缅英宫，勘验一地，由中国立埠，设关收税据参赞马格里言，八莫东二三十里旧八莫，似肯让与中国。且允将大金沙江，作为两国公共之江。纪泽与英外部互书节略存卷。旋交卸回华。皆十一年事。见薛福成十六年奏。十六年，薛福成奏，此事英人未尝催问，中国亦暂置不理，似应豫行筹备，不使英人独占先着。又奏，南掌即老挝，似已属暹罗，徒受英人虚惠，恐终不能有其地。南掌、掸人本各判为数小国，分附缅、暹，似宜查明南掌是否尚有自立之国，以定受与不受。其向附缅甸之掸人，则宜收为己属，请饬云贵总督王文韶，派员侦察南掌之存亡，掸人之强弱，腾越关外之地势、民风，而自请向英催问。十八年六月，派福成商办滇缅界线商务，福成使马格里赴英外部申前议。英外部谓议在约前，不肯认。福成求以大金沙江为界包野人山在内，英亦坚不肯，惟于滇省东南，许我少展边界。福成十九年奏，谓"英人并缅之始，深虑缅民不服及缅属诸土司起与相抗，中国阴为掣肘，不敢不少分馀利，以示联络。是时英已勘定土寇，复稍用兵威胁，收野人山全土，藩篱已固，故于初许纪泽者而忽靳之。前议既不可恃，则展拓边界之举，毫无把握。且滇边土司，乾隆后有私贡缅甸者，英人执此为辞，且可指为两属"。则其形势，已迥非纪泽与英辩论时比矣。十七年秋冬后，英兵数百，常游弋滇边，阑入界内，而常驻于神护关外之昔重，铁壁关外之汉董。福成先与力争，英兵乃不复入界。又照会英外部，请以大金沙江为界。英人坚拒，乃就滇东南，许我少展边界。所展者，据薛氏原奏，谓一、孟定橄榄坡西南边，让我一地，曰科干，在南丁河南与潞江中间，盖即孟艮土司旧壤，计七百五十英方里。又起孟卯土司边外，包括汉龙关在内，作一直线，东抵潞江麻栗坝之对岸止，悉划归中国。约计八百英方里。二、本里、孟连，旧尝入贡于缅，新设镇边厅，系从孟连境内分出，英并厅争为两属，今愿以让我。三、滇西老界与野人山地毗连之处，允我酌量展出。昔董大寨不让，而以穆雷江北，现驻英兵之昔马归我。其地南起坪陇峰，北抵萨伯坪，西逾南障而至新陌，计三百英方里。又自穆雷江以南，既阳江以东，有一地约计七八十英方里，是彼于野人山地，亦稍让矣。其馀悉照滇省原图界线划分。汉董亦愿退让，南掌尽归暹罗。掸人各种，惟康东土司最大，英欲据以遮隔法暹，未肯舍也。腾越八关，四、在太平江以北，皆在老界内，在太平江南者，曰汉龙、天马、铁壁、虎踞。汉龙明已沦于缅，天马久为野人所占，皆可归中国。铁壁、虎踞，滇省地图，皆在界内，英遂许照原界分画。既闻二关早为缅占，英人复屡加工程，绸缪稳固。英所守界，越虎踞而东已数十里，越铁壁亦六七十里。英渐觉之，争论始起。后允将铁壁让还，以库弄河为界。滇省派人寻觅，则虎踞在盆干西十里，距八莫五十馀里，距南椀河边英人所指为中国界者八十里。天马则在西南，居猛密、邦欠两山间。英兵从关内山坡修路一条，以通缅属之南坎，英人云："属缅已百馀年，若索此，则缅应索于中国者甚多。"乃与订明汉龙、天马，仍归中国，惟汉龙尚须查勘，如未深入缅境，自可通融归还。天马关内所筑路，议以新路归中国，而于稍北一大路，许其借用改筑。见约文第二条。虎踞不可得，少划地以偿中国。一为龙川江中大洲，一为蛮秀土司全境。于二十年一月成《续议滇缅界务商务条款》二十条。其中第（一）（二）（三）三条，皆定边界。（四）订北纬二十五度三十五分以北之界，俟将来再定。（五）中国所索永昌、腾越界外之地，英将北丹尼即木邦、科干，照以上所划之界，让与中国外，又允将两属孟连、江洪、上邦之权，均归中国。惟未与英议定，不得让给他国。（六）勘界官于换约后十二个月相会。自首次相会之日起，限三年内，将界线勘定，次查勘汉龙关。倘查得在英国境内，当审量可否归还中国。案（一）（二）（三）条之界，光绪二十三年约，多有改动。（五）条则北丹尼、科干均归英。（六）条查勘汉龙关一节删去。（八）中国自旱道入缅除盐，英缅由旱道入中之货除米，概不收税。盐米之税，仍不得多于出入海口之税，以六年为期。（九）中缅往来，由蛮允、盏西两路行走。入中国者，减关税十分之三，出者减十分之四。在路外行走者，可充公。（十一）食盐不准由缅入华，铜铁、米豆五谷不准运缅，鸦片及酒不准贩运。（十二）运货及运矿产之船，得在厄勒瓦谛江即大金沙江行走，税钞及一切事例，与英船同。（十三）中国领事驻仰光，英国领事驻蛮允。（十七）英民在华，华民在英，一切权利，现在所有，或日后所添，均与最优待国一律。

光绪二十一年夏，法使施可兰诣总署，以猛乌乌得界暹、越之交，请以其地归法以调停倭事也。五月，许之。其地属江洪，英外部与法使会商，弃江洪而结湄公河上游悬案。在川、滇之权利，两国平等。是为一八九六年一月十五日《英法协约》。英使欧格讷乃与中国交涉，欲将八莫以北野人山地，由萨伯坪起，东南到盏达，西南顺南椀河，折向瑞丽江，循江至猛卯，向南至工隆、八关、科干皆在内，让归英国。九月，英使来言，西江若允设埠，界事即可通融。英外部亦以是告驻使龚照瑷，中国许之。即命照瑗与英商办。英人求于肇庆、梧州、桂林、浔州、南宁设领，佛山、高要、封川、南新墟停轮，轮船得于广州、澳门出入。地界自萨伯坪起，偏向西南，以昔马归缅，循线至椀河之西，斜向西南，稍曲处地曰南坎，亦划入缅界，又自西而东，地曰北丹尼，曰科干。两地本缅门户，误划与华，亦欲索回。英使窦纳乐来华，又要求缅甸现有及将来续开铁路，接入中国。腾越、顺宁、思茅三处设领。光绪二十一年五月中法条约利益，一概给与英国。新疆设领，通省任便游历，并照光绪七年俄约，许英民在新疆各处贸易，无限制，亦不纳税，否则决废缅约。二十三年正月，立《中缅条约》附款十九条，（一）（二）（三）条地界，均有改动。（四）订明"无所增改"。（五）未与英议定时，不得将现在仍归中国之湄江左岸江洪之地，以及孟连与湄江右岸江洪之地，让与他国。（九）勘界查明另辟他路，准照原约所载，一律开通行走。（十二）添中国允将来审量，在云南修建铁路，与贸易有无裨益。如果修建，即允与缅甸铁路相接。（十三）驻蛮允领事，改驻腾越或顺宁，并准在思茅设领。专条开梧州、三水、江根墟，许设领事。轮船由香港、广州至三水、梧州，由海关各定一路。江门、甘竹滩、肇庆、德庆开为停泊上下客商货物之口，按照停泊长江口岸章程，一律办理云。

暹罗本亦我藩属，缅甸盛时，尝为所并。乾隆四十三年，宰相郑昭复国自立。昭，中国潮州人也。后见弑。养子华策格里，复国时战功第一，昭以女妻之，袭位，受封于中国表文称郑华，盖袭前王之姓，嘉庆十四年卒。子禄德拉立，道光四年卒。子摩诃芒克立，始拓地湄江东岸。咸丰元年，与英、法、美立约通商。卒，子库隆腊昆立，务输入西方文化。越南既亡，法人言湄江东岸，旧属越南，要暹割让。暹人不许。法遂进兵河上，逐暹戍兵，又封湄南河口，欲逼曼谷。暹人不得已，行成。割湄江左岸及江中诸岛，右岸二十五公里内，及拔但邦、安哥尔两州，不置戍兵。时光绪十九年也。英与法协商，以湄公河为界，湄南河城中立地，萨尔温江以东，马来半岛北部，为英势力范围诸小国仍各有君长，惟政权尽入于英；拔但邦、安哥尔、哥赖脱为法势力范围。二十年又订约，以湄南河为两国势力范围之界云。

第二十三章
英谋西藏

英人谋通西藏，始于乾隆时。《曾惠敏集》译英人记载云，乾隆四十五年，英印度总督使博格尔至藏求互市。时班禅将入觐，谓之曰，此事我不能自主，请由水路赴广东，我当面奏皇帝，求召足下入京共议。班禅入奏，有旨召博格尔入京。而班禅出痘，殁于京，博格尔亦染瘴，没于粤。遂未能议。当时驻藏大臣曾咎班禅不应交通英使，后印督复使坦纳入藏，藏中待之遂不甚亲密云。是时自印入藏，道经哲孟雄，中隔大山，极为险阻。哲孟雄本属藏，嘉、道时，始与英立约往来。咸丰十一年，与英启衅，为英所败，后遂沦为英保护之国，大山亦为英据，西藏之藩篱失矣。商旅往来，多取道于此，印度洋药，并有自此入川者。缅约虽将派员入藏之事停止，而麻葛瑞之众，未即折回。藏人于边外隆吐山修炮台，派兵驻守。英使以地属哲孟雄，要求撤退。总署行文驻藏大臣开导，藏人不听。光绪十四年三月，为印兵逐回。四月，藏兵三千攻日纳宗亦哲孟雄地英寨，败归。英兵势将入藏。总署与英使再三辩论，乃罢兵。由驻藏大臣升泰携带税务司赫政，与英使保尔会议。光绪十六年，在孟加拉与印督兰士丹立《藏印条约》八款。认哲孟雄归英保护。第二款。自布坦交界之支莫挚山起，至廓尔喀边界止，以哲属梯斯塔及近山南流诸小河，藏属莫竹及近山北流诸小河之分水山顶为界。第一款。藏哲通商，哲孟雄界内游牧，印藏官员交涉，于此约批准后，以六个月为限，由驻藏大臣与印督各派委员会商。第三至第七款。是年七月在伦敦换约。十七年正月，升泰派黄绍勋、张舫、赫政，兰士丹派保尔，在大吉岭会议。保尔欲在仁进冈入藏一百五十馀里之法利城，即帕克哩设关，十年之后，再定入口税。中国虑藏人性执，兼虑川茶销路为印茶所夺，坚执十二年条约，印藏边界通商，由中国体察情形之说以拒之，相持颇久。升泰去职，奎焕继之。十九年十月，乃成《接议藏印条款》九款，《续款》三款。亚东订于光绪二十年三月二十六日开关地在藏印交界咱利山下，由印度派员驻扎。第一款。英商至亚东为止，自交界至亚东，期间朗热、打钩等处，由商人建造房舍，凭商人作尖宿之所。第二款。五年内进出口税皆免。五年后，由两国查看情形酌定。印茶俟免税限满，方可入藏。应纳之税，不过华茶入英纳税之数。第四款。英商民与中藏商民争执，由中国边界官与哲孟雄办事大员商办。官员意见不合，各按本国律例办理。第六款。从亚东开关之日起，一年后，藏人尚在哲游牧者，应照英在哲随时所立游牧章程办理。第九款。此约以五年为期。续第二款。然藏人于通商之举，仍拒不肯行，遂有光绪三十年之役。

第二十四章
中日之战与马关条约

　　日本自同治十三年台湾之役后，又县琉球，我国弗能争。《各国立约始末记》卷十七云：同治十一年，琉球王尚泰，朝于日本，受册命而归。日本令以前与他国缔约，呈于外务省，任免三司官，必具状待命。尚泰不怿，时入贡我朝如常例。光绪元年，日本遣使至琉球，命易正朔，更法律，改官制，罢职贡。琉球谢不从，告警于我。日本遂废琉球为冲绳县。征尚泰，置之日都。琉球亡。总理衙门行文诘责，日本坚执前言，谓本为所属。五年，美前总统格兰德来游，复往日本。恭亲王、李鸿章皆属从中调停。日本乃议分琉球宫古、八重山二岛归我，而请于条规增入内地通商，一体均沾二条。鸿章以为二岛贫瘠，复封尚氏，不足自存。若由中国设官置防，徒足增累，以实惠易荒岛，于义奚取。议久不决。八年，日本驻津领事竹添进一谒鸿章，申前论。鸿章议日本还中山旧都，仍以尚民主其祀，日本卒未允。光绪二年，日本与朝鲜立约开釜山、仁川、元山三港，认为自主之国。先是朝鲜王李熙幼，其本生父昰应当国，深恶西人。西人来求通商，辄拒之。西人以告中国，中国辄答以向不干预朝鲜内政。及是，李鸿章复劝朝鲜与各国立约，以牵制俄、日。八年，朝鲜与美立约，鸿章使马建忠、丁汝昌莅之。建忠旋介英、法、德与朝鲜订约，如美例。时李熙已亲政，其妃闵氏之族专权。是年六月，朝鲜兵有叛者，昰应复摄政。朝鲜外戚专权，起自清嘉庆之世。时朝鲜纯祖立，方十一岁，太后金氏临朝。纯祖晚年，使子昊摄国务，昊妃赵氏亦与政。金赵二氏始争权。昊先纯祖卒，昊子奂继纯祖立，是为宪宗，金后仍垂帘，已为赵氏所排，实权颇归于赵。宪宗无子，其殂也，金氏定策，迎立哲宗，纯祖从子也。金氏复盛，哲宗亦无子，谋建储，金氏族中意见不一，久之不能决。同治二年，哲宗殂，赵氏欲立其从子熙。朝鲜国王之父称大院君，向来无生存者。金氏以为言，赵后不听，卒立之。赵后临朝，使昰应协赞大政。昰应有

· 93 ·

才气，而知识锢蔽。朝鲜党论，以书院为根据，党人子孙，虽目不识丁，亦称士族，横行乡里，书院以一纸墨印，征钱于民，谓之祭需，民无敢抗者，狡黠者投身为院仆，则可以免役。民疾之如仇。大院君执政，封闭书院千馀。居院中者，皆勒归乡里，民大悦。论其才气，实足有为，然不知世界情势，坚持闭关，又任气独断，与权要多不协，则其致祸之根也。朝鲜之知西学，始于明末，自中国传入。朝鲜人信其学而恶其教，亦如中国。朝鲜孝宗，当清康熙时，已用西洋历法，正祖时，严禁自中国往之天主教书籍。纯祖、宪宗时，诛戮教民，然不能绝也。哲宗时，睹咸丰戊午、庚申两役，大惧，闭关之念始坚。乱作时，日本使馆被毁，日本公使花房义质返国请兵。中国驻日公使黎庶昌闻状，驰报署直督张树声。树声遣提督丁汝昌、道员马建忠督兵船赴仁川。总署又奏派提督吴长庆，率师继进，执昰应以归诸保定，至十一年乃释之。日本兵后至，义质谒朝鲜王，多所要求。朝鲜王不应。义质即归国，次济物浦。朝鲜王乃遣使就议，偿日兵费五十万元，抚恤遇害官吏五万元。许日本驻兵汉城，防卫使馆。议既定，长庆留驻朝鲜。日本以竹添进一为使。时朝鲜新进之士，多不满朝右旧人，于是有事大、独立两党。光绪十年十月，新党首领金玉均等作乱，攻王宫，弒闵妃，日本使馆驻兵与焉。长庆败之。中国闻警，遣左副都御史吴大澂、两淮盐运使续昌驰往。日本遣井上馨赴朝鲜。朝鲜以金宏集为全权大臣，初议不谐，馨使人说宏集，卒定约。给抚恤十一万元，重建使馆工费二万元，仍驻兵护馆如故。十一年春，日本遣伊藤博文来，西乡从道为副。中国以李鸿章为全权，及大澂、续昌，与议于天津。定约凡三款：（一）两国均撤兵；（二）两国均勿派员在朝鲜教练兵士；（三）朝鲜有变乱重大事件，两国派兵，均先行文知照，事定仍即撤回，不再留防。初议时，日人要我惩处统将，偿恤难民，李鸿章不许。后以驻朝庆军，系鸿章部属，由鸿章行文戒饬，查明如有弒掠日本人情事，定按中国军法，从严拿办，而偿恤则未许云。鸿章原奏云："该使臣要求三事，一撤回华军，二议处统将，三偿恤难民。臣维三事之中，惟撤兵一层，尚可酌量允许。我军隔海远役，将士苦累异常，本非久计。朝鲜通商以后，各国官商，毕集王城，口舌滋多，又与倭军逼处，带兵官刚柔操纵，恐难一一合宜，最易生事。本拟俟朝乱略定，奏请撤回，而日兵驻扎汉城，名为护卫使馆，实则鼾睡卧榻，蟠踞把持，用心殊为叵测。今乘其来请，正可趁此机会，令彼撤兵，以杜其并吞

· 94 ·

之计。但日本久认朝鲜为自主之国,不欲中国干预,其所注意,不在暂时之撤防,而在永远之辍戍。若彼此永不派兵驻朝,无事时固可相安,万一倭人嗾鲜叛华,或朝人内乱,或俄邻有侵夺土地之事,中国即不复能过问,此又不可不熟虑审处者也。伊藤于二十七日自拟五条,给臣阅看。第一条声明嗣后两国,均不得在朝鲜国内派兵设营,乃该使臣着重之笔,馀尚无甚关系。臣于其第二条内添注,若他国与朝鲜或有战争,或朝鲜有叛乱情事,不在前条之列。伊使于叛乱一语,坚持不允,遂各不怿而散。旋奉三月初一日电旨,撤兵可允,永不派兵不可允,万不得已,或于第二条内无干句下,添叙两国遇有朝鲜重大事变,各可派兵,互相知照等语,尚属可行。至教练兵士一节,亦须言定两国均不派员为要。臣复恪遵旨意,与伊藤再四磋磨,始将前议五条,改为三条云云。夫朝廷眷念东藩,日人潜师袭朝,疾雷不及掩耳,故不惜糜饷劳师,越疆远戍,今既有先互知照之约,若日本用兵,我得随时为备,即西国侵夺朝鲜土地,我亦可会商派兵,互相援照,此皆无碍中国字小之体,而有益于朝鲜大局者也。"

  天津会议后,朝鲜屯军遂罢归,以道员袁世凯留总商务,而日谋朝如故。十二年,出使英、法、德、俄大臣刘瑞芬建议,与英、美、俄诸国立约保护朝鲜。李鸿章颇善之,而总署不可。二十年,朝鲜东学党作乱以兴东学排西学为名,起咸丰、同治间,徒党遍庆尚、全罗、忠清诸道,其魁曰崔时亨,全罗道乞援于我。鸿章奏派直隶提督叶志超率兵往,驻牙山。而日兵水陆大至。日使大岛圭介挟众入汉城,要我共派员,改革朝鲜内政。总署命驻日使臣汪凤藻拒之。日持益坚,复遣重兵往,屯据要害。世凯、志超屡请济师。鸿章重言战,告英、俄、德、法、美诸国,冀调停,终无成议。大岛圭介责朝鲜独立,毋事中国,又责以合攻志超,朝鲜不可。圭介入王宫,诛逐闵氏,起昰应摄政。世凯还天津,鸿章赁英商轮运兵,为日所击沉。七月朔,中国遂宣战。鸿章遣马玉崑、左宝贵、卫汝贵、丰陞阿自陆路赴援,时叶志超退公州,聂士成屯牙山。日军袭士成,败之。士成走公州,就志超,志超亦弃公州,走平壤,与续至诸军合。八月,日兵陷平壤,左宝贵死之,馀军退出朝鲜。是月,海军亦败绩于大东沟。入旅顺修理,九月十八修竣,二十入威海卫,自此蛰伏不能出矣。日兵渡鸭绿江第一军山县有朋,宋庆总诸军守辽东,累败。九连、安东皆陷。庆退守摩天岭。十月,日兵陷凤凰城、宽甸、岫岩。别一军第二军大山岩自貔子窝登陆，十月陷金州，进陷大连湾，攻旅顺。宋庆以摩天岭之防委聂士成，自往援之，不克，旅顺陷。时我以重兵塞山海关至锦州时聂士成入卫畿辅，摩天岭之防由东边道张锡銮任之，吴大澂、魏光焘率湘军出关，与宋庆兵合，日兵乃分扰山东，自成山登陆，陷荣城十二月，攻威海，海军提督丁汝昌以战舰降敌，自仰药死。山东巡抚李秉衡，时驻芝罘，弃之，退守莱州。日兵复陷文登、宁海，二月，并力攻辽东，陷营口、盖平、海城、辽阳、奉天，声援俱绝。其舰队又陷澎湖，逼台湾，于是中国势穷力竭，而和议起矣。

当旅顺之将陷也，鸿章请于总署，遣津海关税务司德璀琳赴日议款，日以其未奉敕书，且西员不当专使事，谢不与通。旋命户侍张荫桓、湘抚邵友濂为全权，以二十一年正月至日，日以其内阁大臣伊藤博文、外务卿陆奥宗光为全权，会荫桓等议款。又以敕书未载便宜行事，不足为全权，拒之。乃改命李鸿章，以二月二十三日至马关，二十五日会议，博文请驻兵大沽、天津、山海关乃停战，鸿章不许，而博文执之甚坚。鸿章乃请缓停战，先议和。二十八日鸿章为刺客所伤，日人渐惧。三月三日，乃允停战，于五日订约。以二十五日为限。后又展二十一日。七日，博文出议和约稿十款，于二十三日定议。其中第一、三、五、七、九、十均照原稿定约云。

《马关条约》十条，（一）中国认朝鲜自主。（二）割奉天南部、台湾、澎湖。约文云："中国将管理下开地方之权，并将该地方所有堡垒、军器工厂及一切属公物件，永远让与日本。一、下开画界以内之奉天省南边地方，从鸭绿江口溯该江至安平河口，又从该河口画至凤凰城、海城及营口而止，画成折线。以南地方，所有前开各城市邑，皆包括在画界线内。该线抵营口之辽河后，即顺流至海口止，彼此以河中心为分界。辽东湾东岸及黄海北岸，在奉天省所属诸岛屿，亦一并在所让境内。二、台湾全岛及所有附属各岛屿。三、澎湖列岛，即英国格林尼次东径百十九度起至百二十度止，及北纬二十三度起至二十四度之间诸岛屿。"（四）赔款二万万元，分八次交清，未交之款，按年加息百五。（六）本约批准互换后，订立通商行船条约。陆路通商章程，以中国与泰西各国现行约章为本，未经实行以前，与最优待国无异。添开沙市、重庆、苏州、杭州，以便日本人民往来侨寓，从事工艺制作。日轮得从宜昌溯江至重庆，从上海溯吴淞江及运河至苏、杭。日人在内地买生熟货，及进口货运往内地，得暂租栈房存货，不输税钞。日本臣民得在中国通商口岸城邑，从事各项工艺制造。又得将各项机器，任便装运进口。其内地运送税、内地税钞课，杂派、寄存栈房，均照日人运入中国之货物，一体办理，优例豁除亦同。（七）日本军队现驻中国境内者，于本约批准互换后三个月内撤回。惟须，（八）暂占威海，俟一二次赔款缴清，通商行船约章批准互换，并将通商口岸关税，作为馀款并息之抵押方撤。另约第一款，威海驻军之费，由中国年贴四分之一，计库平银五十万两。第二款，以刘公岛、威海卫口湾沿岸五日里约合中国四十里以内地方，作为日军驻地。第三款，治理仍归中国，惟日司令官因军队事出示，中国官员亦当遵守，有涉军务之罪，均归日军务官审断。

约既定。台湾人推巡抚唐景崧为总统，总兵刘永福主军政，谋自立。未几，抚标兵变，景崧走，日人入台北，永福据台南苦战，卒不敌，内渡，台南亦亡。

其奉天南部之地，则因俄法德三国之干涉而还我。三国驻日公使，照会日外务省，事在四月朔日。日人不得已，许之。其后条约既换四月十四日，日兵仍据辽东，三国复以为言，日本索偿款一万万两，徐减至五千万两。迁延至八月，三国会议定为三千万两，日本亦许之。而要以交款后三个月乃撤兵。于是复派李鸿章与日使林董议还辽约。林董请于约内声明俄、法、德不得占东三省，中国亦不割让。大连湾通商，大东沟、大孤山均开埠。鸿章不许。九月，三国又促日本退兵，乃以四日定议。约凡六款，又专条款，中国输银三千万两第二款，而将《马关条约》第三款，及拟订陆路通商章程之事作罢云第一款。

通商行船条约，初由李鸿章与日使林权助会议。光绪二十二年二月，鸿章使俄，改由侍郎张荫桓与议。于六月十一日立约，凡二十九条：驻使第二款，设领第三款，游历、通商第六款，进出口税则、子口税第九至十三款，领事裁判权第二十至二十二款，约文言日本官员，最惠国条款第二十五款，均与泰西各国之约无异。又特订明，在日本之中国人，由日本衙署审判。第三款。而日人在通商口岸，得从事商业工艺制作。第四款。由此通商口至彼通商口，税赋、课钞、厘金、杂派全免。第十款。运中国土产出洋，除纳子口税外亦然。第十二款。许在通商口岸，设立关栈。第十四款。则其权利，并有超出西国各约之外者，

· 97 ·

皆以马关条约第六条为本也。

议约之初，中国要求华民在日，一律优待。举美、奥二约为证。日言美非欧洲，奥远华，华民鲜到，日与欧美改约，数年内拟开放全国，中国通商，仍限口岸，且中国与他国立约，彼国虽有优待之文，亦终立限制之条云。机器所造之货，日人欲免抽厘，中国谓《马关条约》只免内地运送税、内地税、钞课、杂派，制造货离厂等税未提。日不肯订入约内，卒如其意。后许中国定机器制造税，见下。旋因津、沪、厦、汉四租界，及苏、杭、沪通商章程，又于是年九月，公立文凭四款。（一）添设通商口岸，专为日本商民，妥定租界。其管道路及稽查地面之权，专属于日领事。（二）光绪二十二年八月三日，江海关所颁苏、沪、杭通商章程。内行船之事，当与日本妥商而定。（三）许中国课机器制造货物税饷，但不得比中国臣民所纳加多或有殊异。（四）中政府在沪、津、汉、厦等处，设立日本专管租界。

中国与朝鲜订约，始于光绪八年八月，与各国之约迥异。此约由李鸿章与朝鲜来使赵宁夏所立，谓之《会定水陆贸易章程》，凡八条。一、互派商务委员，驻扎口岸。二、中国商民在朝鲜，朝鲜商民在中国，所有案件，均由中国官主政审断。三、两国商船，听在通商口岸交易。朝鲜平安、黄海道，与山东、奉天滨海地方，听两国渔船往来捕鱼。四、商民应纳税钞，悉照彼此通行章程，并准中国北京交易，朝鲜汉城设栈。又准两国商民入内地采办土货。五、陆路交易，定于鸭绿江对岸栅门与义州二处，图们江对岸珲春与会宁二处。六、鸦片不准售卖。红参入中国，抽税百分之十五。七、两国往来，向由驿路，听改海道。八、有须增损之处，随时咨商。甲午战后，朝鲜改国号曰韩光绪二十三年九月。中国以太仆寺卿徐寿朋为驻使，重与立约，则除彼此皆有领事裁判权外，与他约无甚异同云。约立于光绪二十五年八月，凡十五条。二、驻使设领，须得本国承认。三、四、八、通商征税，游历通商，皆属相互。五、彼此互有领事裁判权，而许将来收回云。第四条订明，在租界者，须依租界章程，第八条订明游历通商，不许坐肆卖买。第九条中国运洋药入韩，及潜买韩国红参出口者有罚。十二条两国陆路交界处所，边民向来互市，此次定约后，应重订陆路通商章程税则。边民已经越垦者，听其安业，以后越界，彼此均应禁止。此数条约中韩独有之关系，故亦与他国之约不同。

第二十五章
港湾之租借

中日战时，内外臣僚与舆论，多欲联俄拒日者。其后干涉还辽，亦颇赖三国之力。光绪二十二年二月，李鸿章使俄，与订《中俄密约》。明年冬，德占胶州，成租借之约。于是威海卫、广州湾相继租借。铁路、矿山之要索，随之而盛，形势益危急矣。

先是光绪十二年，出使大臣许景澄奏陈海军事宜，言西人测量中国海岸，靡所不至，皆艳称胶州湾，请渐次经营。期以十年成巨镇。二十年，中国拟创修船坞于此，然卒未果。二十三年十月，巨野杀德二教士游勇所为，德人袭据胶州湾，分兵略地，直窥即墨。德皇又派其弟率兵船来华。德使海靖照会总署，要求六款，又请山东巡抚李秉衡革职，永不叙用。德主教安治泰在济宁所建教堂，敕赐天主堂扁额，给工料银六·六万两，被杀教士，无家属领恤，请在曹州及巨野张家庄各建教堂一所，官给地段，不逾十亩，各给银六·六万两，并敕赐天主堂扁额。巨野、荷泽、郓城、单县、武陟、曹县、鱼台七处，为教士各建住房一所，共给工料银二·四万两，作为偿恤之用。又请筑造山东铁路，铁路旁近矿务，先尽德商估办。总署与之磋商，请删永不叙用四字，铁路许先造胶济一段。会曹州复有逐教民杀洋人之说，海靖复翻前议，要求李秉衡永不叙用。奉谕将曹州镇总兵万本华撤职，海靖乃许先结教案。胶济租约，由海靖送来五款，于十二月中议定，而又有德兵在即墨被杀，德教士在南雄被劫之事。海靖复增索胶至沂、沂至济铁路，嗣后山西路矿，均须先向德国商办。二十四年二月，订约三端。胶州湾租借以九十九年为期。一端二款。租期未满，德人自愿归还中国，应偿其在胶费用，另将较此相宜之处，让与德国。德所租地，永不转租于别国。一端五款。胶济、胶沂济铁路，由德承造，其由济往山东界，与中国自办干路相接，应俟造至济南后再商。二端一款。铁路附近三十里内煤矿，许德开采。二端四款。山东各项事务，如用外国人或外国资本、外国物料，均先问德商。三端。二十五年三月，会订青岛设关征税办法。德许中国于青岛设关云。

德租胶州湾后，俄人遂租借旅顺大连湾。其租约立于光绪二十四年三月六日凡九条。李鸿章、张荫桓与俄巴布罗福所立，租期为二十五年。限满后由两国相商，亦可展限，见第三条。限内调度水陆各军，并治理地方大吏，全归俄官责成一人办理，但不得有总理巡抚名目。中国无论何项陆军，不得驻此界内。界内华民犯罪送交就近中国官按律治罪，见第四条。租借地界由许大臣在圣彼得堡商订，见第二条。租地之北留一隙地，其界由许大臣在圣彼得堡与俄外部商定。此隙地之内，一切吏治全归中国，惟非与俄官商明，中国兵仍不得至。见第五条。许大臣者，驻俄公使许景澄也。旅顺仅准华、俄船只停泊，大连口内，一港专供华、俄军舰之用，其馀地方作为通商口岸，见第六条。《中俄密约》允许俄人筑造东省铁路，此约又准其展筑支线。第八条，光绪二十二年所准东方铁路公司建造铁路，许自某一站至大连湾或营口、鸭绿江间沿海地方筑一支路。是年闰三月十七日，出使大臣许景澄、杨儒与俄外部莫拉维诺夫增立条款六条。定租地及隙地之界。第一、第二条俄外部原议海城、凤凰城、大孤山三城在内，经中国争执，画出金州归中国治理，得设警察。中国兵退出，代以俄兵，居民有权往来金州至租地北界各道路，并用附近之水，但无权兼用海岸。见第四条。别以照会申明，俄兵屯扎城外，非有乱事及攻击俄兵之事，不得入城。又隙地不得让予别国。其东西海岸，不与别国通商。工商利益，非经俄允许，亦不得让与别国。见第五条。此项境界后由奉天委员与俄会定，于光绪二十五年正月，立专条八款，共立界碑三十一，小界碑八。铁路东端定在旅大海口。不在沿海别处。此路经过地方，不将铁路利益给与别国人。中国自造从山海关接长之路，则俄不干预。见第三条。五月十八日，又与俄东省铁路公司订立合同七款。一、定名为东省铁路南满洲支路。二、为运料故，许俄船航行辽河及其支流及营口，并隙地内各海口。三、暂筑支路至营口及隙地海口。惟自勘定路线，拨给地段日起算，于八年内拆去。四、以路用故，许开采官地树林及煤矿。五、俄可在租地内自定税则，中国可在交界处，征收经铁路从租地入内地，从内地入租地之税。照海关进出口税则，无增减。又可商允俄国自开埠日起，在大连设关，委公司代为收税，而中国另派文官为委员。六、许公司照各国通商行船章程，自备航海商船。此事与铁路无涉，其期自无限制，无庸按照光绪二十二年中政府与华俄银行合同第十二条价买及归还期限办理。七、路线由总监工勘定，由公司与铁路总办商定。第五条原合同第十款，中国在交界设关，照通商税则，三分减一，此时以大连系海口，恐牛庄、天津受碍，内地租地亦非国界，议改。第七条定后，又与俄商，路线须绕避陵寝三十里，俄亦允许。而英以俄故，租借威海卫，租期如旅顺。俄租旅大后，英使窦乐纳请租威海卫，光绪二十四年五月十三日，与立专条。租借威海卫及附近海面，租期照俄租旅顺，英可驻兵，设防护之法，凿井开泉，修筑道路，建设医院。中国管辖治理，英国并不干预，惟除中英两国兵丁之外，不准他国兵丁擅入。威海中国官员仍可驻扎城内，惟不得与保卫租界之武备有妨。租与英国之水面，中国之兵船，不论在局内局外，仍可享用。法以德故，租借广州湾，租期亦如胶州。遂溪、吴川县属海湾，并东海、硇洲两岛，租约立于光绪二十五年十二月，因遂溪杀法武官、教士而起，法兵入据广州湾，立约七款。其第二款，并许法造赤坎至安铺铁路旱电线。英又立展拓香港界址专条，租借香港后面九龙地方，亦以九十九年为期。租约立于光绪二十四年四月二十一日，九龙官员仍可驻扎城内，惟不得与保卫香港之武备有妨。九龙向通新安陆路，中国官民照常行走。留九龙城附近码头一区，以便中国兵商船渡艇停泊。将来中国建造铁路至九龙英国管辖之界，临时商办。大鹏湾、深圳湾水面，中国兵轮无论在局内局外，仍可享用。外人势力，布列海口，并籍筑路开矿，侵入腹地，几于卧榻之旁，任人鼾睡矣。

第二十六章
戊戌政变及庚子义和团

　　清廷之变法，始于戊戌。先是德宗亲政后，大权仍在孝钦后手中。德宗颇有图治之意，而为后所尼。新进之臣，首被擢用者为文廷式，自编修擢为侍读学士。廷式者，德宗所宠珍、瑾二妃之师也。妃兄志锐亦擢为侍郎。孝钦杖二妃，谪志锐于乌里雅苏台。廷式托病去，后亦被褫职。时光绪二十年也。明年，德宗密令翁同龢拟变法诏十二道，孝钦知之，撤同龢毓庆宫行走。侍郎汪鸣銮、长麟亦坐是革职。光绪二十二年，恭亲王死，孙毓汶亦罢，翁同龢以师傅旧恩，颇赞维新之议。是时时局亦益棘，而革新之机渐熟。

　　中国与外人之接触，以广东为最早，人民之通知外情，亦以广东为最。故变法之议及革命之举，皆起于是焉。康有为者，南海人，早主变法之议，初以荫生上书，不达。甲午之战，有为合各省举人入都会试者上书，请迁都续战，并陈变法之计，亦不达。嗣后有为又上书者二，胶州事起，又上书陈救急之计，前后上书凡五，得达者惟一。德宗颇善之。公车上书之后，有为设强学会于京师，为御史杨崇伊所劾，封禁。其徒梁启超，设《时务报》于上海，大唱变法维新之论，举国耸动，风气骤变。是年四月，德宗始擢用有为、启超等，行新政。朝臣之守旧者，倚孝钦以尼之。有为等乃有围颐和园，劫迁太后之谋。时袁世凯继胡燏棻练新兵于天津，谭嗣同说之，世凯泄其事于荣禄。八月六日，后再临朝，幽帝于瀛台。杀有为弟广仁及谭嗣同、刘光第、杨深秀、杨锐、林旭，有为、启超走海外，新政尽废。后欲捕有为、启超，外人以为国事犯，弗听。后立端郡王载漪之子傅儁为大阿哥继穆宗后，欲图废立，而有为立保皇党于海外，诸华侨时电请圣安，以沮其谋。后使人以废立意讽示各公使，各公使亦反之。经元善等在上海合绅民电争废立，后欲捕之。元善走澳门，报馆在租界者多诋后，后欲禁之，又不得，于是后积怒外人，排外之心渐炽。

义和团者，原亦邪教馀孽《各国立约始末记》云："嘉庆十三年，仁宗谕饬江南、安徽、河南、山东诸省，严惩聚众设会，即有义和团名目。"，而揭"扶清灭洋"为帜，自称有神术，可避枪炮，盖利用社会心理之弱点而起者也。大臣之顽旧者颇信之，毓贤抚山东，尤加奖励，德使迫总署开其缺，代以袁世凯。世凯知其不足恃，痛剿之。义和团入畿甸。光绪二十六年夏，大盛，焚教堂、杀教士、毁铁路、断电线，京津交通为之中断。各国皆征兵自卫，而朝廷竟下宣战之诏，与各国同时启衅。事在五月二十五日。有云"朕今涕泪以告宗庙，慷慨以誓师徒，与其苟且图存，诒羞万古，孰若大张挞伐，一决雌雄。彼尚诈谋，我恃天理，彼凭悍力，我恃人心。无论我国忠信甲胄，礼义干橹，人人敢死，即土地广有二十馀省，人民多至四百馀兆，何难翦彼凶焰，张国之威"云云。命董福祥以甘军并义和团攻使馆有阴令缓攻者，故未破，而德公使克林德、日本书记官杉山彬被戕，又命各省速杀洋人。湖广总督张之洞、两江总督刘坤一，联合东南督抚，不奉诏，与各国领事订保护东南、不与战事之约。战区乃得缩小。英、俄、法、德、美、日、意、奥联军，以五月二十一日抵大沽，进攻天津，提督聂士成死之，天津陷。直督裕禄兵溃，自杀。李秉衡长江巡阅大臣入援，兵溃，亦死之。联军北陷通州，七月二十日攻京城，翌日，德宗及孝钦后走太原，旋幸西安甘肃布政使岑春煊迎驾，以为陕西巡抚，而以荣禄长枢垣。命庆亲王奕劻、大学士李鸿章与各国议和，鸿章卒，以王文韶代之。

和议成于光绪二十七年七月二十五日，与者凡十一国德、奥、比、西、美、法、英、意、日、荷、俄。（一）克林德被戕，派醇亲王载沣赴德，致惋惜之意，遇害处立碑。（二）惩办首祸诸臣。端郡王载漪、辅国公载澜，发往新疆，永远监禁。庄亲王载勋、都察院左都御史英年、刑部尚书赵书翘，赐自尽。山西巡抚毓贤、礼部尚书启秀、刑部左侍郎徐承煜正法。协办大学士吏部尚书刚毅、大学士徐桐、前四川总督李秉衡，均已身故，追夺原官。开复被害诸臣原官。兵部尚书徐用仪、户部尚书立山、吏部左侍郎许景澄、内阁学士兼礼部侍郎衔联元、太常寺卿袁昶，均以直谏被杀。诸国人民遇害被虐城镇，停止考试五年。（三）杉山彬被害，派户部侍郎那桐赴日，表示惋惜之意。（四）诸国被污渎挖掘坟茔，建涤垢雪侮之碑。（五）军火暨制造军火之物，禁止进口二年诸国如谓应续禁，亦可展限。（六）赔款总数，海关银四百五十兆两，照市价易为金款，年息四厘，分三十九年偿还。一九〇二至一九四〇年，一切事宜，均在上海办理。诸国各派银行董事一名，会同收存分给。以（一）新关、（二）通商口岸常关，均归新关管理。（三）盐政各进项为担保。进口货税许增至切实值百抽五，惟（一）从价之法，可改者均改为从量。（二）北河、黄埔两水道，须即改善。（七）定使馆境界，独由使馆管理，亦可自行防守。中国人概不准在界内居住，诸国得常留兵队，分保使馆。（八）大沽及有碍京师至海通道之各炮台，一律削平。（九）许诸国驻兵黄村、廊坊、杨村、天津、军粮城、塘沽、芦台、唐山、滦州、昌黎、秦皇岛、山海关，以保京师至海通道。（十）禁止仇外，停止考试。责成官吏保护外人之上谕，当在各府厅州县，张帖两年。（十一）许改订通商行船各条约，改善北河水道。中国应付海关银年六万两。黄埔河道局，预估后二十年，年四十六万两，半由中国付给。（十二）改总署为外务部事已前行于六月九日，变通觐见礼节。

　　通商条约英美日葡四国皆曾订立。英约订于光绪二十八年，其中重要者，中国釐定国币，英人应在中国境内遵用。惟关税仍用关平计算，见第二款。美约在十三款，日约六款，葡约十一款，又日约第七款，言中国改定度量衡之事。裁厘加税。第八款。裁厘常关不在其列，惟常关以《户工部则例》及《会典》所载为限。洋药并征之税厘，仍照约章办理，以后即将该厘金作为加税。盐厘之名，改为盐税，现征厘金及别项征捐，均加入税内。进口税加一倍半，即值百抽十二又五。出口税加半倍，即值百抽七又五。不出洋之土货，得征销场税，但不得在租界征收。出口货中，惟丝斤不逾值百抽五，内销不出洋之丝斤，则纳销场税。洋商在通商口岸，华商在中国各处用机器纺织之棉纱棉布，完纳出厂税，其额照进口正税加倍，即值百抽十。其棉花自外洋运来者，退还进口正税全数，及加税之半；土产者已征各税及销场税均全还。完过出厂后，出口正税、加税、复进口半税、销场税均免。洋商在通商口岸制造之他货，及华商在各处用机器仿造之洋货，均与纱布同。惟汉阳大冶铁厂、中国现有免税各厂，嗣后设立之制造局船澳等，不在其列。督抚应在海关人员中，选定一人或数人，派充每省监察常关销场税、盐务、土药征收事宜。如有不合例之需索留难，该员禀报督抚，督抚应即除去。其为商人告发者，由中国派员一人，会同英员及海关人员各一人查办。过半数以为确系需索留难，其损失由最近海关在加税项下，拨款赔还。舞弊之员，由该省大员从严参办，开去其缺。裁厘加税之事，美约在第四条，日约在第一条，葡约在第九条。案洋药，当咸丰五六年间，东南各省即奏请抽厘助饷。上海每箱抽银二十四两，厦门四十元，外加费八元。宁波、河口、屯溪等厘金，皆以此为大宗。时则有内地分抽之厘，而无海关进口之税。八年，议定税则，每百斤税银三十两，并于善后条约第五款声明，进口商只准在口销卖，运入内地，专属华商，如何征税，凭中国办理。嗣后修改税则，仍不得按照别货定税。是冬，王大臣会同户部议奏，各海口及内江河面，均照上海一律。崇文门及各省由旱路转运者，减十两，然各省于应征税项外，仍自抽厘，其办法亦不一律。《芝罘条约》三端三节，订明厘金在海关并征，所征之数，由各省察勘情形酌办。光绪九年，《芝罘条约》续增专条，订明每百斤完正税三十两，厘金八十两云。中国许修改矿务章程，招致外洋资财第九款。美约在第七款，葡约在第十三款，及修改内江行轮章程第十款。美约在十二款。内河本不准行驶轮船，苏、杭开埠后，总署乃奏准，通商省份内河，无论华洋商，均准行驶小轮，饬总税务司赫德议立章程九条，时光绪二十四年三月三日也。此年又修改章程十条，作为中英商约附件，日约同。葡约第五款，许照两国订定专章，自澳门往来广州府各处。英允除药用外，禁烟进口唯须有约各国应允照行，乃可举办。中国亦禁本国铺户制炼。第十一款。美约第十六，葡约第十二款。英如查悉中国律例、审断及一切相关事宜，皆臻妥善，允弃治外法权。第十三款。美约第十五款，日约第十一款，葡约第十六款。中国如与各国派员会查教务，妥筹办法，英国亦允派员。十三款。美约十四款，申明中国保护教士教民，教士不得干涉中国官治理之权，教民犯法，不因入教免究。除酬神赛会，与教旨不合者外，他种捐税，皆不因入教而免。葡约十七款，兼英约十三、美约十四两款之意。美日两约，立于二十九年，葡约立于三十年，大旨相同。又英约许开长沙、万县、安庆、惠州、江门。惟除江门外，若裁厘加税不施行，不得索开。第八款。其白土口、罗定口、都城许停轮上下客货，容奇、马宁、九江、古劳、永安、后沥、禄步、悦城、陆都、封川十处，许停轮上下搭客。第十款。美约许开奉天、安东。十二款。日约许开北京、长沙、奉天、安东。十款。葡约许自澳门往来。光绪二十三年英缅约专款，二十八年中英商约十款，西江上下客货及搭客之处五款。四约皆盛宣怀、吕海寰所订也。

第二十七章
俄占东三省及日俄之战

当庚子义和团起事时，东南各省，未奉政府命令与外开战，而吉黑两省，则出兵向俄人攻击。于是俄自阿穆尔及旅顺出兵，攻陷东三省各地。俄阿穆尔之兵分为四道：（一）（二）两军陷墨尔根、齐齐哈尔；（三）军陷哈尔滨、三姓；（四）军陷珲春、宁古塔，合陷呼兰、吉林。旅顺之兵分为两道：（一）西陷锦州；（二）北陷牛庄、辽阳、奉天，又陷铁岭、新民、安东。挟奉天将军增祺，以号令所属。奕劻、李鸿章之与各国议和也，俄人藉口特别关系，欲别议。朝廷以驻俄公使杨儒为全权，与俄外部磋议仍与奕劻、鸿章电商。时俄迫增祺订《奉天交地暂行章程》。杨儒与外部力辩，作废。议别订正约。俄人要求甚烈。俄人所拟约稿，（一）东省沿铁路驻兵，房屋粮食由我供给。（二）我国在东三省只设警察，不设兵，并不得运军火。（三）东三省铁道，缘长城直抵北京北境。（四）水师不得用他国人训练。（五）满蒙及新疆之塔城、伊犁、喀什噶尔、叶尔羌、于阗等处路矿及他种利益，不得让给他国人等条。日、英、美、德、奥、意等均警告中国，不得与俄订立密约，交涉遂停顿。各国和约，既大致议定，乃由李鸿章与俄磋议。鸿章卒，王文韶代之。二十八年三月，奕劻、文韶与俄使雷萨尔订立《交收东三省条约》。（一）俄人交还所占之地。（二）中国许保护铁路。俄分三期撤兵。以六个月为一期。第一期自是年九月十五起，撤盛京西南段至辽河之兵，第二期撤盛京其馀各段及吉林之兵，第三期撤黑龙江之兵。（三）将军会同俄官，订定俄兵未退前三省驻兵之数，及其驻扎之地，不得增添，撤退后如有增减，随时知照俄人。（四）俄人交还山海关、营口、新民屯各路，中国不许他国人占据，并不得借他国兵护路。第一期俄兵如约撤退，第二期则不但不撤，反要求别订新约俄所提者：（一）东三省不得割让或租借与他国。（二）俄撤兵之地，不得开作商埠。

（三）东三省政治军事，不得聘用他国人。（四）（五）牛庄公务，任用俄人，税关归道胜银行经理。（六）东三省卫生事务，聘用俄人。（七）俄得使用东三省电线。日、英、美皆向清政府警告，俄乃撤回。后又改易提出，且续调水陆军。是年六月，合阿穆尔、关东旅大租地设极东大都督府，以亚历山大为总督。九月，俄兵复占奉天，而日俄两国喋血于我境内之祸至矣。

自各国要求我某某地方，不得割让他国，又以租借之名，占我海口，因而攫夺铁路矿山，而势力范围之说起。其中铁路尤为重要之一端。甲午后，我国有建造南北干线之议，津镇、芦汉遂为各国所竞逐。是时英、德、美为一派，俄、法、比为一派。俄使比人出面，于光绪二十四年五月，得芦汉建造之权。英乃要求（一）津镇，（二）河南到山西，（三）九广，（四）浦信，（五）苏杭甬五路，以为抵制。俄因求山海关以北铁路全由俄国承造，英汇丰银行即求得牛庄至北京造路之权。二十五年三月十九日英、俄在圣彼得堡换文，英认长城以北铁路归俄，俄认长江流域铁路归英。交收东三省条约第四条，规定交还山海关、营口各铁路。又云："修完并养各该铁路各节，必确照俄国与英国一八九九年四月十六日即光绪二十五年三月十九日所定和约办理。"即俄强迫中国承认英、俄此项换文也。同时英德银行团，又在伦敦立约，英认除（一）山西，（二）山西铁路与正定以南之京汉路相接，并得再展一线，入于长江流域外，山东及黄河流域，为德国势力范围，德认长江流域为英势力范围。而津镇所改之津浦线，遂由英、德分段承造。此外胶济路归德，滇缅路归英，滇越路及自越南至龙州、南宁、百色之路归法，则已先有成议。福建全省，亦先允日人，不割让他国矣。于是美人有开放门户之议开放门户之议，起于一八九八年，英国旅华商人要求政府与在中国有利益各国立约，维持在中国商务上之机会均等。时美海约翰氏为驻英大使，后归为国务卿。于光绪二十五年七月二十八日，通牒英、德、俄、法、意、日，要求三端：（一）各国对中国所获利益范围，或租借地域，或他项既得权利，彼此不相干涉。（二）各国范围内各港，对他国入港商品，皆遵中国现行海关税率课税，由中国征收。（三）各国范围内各港，对他国船舶所课入口税，不得较其本国船舶为高。各国范围内各铁道，对他国所课运费亦然。此所以维持其条约上既得之利益；欲维持其条约上既得之利益，必先维持其条约，故既提开放门户，必又联及保全领土也。六国覆牒，皆承认之，各国皆承认之。庚子以后，俄人在东三省之行动，殊与此议相违，故为各国所不满。而其相关尤密者，则日本也。俄之占东三省也，英方有事南非，独力不能制俄，乃与德立协约，申明对中国开放门户，保全领土之旨，通知俄、日、美、法、意、奥六国。五国皆复牒承认，惟俄主该协约之效力，仅及于英、德势力范围，东三省不在其内。德于东方关系较浅，承认俄之主张，英则宣言否认。日本赞成英议。光绪二十八年，日、英在伦敦成立同盟，约中申明承认中、韩两国之独立。英在中国，日在中、韩之利益，被他国侵略时，各得执行必要之手段。因此与一国开战，同盟国须严守中立。若敌方有一国或数国加入，同盟国即当出兵援助。于是俄人向各国发表，俄、法在极东之利益受侵犯时，两国政府得取防卫手段。盖将俄、法同盟之效力，扩至远东，以抗英、日也。

满、韩形势，相关最切。日人既图并吞朝鲜，自不能置东三省于度外，而干涉还辽之后，俄人之声势大张。韩人又背而亲俄，俄人在韩之势力，且浸浸陵驾日人，而在东三省无论矣。日本舆论，乃多主与俄开战者，其政府为审慎起见，仍主张满、韩交换之论，然终于无成。日、俄因韩事，曾两次订立协商，第一次在光绪二十一年，时闵妃遇弑，韩王走俄使馆。协商之旨，俄许劝王还宫，而规定两国在韩驻兵之数。第二次在光绪二十四年，俄认日在韩工商业上有较优之地位，而两国均不得干涉其内政，军事教练及财政顾问，非先商妥，不得擅行处置。及二十九年六月，日本又命驻俄使臣，对俄提出协约草案。（一）尊重中、韩两国之独立，保全其领土，商工业上守机会均等主义。（二）俄认日对韩之卓越利益，日认俄对满洲经营铁道之特殊利益。（三）韩国铁路延长至满洲南部，与中东路及山海关、牛庄铁路相接时，俄不阻碍。（四）为保护第二条利益起见，日对韩，俄对满洲派兵时，不得超过实际必要之数，事定即撤。（五）俄认日对韩国之改革，有与助言及助力，并含军事上援助之权。俄于韩国方面，答覆不能满日本之意，于东三省，则欲置之约外，议遂决裂。光绪二十九年十二月，日、俄遂开战。日俄之战，日本海军舰队先袭败俄海军于旅顺及仁川，其陆军第一军由义州渡鸭绿江，陷九连、凤凰，北据摩天岭。第二军自貔子窝登陆，陷金州，后别以第三军攻旅顺。一、二两军合向辽阳，又益以自大孤山登陆之第四军。至光绪三十年七月二十五日，而辽阳陷。俄人之调兵，不如日人之捷，辽阳陷后，西方精锐，始集于奉天。八月，攻辽阳，不克。时气候渐寒，两国乃夹浑河休军。而日于其时，以全力攻旅顺，十一月二十六日，下之。时俄西方之兵益至，日亦续调兵。三十一年正月，日兵三十五万，俄兵四十三万，大战几二旬，俄兵败绩。二月五日，日兵陷奉天，北取开原。俄波罗的海舰队东来，四月二十四日，日人邀击，破之于对马海峡。战局于此告终，俄师败绩。至三十一年七月，日、俄议和于美国之朴次茅斯，而我国之权利，坐受处分矣。

《朴次茅斯条约》凡十五条，其重要者，俄承认日本对韩有政治上、军事上及经济上之卓绝利益。日本对韩行指导保护及监理之必要处置时，俄不阻碍干涉，惟俄国臣民在韩国者，受最惠国臣民之待遇。第二条。租借地外，日、俄在满洲之军队，尽数撤退，以其地还交中国。俄在满洲，不得有侵害中国主权，妨碍机会均等主义之领土上利益，暨优先及专属之让与权利。第三条。中国为发达满洲之工商业，谋各国公共利益时，日俄两国，皆不阻碍。第四条。俄以中国政府之承认，将旅大租借地，及长春、旅顺间之铁路，让与日本。第五、六条。库页岛自北纬五十度以南，让与日本。第九条。日人在日本海、鄂霍次克海、白令海峡俄领沿岸，有渔业权。第十一条。

当日、俄未开战时，有主张我国当加入日本方面者，然非日人所欲，兼受欧美各国牵制，议未能行，卒于两国战时，宣告中立光绪三十年正月二日。后以美国劝告，划辽河以东为战区俄攻辽阳失利，犯中立地，自辽西攻日，我国不能维持，遂以沟帮子至新民屯之铁道为中立地与战区之界。民国三年，日攻青岛，我守中立，而划龙口以东为战区。其恶例实自此开之也。及战役将终，又有主乘机废弃俄约，并向英交涉，收回威海，而与日人自立新约者；外论则欲以满洲为永世中立之地，我国亦有主以满洲为一王国，由中国皇帝兼王之，如奥匈、瑞挪之例，于其地试办宪政者，皆不能行。仅于日、俄议和时，照会二国，谓和约条件，有涉及中国者，非得我之承认，不能有效而已。是冬，日使小村寿太郎来，与我结《满洲善后协约》。中国政府承认日俄和约第五条第六条，而日本政府承认遵行中俄租借地及筑路诸约，别结附约：（一）中国政府于日、俄撤兵后，开凤凰城、辽阳、新民屯、铁岭、通江子、法库门、长春、吉林、哈尔滨、宁古塔、三姓、齐齐哈尔、海拉尔、瑷珲、满洲里为商埠。第一条。如俄允撤铁路护兵，或中俄两国另商别项办法,日本南满护路兵,亦一律照办。又如满洲地方平静,中国能周密保护外人生命财产时,日本亦可与俄国同将护路兵撤退。第二条。许将安奉军用铁路,由日本政府接续经营,改为商运铁路。除运兵归国十二个月不计外,以二年为改良竣工之期。自竣工之日起,以十五年为限至光绪四十九年止,届期,请他国评价人一名,妥定价格,售与中国。第六条。许设一中日合办材木公司,采伐鸭绿江右岸森林。第十条。满韩交界陆路通商,彼此以最惠国之例待遇。第十一条。光绪三十二年五月,日人设南满铁道株式会社资本二万万元,半出于日政府,即以铁路及其附属财产充之。又其半名为听中日两国人入股,实则中国无一入股者,七月,又设关东都督府,于是东北一隅,成为日俄两国划定范围,各肆攘夺之局,不仅介居两国之间而已。日俄和议定后,日人设统监府于韩,清亡之岁,两国遂订合并之约。

第二十八章
清末外交情势

当清室盛时，葱岭以前诸国，服属于我者颇多。咸、同以降，乃皆折而入于英、俄。哈萨克、布鲁特，道、咸时即已入俄，布哈尔、基华，同治十二年，夷为俄之保护国。浩罕于光绪二年，为俄所灭。帕米尔高原，旧译作博罗尔，即《唐书》之波谜罗，尝置羁縻州，曰巴密者也。本中、英、俄间隙地。光绪二十一年，英、俄派员划定界线，遂为所占。其南巴达克山、克什米尔，皆尝入贡。英人既占印度，克什米尔亦为所据。巴达克山曾属阿富汗，光绪三年，阿富汗属英保护，遂亦入英。而西南亚之间，英、俄形势，复生冲突。俄人颇藉尊崇黄教，以笼络蒙、藏。光绪二十八年，达赖十三世遣使如俄，俄人厚礼之。英人忌之，三十年，日、俄开战，英遂派兵入藏以藏人不实行条约为口实，直逼拉萨，达赖走青海。英人与班禅订立和约。开江孜、噶大克、亚东为商埠。偿英军费五十万镑，撤自印度至江孜、拉萨之炮台山寨。西藏土地不得租卖与外国人。铁路道路电线矿产及其他权利，不得许给外国或外国人。西藏一切进款以及银钱货物，不得抵押与外国或外国人。外务部命驻藏大臣有泰不得签字，命唐绍仪、张荫棠等先后与英磋商，不决。三十二年，移其交涉于北京，卒与英使萨道义立《藏印续约》六条，以英藏约为附约。但声明"英国不占西藏土地，不干涉西藏政治，中国亦不许他国占据西藏土地，干涉西藏政治。附约中所谓外国及外国人，中国不在其内"而已。赔款本定七十五年还清，未还清时，英得驻兵春丕，后印督声明："减为二百五十万卢布五十万镑，本合七百五十万卢布，分二十五年还清，前三年付清，且商埠开办满三年后，英兵即可撤退。"约既立，中国将偿款代为付清，英兵亦即于是年十二月撤退。

日、俄战后，东北之风云似少缓而实益棘。《满洲善后协约》立于光绪三十一年十一月二十六日，约中订明安奉铁路除运兵归国十二个月外，以两年为改良工事之期，则其兴工，应在三十二年十一月二十七日以后。而其完工，则应在三十四年十一月二十六日之前。乃日人至宣统元年，方要求派员会勘线路。邮传部命交涉使与之会勘，既竣，日人求收买土地，东督锡良忽云路线不能改动，日人遂自行兴工。中国无如何，与补结协约，承认之。而所谓满洲五悬案者，亦皆如日意解决。

满洲五悬案者，（一）抚顺、烟台煤矿，许日人开采。（二）图们江北之延吉厅，多韩民越垦，日人强名其地曰间岛，于其地设官。及是，仍认为中国之地日所派理事官撤退，惟仍准韩民居住耕种。而中国又开龙井村、局子街、头道沟、百草沟为商埠。（三）中国拟借英款筑新法铁路，日人指为南满之并行线。及是，许建筑时，先与日本商议。（四）东省铁路营口支路，照中国与俄公司所订合同，自拨给地段满八年后，本应撤去。日人抗不肯撤。至是，许于南满路限满之日，一律交还。（五）满铁会社要求建筑新奉、吉长两路，于光绪三十三年订立契约，该会社又求将吉长路延至延吉，与朝鲜会宁府铁路相接。及是，许由中国斟酌情形，至应开办时，与日商议。

关东为未辟之地，外人皆热心投资。当第三问题解决时，中国要求筑造锦齐由锦州经洮南至齐齐哈尔铁路，日不反对。日亦要求昌洮归其承造。彼此记入会议录中。悬案既决，中国欲借英、美款，将锦齐路延至瑷珲，改称锦瑷。日嗾俄人出而抗议。是冬，美提议满洲铁路中立。由各国共同出资，借与中国，俾中国将满洲铁路赎回。此项借款未还清前，由出资各国共同管理，禁止政治上、军事上之使用。此项通牒向中英法德俄日六国提出。明年，日俄共提抗议。是年，日俄新协约成一九一〇年七月四日，宣统二年五月二十八日。约中明言维持满洲现状，现状被迫时，二国得互相商议，盖联合以抗英、美也。或云，此新约别有密约，俄认日并韩，日认俄在蒙、新方面之行动云。是年七月十九日西历八月二十三日，日遂并韩。宣统三年正月，俄人对蒙、新方面，提出强硬之要求，至二月十八日一九一一年三月十八日以最后通牒致我以二十八日为限，迫我承认焉。是年为中俄条约满期之岁。中国提出修改，俄人遂有此要求。其条件为（一）国境百里内，仍为无税贸易。（二）俄人得移住蒙、新，并得无税贸易。（三）科布多、哈密、古城设领。（四）伊犁、塔城、乌里雅苏台、库伦、喀什噶尔、乌鲁木齐、张家口亦得设领，且可购地建屋。

第二十九章
改革政体之动机

　　维新立宪之议,皆发自康有为;而革命之业,则肇自孙文;此二人者,实中国现代史上之先觉者也。孙文者,广东香山人,少即有志于革命,一八九二年赴檀岛美洲,合同志立兴中会,一八九五年谋袭广州,不克,同志陆皓东死焉。文走海外,自日之美,自美至英。驻英公使龚照屿,诱而拘之使馆。文使使馆之仆告其友,其友告诸警署,警署及英外部皆向龚使抗议,乃得释。戊戌政变后,康有为立保皇党于海外,其徒梁启超刊《清议报》于横滨,力诋西太后,主扶德宗亲政。有为又使唐才常运动哥老会党,设自立会。一九〇〇年唐才常、容闳设国会总会于上海,分会于汉口。才常及林述唐居汉口,黄兴居湖南,吴禄贞居大通,联合长江上下游哥老会党,广发富有会票,以招徒众。定七月中在武昌、汉阳、汉口举事,湖南、安徽为之应。未及期,事泄。才常就义。江督刘坤一、鄂督张之洞、皖抚王之春、湘抚俞廉三严捕馀党,杀戮颇多。张之洞尝致一书于国会总会,劝勿行革命。国会总会亦有书答之,力伸民主之义,为时所传诵焉。唐才常之设自立会也,孙文亦使其党毕永年,合哥老会、三合会,设兴汉会于香港。兴中会亦预焉。才常举事之岁,文使永年及郑弼臣、杨飞鸿,以三合会众围博罗,以外援不至而败。同党史坚如谋举事广州,以炸弹击粤督署时粤督为德寿,毁墙数丈,坚如死之。自戊戌政变后,海内舆论多依违缄默,惟上海之《苏报》,谠言无所忌。后数年,蔡元培、吴敬恒等立爱国学社于上海,革命之论渐昌。一九〇三年,章炳麟著《訄书》,邹容著《革命军》,革命之焰益炽。清人控诸会审公廨,《苏报》被封,炳麟及容皆监禁上海西牢。初炳麟与徐锡麟等设光复会于上海。黄兴、宋教仁、刘揆一、胡瑛等亦立华兴会于湖南,与哥老会

· 113 ·

通谋。是岁，广西哥老会首陆亚发，举事柳州。兴等与湖南哥老会首马福益，谋起长沙应之，不克，福益死之。亚发亦旋败。兴、教仁走日本。刊杂志曰《二十世纪之新支那》，以鼓吹革命。一九〇六年瑛及李燮和，复与福益之党，举事萍、醴，矿工多应之。清人合苏、赣、湘、鄂四省兵破之。一九〇七年，孙文复举兵饶平、惠州，不克。时徐锡麟以资为候补道，赴安徽，巡抚恩铭委为巡警学堂会办。锡麟尝设大通学堂于绍兴，女侠秋瑾，与掌教事。锡麟乃运动安徽军警，使陶成章合武义、永康、东阳会党，秋瑾、竺绍康、王金发合绍兴、嵊、仙居会党，图大举。武义之党有被获者，事浸泄，锡麟等谋速发，锡麟趁巡警学堂毕业，集皖大吏，将诛之而举事，不克。杀巡抚恩铭，锡麟率学生据军械局。清兵围攻之，党人陈伯平战死，锡麟被执，就义。清人剖其心以祭恩铭。又围大通学堂，杀秋瑾。是岁，孙文至日本，于是兴中会、光复会、华兴会合并，改组中国同盟会。改《二十世纪之新支那》曰《民报》。梁启超之设《清议报》也，百期而止，后又刊《新民丛报》，颇主张革命。而康有为鉴于法国革命杀戮之惨，及中南美诸国争夺相杀无已时，力主君主立宪，诒书与之辩。启超折而从之，于是《新民丛报》改主君宪，与《民报》相对峙，为立宪、革命两派舆论之代表，以公开运动，立宪较革命为便故，是时在国内，立宪论之势力，亦较革命为盛焉。

　　清孝钦后之回銮也，复貌行新政，以敷衍人民，然绝无诚意。人民知其终不足与有为也，而立宪、革命之论乃渐盛。日俄之战，舆论谓日以立宪而胜，俄以专制而败，宪政之鼓吹，尤盛极一时。清廷知其势不可抗，乃有预备立宪之举。官僚之中，首以立宪请者，为驻法使臣孙宝琦，而江督周馥、鄂督张之洞、粤督岑春煊继之。一九〇五年，直督袁世凯请简派亲贵，分赴各国，考察政治，以为改革之本。诏派载泽、戴鸿慈、徐世昌、端方、绍英前往，将发，革命党吴樾炸之车站，载泽、绍英皆伤，樾死之。后以李盛铎、尚其亨代徐世昌、绍英，分赴欧美、日本，旋驻英公使汪大燮、驻美公使梁诚、尚书张百熙、侍郎唐景崇、粤督岑春煊、黔抚林绍年又相继以立宪请。明年六月，考察政治诸臣先后回国，皆陈请立宪。清廷开御前会议，亦多数赞同。七月十三日，遂下放行立宪之诏。上谕云"前将官制分别议定，次第更张；并将各项法律，详慎釐订；而又广兴教育，清釐财政，整顿武备，普设巡警，使绅民明悉国政，以备立宪基础。俟数年后，规模粗具，查看情形，参用各国成法，妥议立宪实行期限，再行宣布天下，视进步迟速，定期限远近"云云。于是改内外官制，设资政院、谘议局，以为国会及省会之基，颁布城镇乡自治章程，立审计院，颁《法院编制法》，设省城及商埠检察审判厅，发布《新刑律》，又改考察政治馆为宪政编查馆，以为举行宪政之总汇。看似百度具举，实多格不能行；或行之而名不副实，转以滋扰。于是朝廷谓非预备完毕，不能立宪；而人民则谓非立开国会，实行宪政，无以善庶政之进行，预备必不能善。"即行立宪"与"从事预备"，遂为朝野之争点。1907年（光绪三十三年），袁世凯以日、法约成，奏请实行立宪。荷兰保和会专使陆徵祥亦以为言。明年，江苏预备立宪公会、湖北宪政筹备会、湖南宪政公会、广东自治会及直隶、山东、山西、河南、安徽、浙江、四川、贵州各省人士，请愿速开国会。八月二十七日，诏定以九年为实行之期。是岁，十月二十一日，德宗殂。孝钦立醇亲王载沣之子溥仪，年四岁，以载沣为摄政王。明日，孝钦亦死。1909年（宣统元年）九月一日，各省谘议局开会，直隶、江苏、江西、浙江、福建、山东、山西、河南、湖南、湖北、广东、广西、东三省谘议局各举代表三人，组织国会请愿同志会。以明年一月，入都请愿，诏不许。诸代表乃举常驻委员六人，设请愿机关于北京。会革命党汪兆铭谋炸载沣，清廷震动，代表乘机联合各省政团、商会及华侨代表，分为十起，上书请愿，亦不许。是岁十月三日，资政院开会。二十二日，通过国会速开请愿案，上奏。十一月三日，许缩短期限为三年，于宣统五年，开设国会，而令民政部将各处代表驱散。然人民之请即开国会者仍不绝。十一日，东三省代表十馀人，再至京师。命民政部、步军统领衙门送回原籍。各地有唱言请愿者，并命京、外各官，弹压拿办。天津请愿同志会代表温世霖，唱议全国罢学，直督拘之，请惩，诏发往新疆，訑訑之声音颜色，固予人以共见矣。

　　清室之亡，固由种种失政，而其灭亡之速，则其末年外强中干之政策，实亦有以促成之。载沣之摄政也，奕劻以皇族老臣，仍持政柄，而载沣弟载洵、载涛，亦皆预政，朝局棼乱，民益失望。一九一一年四月，颁布内阁官制，设立责任内阁，以奕劻为总理，阁员亦以满族占多数。内阁总理奕劻，协理世续、徐世昌，外务部大臣邹嘉来，民政部桂春，陆军部荫昌，海军部载洵，军谘府载涛，度支部载泽，学部唐景崇，法部廷杰，农工商部溥伦，邮传部盛宣怀，理藩部善耆。人民以皇族内阁，不合立宪公例，上书请愿，谘议局亦联合上书，不听。七月，谘议局复以为请，朝旨严斥之。时论者愤政府之阘茸，多唱集权之论，朝议亦颇主之。顾所作所为，无一不使人失望；不能制疆臣之尾大，而指人民之奔走国事者，为有妨朝廷之大权，务摧抑之。于是民心愈愤，而一朝之祸，遂爆发而不可遏矣。是时自筑铁路，以抵制外人及收回已许外人筑造之路之议方盛。粤汉铁路，初由张之洞主持，与美国合兴公司，订立借款草约。旋以该公司逾期未办，废约收回。朝廷以之洞为粤汉、川汉铁路督办，与英美德法银行，订立借款草约，预定借款六百万镑，以偿旧欠及筑路。正约未定而之洞卒，盛宣怀为邮传部尚书，成之。时民间筑路之议虽盛，而实力薄弱，往往不能有成；而是时大筑铁路，以便交通，而图行政敏活之论又极盛；遂生铁路国有民有之争，朝廷方图集权，颇倾向国有论。一九一一年四月二十二日，下铁路干线国有之谕。取消商办公司，接收川路，提取商办股本七百馀万。湘、鄂、川、粤四省人士，群起争持。朝廷以铁路干线国有，业经定为政策拒之。湘抚杨文鼎、川督王人文，代人民奏请收回成命，奉旨严饬。又以王人文为软弱，命赵尔丰代之。尔丰拘保路同志会会长罗纶、股东会正会长颜楷、谘议局议长蒲殿俊、路董彭兰芬等九人，川人大哗。成都停课罢市，各州县亦有罢市者，朝命端方带兵入川查办。七月十五日，川民聚众数千，诣督署求阻端方兵。尔丰捕杀绅士数人，并命骑兵向群众冲击，人民死者尤多。时成都、郫、灌、温江、崇庆、华阳、双流、新津、蒲江、大邑、邛州民团，纷集省城外，尔丰指为谋叛。自十六日起，纵兵屠戮者七日，死者甚众，人心益愤。而武昌城头，突树汉帜，雄鸡一声天下白矣。

第三十章
清之亡及民国成立

同盟会之成立也,党员多归国运动,革命之进行益急。其年七月,钦州张得清、廉州刘恩裕起兵,克防城,围钦州、灵山,以无援而败。孙文谋自广西、云南两道并举。十月三日,遣党人数十,由越南攻镇南关,夺炮台三。文居越南,为之策应。清政府与法交涉,迫文离越南。十一月,台兵以无援退越境。时党军以青天白日旗为国徽,高树镇南关山巅。既退,清兵将至,一童子年十四,谓国徽不可辱于虏,冒万险,盘旋登山,卒奉国徽以降。明年三月二十九日,革党之起云南者占河口。分兵三路,进攻蛮耗、开化、蒙自,黄兴居河口督师,亦以无后继而退。是岁十月,湖北两江陆军,在安徽太湖会操。安徽马炮营队官熊成基乘之起义。攻安庆,不克,退走桐城、庐州,陆续解散其众。成基由河南、山东走东三省,明年,以谋刺载涛被执,不屈死。一九〇九年正月,倪映典运动广州标兵起事,不克,死之。一九一一年,孙文、黄兴谋以四月朔举事广州,未及期,事泄,黄兴等以三月二十九日攻督署,烈士之死者七十二人,皆葬于黄花岗。党人之在省外者,走顺德,据乐戎墟,攻佛山,不胜而退。倪映典之役,水师提督李准,实抗义师。是役,李准搜捕党人尤力,阅数月,党人陈敬岳炸伤之。

是时举义虽屡不克,而党人之从事运动者,初不少息;尤注意于军队。川汉事起,人心惶惶,革党乘之,运动湖北陆军,将以八月十五日举事。旋改期二十五日,十七日事泄,机关多处被破。宪兵彭楚藩、刘汝夔、杨宏胜就义。十九日,即阳历十月十日,夜九时,义师遂起,先占火药局,次扑督署。清鄂督瑞澂、统制张彪皆逃。众推黎元洪时为混成协统为中华民国军政府鄂军都督,汤化龙为民政长。二十

三、四日；连克汉口、汉阳。照会各国领事：以前所订条约，军政府皆承认其有效。各国既得权利，亦一律承认。人民财产，在军政府领域内者，皆尽力保护。赔款外债，仍由各省如数摊还。惟此后与清政府所立条约，概不承认。助清战事用品，一概没收。有助清者，军政府即以敌人视之。请其转呈各国政府，恪守局外中立。于是各国皆宣告中立。旋承认我为交战团体。

九月初一日，浏阳会党焦大章 亦作焦达峰、陈作新，合新军起义长沙，湘抚余诚格遁走。众推大章、作新为正副都督。旋为新军所杀，谭延闿继之。十日，二日，新军标统马毓宝起义，复九江。西安新军起义，克满城。四日，推张凤翔为都督。是日，革命党人炸击广东将军凤山，毙之。九日，太原新军起义，清巡抚陆钟琦死。推阎锡山为都督。十日，新军协统吴介璋起义，复南昌。赣抚冯汝骙走。后彭程万称奉孙文命，为赣军都督，介璋让之。马毓宝不服，程万旋去，毓宝入南昌为都督。安徽标兵起义，攻安庆，不克。云南新军协统蔡锷、统带罗佩金、唐继尧起义，复云南。推蔡锷为都督。十三日，革命党人与商团、巡警复上海，推陈其美为都督。十四日占制造局。是日，江苏巡抚程德全反正，众推为都督。革命党人及新军起义，复杭州，推汤寿潜为都督 后任交通总长，蒋尊簋代之。贵州谘议局宣布独立，推杨尽诚 即杨柏舟、赵德全为正副都督。十六日，广西谘议局宣布独立，推巡抚沈秉堃为都督。秉堃旋去，陆荣廷代之。十七日，镇江新军推林述庆为都督。十八日，福州新军及革党起义。清总督松寿自杀，将军朴寿，初宣言与全城汉民同尽，及是伏诛。众推孙道仁为都督。安徽谘议局宣布独立，推巡抚朱家宝为都督。家宝旋走，众推孙毓筠代之。时苏、镇虽复，而清总督张人骏、将军铁良、提督张勋，尚负固南京。是日，新军统制徐绍桢起义，攻之，以军火不继，十九日，退据镇江。是日，广东谘议局宣布独立，举巡抚张鸣歧为都督。鸣歧旋去，众举胡汉民、陈炯明为正副都督继之。二十三日，清江独立，推蒋雁行为都督。四川自川汉路事起，民军屡攻省城，不克，乃先收外县。十月二日，重庆独立，推张培爵为司令。七日，成都反正，举蒲殿俊为都督。十八日，改举尹昌衡，罗伦副之。赵尔丰以十一月三日被杀，端方死于资州。甘肃、西宁、固原、巩昌先后起义。十一月十八日，新军三标一营起义,复兰州。新疆于十九日独立。驻泊镇江、九江各军舰,于九月二十二、二十五两日反正。其馀各舰也先后来归,海军尽为民军所有。惟直隶滦州军队,于十一月初,发电赞成共和,为清兵所解散。山东巡抚孙宝琦,于九月二十三日,徇众意宣布独立。十月四日,又取消。河南军队,于十月初谋起义,事泄,司令张钟瑞被杀。王天纵起义,仅据宜阳、永宁。奉天于九月二十三日立保安会,推总督赵尔巽为会长,谘议局议长吴景濂副之。民党蓝天蔚等谋举事,未就,吉、黑两省,亦未宣布独立。

　　清廷闻武昌之变,即命军谘府、陆军部派陆军两镇,萨镇冰率海军,程允和以长江水师赴鄂。命荫昌督师。八月二十一日。初,光绪二十一年,袁世凯接统胡燏棻所编武定军十营,加募足七千人,驻于天津之新丰镇,其地又名小站。是为袁世凯练兵之始。戊戌政变后直督荣禄入京,朝命世凯护理。旋擢山东巡抚,辛丑和议定后,任直督。世凯在直督任内,练新兵凡成六镇。光绪二十九年,设练兵处,世凯为会办大臣。光绪三十二年,练兵处裁,除第二、第四两镇仍归世凯督练外,其一、三、五、六镇,改归陆军部直辖,称近畿陆军,以凤山为督练大臣。明年,世凯入军机。载沣摄政,以足疾罢世凯,世凯退居彰德。武昌民军既起,近畿兵两镇南下。二十三日,起世凯为湖广总督。命赴鄂,海陆军及长江水师,并受节制。九月初六日,命荫昌:袁世凯到后,即行回京。以冯国璋统第一军,段祺瑞统第二军,并受世凯节制。九月五日罢盛宣怀。九日,下罪己诏。开党禁。以宪法交资政院协赞。十一日,罢奕劻等,以袁世凯为内阁总理。十三日,宣布十九信条。其第八条曰:"总理大臣,由国会公举,皇帝任命。"十九条曰:"国会未开以前,资政院适用之。"于是载沣辞摄政之职。十八日,资政院举世凯为内阁总理。二十三日就职。阁员:外交梁敦彦、胡维德,民政赵秉钧、乌珍,度支严修、陈锦涛,陆军王士珍、田文烈,海军萨镇冰、谭学衡,学部唐景崇、杨度,法部沈家本、梁启超,邮传唐绍仪、梁如浩,农工商张謇、熙彦,理藩达寿、荣勋。敦彦、修、锦涛、士珍、镇冰、启超、绍仪、謇皆未就职。

　　清兵以九月七日陷汉口。焚市街,火三日不灭。民军以黄兴为总司令,守汉阳。十月七日,清兵又陷汉阳。民军守武昌。十二日,苏、杭、沪、镇联军复南京,张勋等走徐州。先是武昌民军,与汉口清军以英领事介绍，于初十日起，停战三日。三日期满后，又续停三日。十五日，袁世凯电汉口清军：停战期满后，再续十五日。派唐绍仪为代表，与黎都督或其他代表人讨论大局。民军以伍廷芳为代表。先议定，北于山、陕，南于四川，皆不增加兵力与军火。陆钟琦之死，清以吴禄贞为山西巡抚。禄贞屯兵石家庄，与山西民军妥协，而以民军就抚闻。又以前敌北军焚汉口市街，扣留其军火。九月十七日，盗杀禄贞。清以张锡銮抚山西。锡銮使曹锟、卢永祥陷娘子关。民军自太原退驻平阳。清又袭击潼关民军，欲使河南、甘肃夹攻陕西。乃定以十月十九至十一月五日，为停战期间。以汉口为议和地点。旋以伍廷芳在上海任外交代表，不能到汉，改以上海为议和地点。于二十八日开议。后又展停战之期七日。议定开国民会议，解决国体。以每一省为一处，内外蒙古为一处，前后藏为一处。每处各选代表三人，每人一票，若某处到会代表不及三人者，仍有投三票之权。到会代表有四分之三，即可开议。

辛亥十一月十三日，为阳历一九一二年一月一日。先三日，十七省代表，举孙文为临时大总统。于是通电全国，改用阳历；即以是日为中华民国元年元月元日民军起义之初，文告称黄帝纪元四千六百有九年，孙文即于是日就职。

于是唐绍仪以交涉失败，电北京辞职。袁世凯电伍廷芳，谓："唐代表权限所在，只以切实讨论为范围。兹会议各条约，均未与本大臣商明，遽行签字，其中实有碍难实行各节，嗣后应商事件，即由本大臣与贵代表直接电商。"廷芳覆电：不认签定各约，因代表辞职而有变动。且云往返电商不便，请清内阁总理，亲至上海面商。于是和议停顿。民国元年一月十六日，清开御前会议。袁世凯赴会，中途，为黄士鹏、张先培、杨禹昌等所狙击，不中。时亲贵中反对共和最力者，为军谘使良弼。二十六日，彭家珍掷炸弹击杀之。段祺瑞复合北方将士四十七人、兵士十四万人，电请改建共和。且云将率队入京，为各亲贵剖陈利害。隆裕太后乃以决定大计之权，授之内阁总理。于是由袁世凯与民国议定优待满、蒙、回、藏暨清室条件，而清帝于二月十二日退位焉。

第三十一章
民国以来之政局

清帝退位,袁世凯表示赞成共和。于是孙文辞职,推荐袁世凯于参议院。参议院即举袁为临时大总统,派员迎其南下。袁藉口北京兵变,改在北京就职。袁世凯就职后,参议院修改《临时政府组织大纲》为《临时约法》,根据之以召集国会。明年四月八日,国会开会于北京。袁氏嗣有野心,于是有赣宁之役,民党失败。国会乃有先举总统,后定宪法之议。是年十月六日,袁世凯威逼国会,选己为正式大总统。袁旋解散国民党,取消国民党党员议员资格。国会因之不足法定人数。袁遂下令停止议员职务,而召集约法会议,将《临时约法》加以修正。

四年八月,袁党发起筹安会于京师。通电各省,以从学理上研究政体为名。旋以所谓国民代表大会决定改变国体,并推戴袁世凯为皇帝。十二月二十五日,护国军起于云南。明年三月,袁氏取消帝制。南方迫令袁氏退位,以副总统黎元洪为大总统。旋袁氏忧愤愧悔而死。黎氏入京继任。护国之役,告一段落。

而国会以对德宣战之事,与政府龃龉。黎元洪以命令免国务总理段祺瑞职。各省督军宣言与中央脱离关系,并在天津组织总参谋处。黎氏召安徽督军张勋入京,张勋要求黎解散国会而后入。六年,七月一日,张勋以溥仪复辟。段祺瑞起兵马厂。讨平之。黎元洪宣言不与政治,由副总统冯国璋入京代理。

当国会解散时,两广宣言:不受非法内阁干涉。冯氏入京后,有人主张民国业已中断,可仿先年之例,召集临时参议院。于是海军第一舰队南下。两广、云、贵,在孙文指导下同时宣言护法,要求恢复《临时约法》和国会。南北因此致起战端。这一年八月,国会议员开非常会议于广州。议决《军政府组织大纲》，举孙文为大元帅。旋改设总裁七人，以政务员各部总长组织政务院，赞襄总裁会议，行使行政权。举孙文等为总裁。北方则召集参议院，修改《国会组织法》、《两院选举法》，据以召集新国会。举徐世昌为总统。徐以七年十月十日就职。下令停战。南北各派代表，在上海议和，至八年五月而决裂。

孙文被举为总裁后，未遑正式就职。九年，驻漳、泉的粤军回粤。政务总裁，有宣言取消自主的。孙文等在上海，通电否认。旋回粤，再开政务会议。十年，两院联合会开会于广州，议决《政府组织大纲》，举孙文为大总统，于是年五月五日就职。

北方当九年四五月间，有皖、直之战。十一年四五月间，又有直、奉之战。六月二日，徐世昌辞职。黎元洪入京，补足任期。取消六年解散国会之令。八月国会开会于北京。十二年六月，北京军警围总统府索饷。黎元洪走天津。十月，国会贿选曹锟为大总统。十三年九月，江、浙、直、奉俱起战争。十一月，曹锟辞职，段祺瑞入京，为临时执政。

孙文就总统职后，派兵平定广西，即在桂林筹备北伐。十一年，大本营移设韶关。因陈炯明以粤军叛变，再走上海。这一年十二月，在广东的滇桂军攻粤军，粤军退据东江。明年二月，孙文再还广州，履行大元帅职权，主持南方政府。段祺瑞任执政后，邀请孙文北上，商议国是。十四年三月十二日，中国国民革命之领袖孙中山先生卒于北京。

先是孙文于民国三年组织中华革命党。宣扬三民主义，唤醒国人。九年，改为中国国民党。及回广州后，又将国民党改组共产党有愿加入的，听其以个人名义介入。十三年，始开第一次全国代表大会于广州。组织党治下的国民政府。又立军官学校于黄埔，以为革命武力的基本。孙文逝世后，国民革命军进平东江，统一广东。北方复有战事，段祺瑞去职。十五年一月，二次代表大会议决出师北伐，以蒋中正为北伐军总司令。七月十五日誓师，连克武汉、江西，别一军自福建入浙江，两军同克南京。国民政府迁都于此。这时候。北方山西、陕、甘等省，亦均加入国民革命。十七年，国民政府分四军继续北伐，东三省亦接受三民主义，赞成革命。全国遂告统一。

第三十二章

民国以来之外交

　　讲起民国以来的外交，却是很惊心动魄的。从清末，美人提议开放门户，保全领土，而均势之局渐成。其后日、俄在东北，英在西南，各肆侵略，而均势之局，又渐破坏。民国以来，还是继续着这种趋势。蒙古活佛于清末被诱，竟在库伦宣布独立。西藏的达赖喇嘛亦同时叛变。清廷革其封号，派兵进讨。达赖遂出走印度。民国成立，俄人引诱蒙古，许代它抗中国，不置官，不驻兵，不殖民，而和蒙古订立《商务专条》，攫取广大的权利。我国再三交涉，到底承认了外蒙的自治权，并承认《俄蒙商务专条》，而俄人仅给我一个宗主权的空名。英人亦和俄人取同样态度，代外藏要求自治权。而所谓内外藏，又没有明确的界限。我国拒绝签约，迄今遂成悬案。

　　欧战起后，各国都无暇东顾。日本的势力，因此大为伸张。民国三年八月，藉口与英同盟，攻击青岛。十一月，陷之。其攻击青岛，从龙口上陆。又轶出范围之外，占据胶济铁路。事后又延不撤兵。我国要求撤退，日人反向我提出五号二十一条的要求。其后略加修改，竟于五年四月七日，以最后通牒致我，逼我承认。

　　六年三月十四日，我国因德国宣布无限制潜艇战争，和他绝交。八月四日，又进而与德宣战。日人暗中和英、俄、法、意交涉，许其继承德国在山东的权利，他才承认中国参战。旋我国要求日人撤退在山东所设之民政署。日人又要挟我国公使，许其合办胶济铁路，承认济顺、高徐两路借款，并于覆文中附以"欣然同意"字样。后来巴黎和会，我国要求青岛由德人直接交还，毕竟以此失败。

　　七年二月，俄国革命，和德国讲和。德、奥俘虏，在俄国大为得势。反对新俄的捷克军，为其所制。协约各国，因有共同出兵西伯利

· 123 ·

亚之议。日人遂与我订《海陆军事协定》，订明得由北满进兵。北满因此大受扰累。后来俄国渐渐统一。各国的兵，从九年一月以后，都陆续撤退。而日兵直至十一年十月，始行撤尽。当俄国内乱时，蒙人大受其兵匪的蹂躏。因此请愿中央，自愿取消自治。这是八年十一月间的事。俄旧党失败后，败将谢米诺夫匿迹大连，遣其馀党攻陷库伦。中国兵未能进剿。十年七月，为新俄兵所克。外蒙自此又入俄人的势力范围。十三年五月，活佛死后，竟连政治的组织都改变了。

当巴黎和会开会时，我国曾提出多种提案，希望国际上平等的待遇。和会说非其权限所及，未允置议。十年，美国因远东问题，邀集各国，在华盛顿会议。我国又提出多案，其结果有具体办法的很少。美国提出四大原则，通过，仍是维持均势的原意。山东问题，我国在巴黎和会失败后，舆论主张提交国际联盟。日人则要求直接交涉。至此，乃由英、美调停，在会外谈判。我开胶澳为商埠，胶济铁路由我于五年至十五年之间赎还。而日人将青岛交还。

清末的四国借款，本有引进外资，牵制日、俄的意思。民国成立，四国银行团知道撇开日、俄，终难妥洽，请其加入，到底承认它所要求"借款以不妨碍满、蒙的利益为前提"的条件。后来美国退出，六国又变为五国。承受善后大借款二千五百万镑，以关盐两税作抵。因此，在北京设立盐务署，其下设稽核所，会办协理，必用外人。欧战起后，银团无款可借。

第二篇　中国近世史

第一章

论中国近世史的性质

转变,伟大的转变!

世界上的民族国家为什么会有盛衰兴亡之事?

人必有其所处之境,与其所处之境适宜则兴盛,不适宜则衰亡,这是很容易明白的。然则人与环境,为什么有适宜不适宜之分呢?我们知道:动物适应环境的力量,是很小的,它所谓适应,无非是改变自己,以求与所处之境相合,如此,则非待诸遗传上的改变不可,这是何等艰难的事!人则不然,不但能改变自己,还能改变环境,使与自己适合。所以人类不但能适应环境,还能控制环境。人类控制环境的行为,为之文化。人类,很难说有无文化的,即在最古的时代,亦是如此。人类的进化,纯粹是文化进化。我们现在的社会,和汉唐时代,已经大不相同了,而我们的身体,则和地底下掘出来的几十万年以前的人,并无不同欧洲考古学家证明古埃及人的体格和现代并无不同。不论如何野蛮社会里的人,倘使移而置之文明社会之中,都可以全学会文明社会中人之所能,而无愧色,就是一个确切的证据。所以民族国家的盛衰兴亡,全是判之于其文化的优劣。

文化为什么会有优劣呢?文化本是控制环境的工具,不同的环境,自然需要不同的控制方法,就会造成不同的文化。文化既经造成以后,就又成为人们最亲切的环境,人们在不同的文化中进化,其结果,自然更其差异了。文化是无所谓优劣的,各种不同的文化,各适宜于对付各种不同的环境。但是环境不能无变迁,而人们控制环境的方法,却变迁得没有这么快。人们控制环境的方法,为什么变迁得不会有环境这么快呢?那是由于(一)大多数人,总只会蹈常习故。审察环境的变迁,而知道控制的方法,不可不随之而变迁的,总只有少数人。

（二）而我们现在社会的组织，没有能划出一部分人，且拣出一部分最适宜的人来，使之研究环境变迁的情形，制定人类控制的方法，而大家遵而行之，而只是蹈常习故古希腊人有一种理想，以为君主宜以最大的哲学家为之，中国古代亦系如此。《公羊》隐公元年《何注》，说"元年春王正月公即位"之义道："《春秋》以元之气，正天之端，以天之端，正王之政，以王之政，正诸侯之即位，以诸侯之即位，正境内之治。诸侯不上奉王之政，则不得即位，故先言正月而后言即位，政不由王出，则不得为政，故先言王而后言正月也。王者不承天以制号令则无法，故先言春而后言王，天不深正其元，则不能成其化，故先言元而后言春，五者同日并见，相须成体，乃天人之大本，万物之所系，不可不察也。"此谓王者应根据最高的原理，制为定法，以治天下，其说原无误缪。但在小国寡民之世，事务简单，庸或能事事措置妥帖。在广土众民之世，就断无法悉知悉见了，悉知尚且不能，何况加以研究，而制定适当的处置方法？所以古人希望有一个圣人出来，对于一切事情，无不明白，因而能指示众人以适当处置的方法，事实上是不可能的。但一人之智不及此，合众人而共同研究，则不能谓其智不及此，我们的误缪，在于（一）迷信世界上有一个万古不变之道，此道昔人业已发现，我们只要遵而行之，遂不复从事于研究。（二）处事之时，亦不肯注重于研究。即或迫于事势，不得不加以研究，而研究的人数，既苦于不足，其人选又不适宜。所以社会科学的道理，迄今多黯然不明。现代科学的研究，不合理想的地方还很多，因其规模比较大，研究的人数比较多，人选亦比较适宜，其成绩就非前此所可同日而语了。所以治世的方法，并非不可发现的，不过人们现在的所为，不足以语于此。于是环境变迁了，人还是茫然不觉。（三）虽然没有能够推出一部分人来，使之从事于研究环境的情形，以定众人行为的方针，然事实上总有处于领导地位的人。这种人，往往头脑顽固，而且其利益，往往和大众及全体冲突，以全体的利益论，在某时代，适宜于改行新制度制度二字，旧时多就政治方面言，此处所用，兼该社会的规则。所谓环境，实有两方面：一为自然，一即社会，可谓人类的自身。制度即人类所以控制自己的。而这种人的私利，都是借旧制度为护持的。因为和其私利冲突，新制度，即适宜于控制环境的方法，往往为此等人所反对。甚至知识为利欲所蔽，连此等新制度的适宜，他也不知道了，而真以旧制度为适宜，遂至尽力以反对新制度，保存旧制度。因为此等人，在社会上是有力分子，人们要改变控制环境的方法，就成为非常艰难的事，因为先要对付反对改变的人。如此，人们改变控制环境的方法，就往往要成为革命行为，这是何等艰难的事！

　　文化的兴起，本是所以应付自然的。在最初的一刹那间，所谓环境，其中本只包含自然的成分此就理论上言。但是到文化兴起以后，文化就成为环境中的一个因素了。而且较诸自然的因素，更为重要。因为自然的变迁，是缓慢的。在短期内，不会使人们有大变其控制方法的必要。人为的因素则不然。其变迁往往甚剧，迫令人们非改变其方法不可。能改变则更臻兴盛，不能改变则日就衰亡，大概都是这种因素。文化是有传播性质的，即甲社会控制环境的方法，可以为乙社会所仿效，乙社会之方法，可为甲社会所仿效亦然。此其相互之间，较优的社会，往往欣然愿意指导较劣的社会，而较劣的社会，亦恒欣然乐于接受。此等现象的由来，我们除掉说：人是生而有仁智之心的，别无解释的方法。人心之不可改变，等于人体之不可改变心理是根于生理的，其实二者原系一事。要使人不爱人，人不求善，正和不许人直立而使之倒悬一样的难。如此，世界上各地方各种不同的文化，就应当迅速地互相传播，各地方很快地风同道一；而全人类的文化，也因之日进无疆了。然而不能不为前述的原因所阻碍。因此，各民族国家的文化，就不能无适宜与不适宜之分，因而生出盛衰兴亡之事。

　　当盛衰兴亡，迫于眉睫，非大改变其文化，不能控制环境，以谋兴盛而避衰亡之时，其能否改变，改变之速度，能否与环境的变迁相应所谓能否改变，其实就是速度能否相应的问题。若不为环境所迫而至于衰亡，时间尽着延长，是没有什么民族，能断言其不会改变的，仍看其本来文化的高低。

　　因为自然的环境，不会急变，急变的总是人造出来的环境。所以一个民族，一个国家，环境的剧变，恒在与一个向不交通的区域交通之时。这所谓交通，非普通所谓往来之义。世界上无论如何隔绝的区域，和别一区域直接或间接的往来，怕总是有的，但是此等偶尔的往来，并不能使该区域中的文化，发生需要改变的情形，便非我在此地所说的交通。我在此地所说的交通，乃指因两造的往来，使其中的两造或一造，所处的环境，为之改变，达于非改变控制方法不可的程度而言。不达于此程度，虽日日往来，亦不相干。准此以谈，则中国的文化，可以划分为三大时期，即：

1. 中国文化独立发展时期。
2. 中国文化受印度影响时期。
3. 中国文化受欧洲影响时期。

　　第一时期的界限，截至新室灭亡以前，寻常都以秦的统一，为古今的大界，其实这是表面上的事情。若从根本上讲，则社会组织的关系，实远较政治组织为大。中国在古代，本有一种部族公产的组织，其部族的内部，及其相互之间，都极为安和，此种文化，因交通范围的扩大，各部族的互相合并而破坏了。但其和亲康乐的情形，永为后世所追慕，而想要恢复它，因为昔人不明于社会组织的原理，所走的是一条错误的路，因此，自东周至前汉之末，此种运动，垂六七百年此不过约略之辞，实际上，此等运动，或更早于此，亦未可知。不过在西周以前，史料缺乏，无可征信罢了，而终于无成。自新室的革命失败以后，我们遂认现社会的组织是天经地义而不可变。不以为社会的组织，能影响于人心，反以为人心的观念，实造成社会的组织，遂专向人的观念上去求改良。在这种情形之下，印度的哲学思想，是颇为精深的；其宗教感情，亦极浓厚；适合我们此时的脾胃，遂先后输入，与中国固有的哲学宗教，合同而化，而成为中国的所谓佛教。发达到后来，离现实太远了，于是有宋朝的理学，欲起而矫其弊。然其第一时期以观念为根本，第二时期承认现社会的组织为天经地义，还是一样的。所以理学代佛学，在社会上，并不起什么变化。近几百年来，欧洲人因为生产的方法改变了，使经济的情形大为改变。其结果，连社会的组织，亦受其影响，而引起大改革的动机。其影响亦及于中国。中国在受印度影响的时代，因其影响专于学术思想方面，和民族国家的盛衰兴亡，没有什么直接的紧迫的关系。到现在，就大不相同了。交通是无法可以阻止的，最小的部族为什么要进为统一的大国，统一以后，为什么还要与域外之国相往来，都是受这一个原理的支配。既和异国异族相交通，决没有法子使环境不改变，环境既改变，非改变控制的方法，断无以求兴盛而避衰亡。所以在所谓近世期中，我们实有改变其文化的必要。而我国在受着此新影响之后，亦时时在改变之中，迄于今而犹未已。

　　转变，伟大的转变！

第二章
入近世期以前中国的情形

要讲中国的近世史，必先知道入近世期以前中国的情形，现在从政治社会两方面，说其大略。

中国的政治，是取放任主义的。从前的政治家，有一句老话，说"治天下不如安天下，安天下不如与天下安"。只这一句话，便表明了中国政治的消极性。中国的政治，为什么取这种消极主义呢？原来政治总是随阶级而兴起的。既有阶级，彼此的利害，决不能相同。中国政治上的治者阶级，是什么呢？在封建时代，为世袭的贵族。封建既废，则代之以官僚。所谓官僚，是合（一）官。（二）士，即官的预备军。（三）辅助官的人，又分为（甲）幕友，（乙）吏胥，（丙）差役。（四）与官相结托的人，亦分为（子）绅士，（丑）豪民，此等人，其利害都和被治者相反，都是要剥削被治者以自利的。固然，官僚阶级中，未尝无好人，视被治阶级的利害，即为自己的利害。然而总只是少数。这是因为生物学上的公例，好的和坏的，都是反常的现象，只有中庸是常态。中庸之人，是不会以他人之利为己利，亦不会以他人之害为己害的，总是以自己的利益为本位。社会的组织，使其利害与某一部分共同，他就是个利他者。使其利害和某一部分人相对立，就不免要损人以自利了。所以官僚阶级，决不能废督责督责二字，为先秦时代法家所用的术语。其义与现在所谓监察有些相似，似乎还要积极些。然中国地大人众，政治上的等级，不得不多，等级多则监督难。任办何事，官僚阶级都可借此机会，以剥民而自利。既监督之不胜其监督，倒不如少办事，不办事，来得稳妥些。在中国历史上，行放任政策，总还可以苟安，行干涉政策，就不免弊余于利，就是为此。因此，造成了中国政治的消极性。

试看政治上的制度：中国是世界上最大的大国，皇帝的尊严，可谓并时无二，然其与臣下的隔绝亦特甚现在世界上，固有版图更大于中国的国家，然合最古和最大两条件言之，则中国实为世界第一。康有为《欧洲十一国游记》曾说：中国人所见外国有君主，往往臆想，以为亦和中国的皇帝一样，其实全不是这么一回事，欧洲小国的君主，时常步行出宫，人民见之，脱帽鞠躬，他亦含笑答礼，较之中国州县官，出有仪卫的，还觉得平易近人得多呢。中国君主的尊严，乃由其地大人众，而政治上的等级，不得不多，等级多，则不得不隔绝，隔绝得厉害，自然觉得其尊严了。再加历史上的制度和事实，都是向这一方面进行的。所以历时愈久，尊严愈甚，而其隔绝亦愈甚。秦汉时的宰相，是有相当的权力，而地位亦颇尊严的。然自武帝以后，其权已渐移于尚书。曹魏以后，又移于中书。刘宋以后，又参以门下。至唐代，遂以此三省长官为相职，而中书门下，尤为机要。后来两省长官，不复除人，但就他官加一同平章事等名目，即为宰相。其事务，则合议于政事堂。政事堂初在门下省，后移于中书省。宋元之世，遂以中书省为相职。中书门下等官，其初起，虽是天子的私人，至此其权力又渐大，地位又渐尊了。明世，乃又废之而代以殿阁学士，清代，内阁之权，又渐移于军机处。总而言之，政治上正式的机关，其权恒日削，而皇帝的秘书和清客一类的人，其权恒日张内阁至清代，已成为政治上正式的机关。军机处则不过是一个差事，和末年的练兵处、学务处一样。外官：秦汉时的县，实为古代的一国，此乃自然发达而成的一个政治单位五等之封，在经学上，今古文立说不同。今文之说，见于《孟子·万章下篇》和《礼记·王制》，大国百里，次国七十里，小国五十里，此乃自然的趋势所发达而成的政治单位。《汉书·百官公卿表》说：汉承秦制，县大率方百里，即是将此等政治区域，改建而成的。古文之说，见《周官·职方氏》，公之地方五百里，侯、伯、子、男，递减百里，乃根据东周以来的事实立说的。如《孟子·告子下篇》说：今鲁，方百里者五，就是《周官》所说的公国了。此等国中，实包含许多政治单位，而其自身并非一个政治单位。更大的国，如晋、楚、齐、秦等，就更不必说了。大率方百里为一政治单位，实从春秋以后，直到现在，未曾有根本变更。因为县这一个区域，从来没变动过。郡本是设在边陲之地，以御外侮的。与县各自独立，不相统属，后来大约因其兵备充足，县须仰赖其保护，乃使之隶属于郡。然仍只是边陲之地战国时，楚之巫、黔中，燕之上谷、渔阳、右北平、辽西、辽东，赵之云中、雁门、代郡等，均在沿边之地。秦始皇灭六国，因其民未心服，觉得到处有用兵力镇压的必要，乃分天下为三十六郡，而以郡统县，始成为普遍的制度。此时距封建之世近，郡守的威权，又怕其太大，乃设监御史，汉朝则遣刺史监察之。汉朝的刺史，一年一任，没有一定的驻所；其人的资格和官位，都远较太守为低。所察以诏书所列举的六条为限，不外乎太守的（一）失职，（二）滥用威权，（三）依附豪强，其他概非所问。真是一个纯粹的监察官。唐宋以后的监司官，就不能如此了。然即使把它算做行政官，也还只有三级。至元代，乃又于其上设一中书行省。明虽废之而改设布政、按察两司，其区域则仍元行省之旧。至清代，督抚又成为常设的官，而布政司的参政、参议，分守各道，按察使的副使、佥事、分巡各道的，又渐失其原来的性质，而俨若在司府之间，自成一级。于是合（一）督抚，（二）司，（三）道，（四）府，直隶州厅，（五）县、散州厅秦并天下，立郡县二级之制。汉时刺史，本非行政官。每一刺史，所分察的区域，政治上并无名称，当时言语，则称之为州。后来改刺史为州牧，即沿用其称谓。州字至此，始成为行政区划之名。东晋以后，疆域缩小，而侨置的州郡日多。州之疆域，寖至与郡无异，隋时乃并为一级。自此州郡二字，异名实同，实系秦汉时的所谓郡。其监司官所管的区域，则唐称为道，宋称为路。元时于路之上又置行中书省。明虽废省设监司，其区域则仍元之旧，其名称遂亦相沿不变。府之称，唐时唯长安、洛阳为然。后梁州以为德宗所巡幸，亦升为兴元府。宋代大州多升为府。于是秦汉时所谓郡的一级，或称为府，或称为州。此为明代府与直隶州并立的由来。其直隶厅，则系清代同知、通判，另有驻地，而直隶于布政司者之称。又元时因省冗官，令知州兼理附郭县事，明初遂并县入州，所以凡直隶州都无附郭县，其不领县的，称为散州，就与县无异了。散厅则是同知、通判有驻地而仍属于府的。总之，近代的地方制度，颇为错杂不整，几乎成为五级了。等级愈多，则下级受压制愈甚，而不能有所作为。上级的威权愈大，而驯致尾大不掉，清中叶以后，此等弊害，是十分显著的。县既是古代的一国，县令即等于国君，是不能直接办事的，只能指挥监督其下。真正周详纤悉的民政，是要靠乡镇以下的自治机关举行的。此等机关，实即周时比长、闾胥、族师、党正、州长、乡大夫等职；汉世的三老、啬夫、游徼，尚有相当的权力，而位置亦颇高。魏晋以后，自治废弛，此等乡职，非为官吏所诛求压迫，等于厮役，即为土豪劣绅所盘踞，借以虐民，民政乃无不废弛。总而言之，中国政治上的制度，是务集威权于一人，但求其便于统驭，而事务因之废弛，则置诸不问，这是历代政治进化一贯的趋势，所以愈到后世，治官的官愈多，治民的官愈少，这是怪不得什么一个人的。政治的进化，自有一个隐然的趋势，在前领导着，在这趋势未变以前，是没有法子违逆它的。即使有一两个人，要硬把它拗转来，亦不旋踵而即复其旧，甚而至于加甚其程度。

　　因为政治上有这但求防弊的趋势，就造成了一种官僚的习气。官僚政治的情态是（一）不办事，（二）但求免于督责，（三）督责所不及，便要作弊。不办事的方法，是（甲）推诿，（乙）延宕。推诿是干脆不办。延宕是姑且缓办，希冀其事或者自行消灭，或可留给别人办。官场的办事，所以迟缓，就是为此。但求免于督责，则最好用俗话所谓"说官话"的手段。表面上丝毫无可指摘，实际上却全不是这么一回事。官场的办事，所以有名无实，即由于此。作弊乃所以求自利，求自利，是一切阶级本来的性质，与其阶级同生，亦必随其阶级而后能同灭的。官僚既成为一阶级，自亦不能违此公例。所以官僚阶级的营私舞弊，侵削国与民以自利，是只能随监督力量的强弱，而深浅其程度的，性质则不能改变，这是古今中外所同然的做事的但求卸责，及监督不及，便要作弊，外国的官僚政治，亦和中国相同，但其官制受过资本主义的洗礼，组织要灵活些，监督也要严密些，所以作弊要难些，办事也要敏捷些，然其本质则无异。

　　以上所说的是立法，至于用人，则向来视为拔取人才之途的，是学校与科举。学校在官办的情形下，自然不会认真。倒不如科举，还有一日之短长可凭。科举遂成积重之势，流俗看重它，朝廷亦特优其出身。然科举则所学非所用。从前的科举，取中之后，是要给他官做的。实在是一种文官考试，然其所考的，则唐朝为诗赋和帖经、墨义，宋朝则废帖经而改墨义为大义帖经、墨义之式，见于《文献通考·选举考》。帖经是责人默写经文，墨义则责人背诵注语，和现在学校中旧式考试，专重记忆的一般。此乃受当时治学方法的影响。因为当时人的治经，本是以记忆为贵的。都是和做官无干的，自宋以前，诗赋及经义，迄分为两科，元以后复合为 元明时首场试四书、五经义，次场试古赋、诏、诰、表等，均系辞章性质。清朝虽去之，将四书五经义于头二场分试，然头场试诗一首，仍须懂得辞章。其事实非普通人所能为。明清以来，遂专注重于几篇四书义，而其余都不过敷衍了事。而四书义的格式，又经明太祖和刘基制定，是要代圣贤立言的。因此，遂生出不许用后世事的条件明清两代，科场所试的经义，体制相同。以其本为明太祖所制定，所以称为制义，又称为制艺，其体制颇为特别。中国的对偶文字，是句与句相对，此则段与段相对。其严整的格式：除起处先以两句总括题旨，谓之破题；又以数语续加申说，谓之承题，再以一段总括题义，谓之起讲外，以下的文字，须分作八段。第一段与第二段，第三段与第四段，第五段与第六段，第七段与第八段相对。除起讲之后，有数单语，谓之入手；每两段之后，可以有数单语，谓之出落；结笔又可用数单语，谓之落下外，其余都须两两相对。后来虽有变通，大体相去总不甚远。此种文体，本已特别，非专门学习不可。后来出题目的，又务求其难，如其所谓虚小题。虚题，有专取两个虚字，以为题目的。如以《孟子·告子下篇》："必先苦其心志。劳其筋骨，饿其体肤，空乏其身，行拂乱其所为"之必先二字为题。小题中的截上，将上文截去；截下则将下文截去；截搭则上一句系截上，下一句系截下，此等题目，本非连上下文不可解，而文字的表面上，却不许涉及上下文，谓之犯上，犯下。截搭题则做六股，前两股说上句，其中须隐藏下句的意义，或硬嵌入其字面，谓之钓。后二股做下句，对于上句亦然，谓之挽。中间两股，则从上句说到下句，谓之渡。大题有出至十余章的，根本不是一句话，而文中不许各章分说，硬要想出一个法子来，把它联成一片，谓之串做。诸如此类，都是非法之法，单明白事理的人，不会就懂得的，所以非专门学习不可。此等非法之法，是很多的。以上所举，不过大略。所以学之颇费时间。天资中等的人，就可以穷老尽气了。以上所说的，系属后来的流弊。其（一）段与段相对，（二）不准自己说话，而要代书中的人立言，则初立法时已然，此二者可谓八股文的特色，为此种文体所由成，即此已与普通事理不合，非专门学习，不会懂得了。应科举的人，本来是不讲学问，只求会做应试文字的。应试文字，当其立法之初，虽亦想借此以觇所试的人的学识，然其结果，往往另成为一种文字。无学识的人，经过一定的学习，亦可以写得出来，有学识的人，没有学习，亦觉无从下手，应举文字至此，遂全与学识无干。而况加以这一种限制，使其更便于空疏呢？近世学子之所以一物不知，和科举制度，不能不说有很大的关系。人的气质，是多少和其所从事的职业，有些关系的。唐朝的进士试诗赋，其性质多近于浮华。明清的科举重四书义，四书注则采用朱注，所以其士子的性质，多近于迂腐。空疏则不知官吏的职责，迂腐则成为改革的阻力。清朝后来所以政治上绝无可用之才，而所谓绅士，多成为顽固守旧之魁，即由于此。但此等人，究竟还有些方正的性质，总还有所不为，虽不懂得世务，还有些空泛的忠君爱民、顾惜名节等观念。又大开其实官捐，出了钱的人，都可以买官做。于是官场的流品益杂，其人的道德观念和智识程度，又在科举中人之下。而仕途的拥挤，又逼着他无所不为，官方之坏，就不可收拾了。就一般国民之中，拔擢出一部分人来，算他有做官的资格，谓之取士。就已有做官资格的人，授之以官缺，谓之铨选。铨选有两法：一种是畀用人之人以选择之权的是为注重衡鉴。一种则专守成法，不许以意出入，是为注意资格。以人批评人，固然很难得当，较之全不问其好坏，总要好些。所以就理论言，注重衡鉴之法，实较专凭资格为合理。但这是以操铨选之权者大公无私为限。若其不然，则势必衡鉴其名，徇私舞弊其实，还不如资格用人，可以较为安静了。从注重衡鉴，变为专守资格，亦是从前政治进化自然的趋势。政治主义不变，是无法可以遏止的。但在非常之时，亦必有非常之法，以济其穷。清朝却始终没有，一切又是循资按格。所以始终不能擢用有才有志的人，以振作士气，鼓舞民心，涛升至大僚的人，大都年已六七十，衰迟不振，惟利是图。这是清朝的政治所以绝无生气的原因。

在朝的政治，既无生气，所希望的，就是在野的人。在野的人，就是所谓士。不在其位的士大夫，都慷慨喜言政治，有时亦可影响于朝局。而且在野的人，喜谈政治，则留心政治的人必多，其中自多可用之才。苟得严明的君主以用之，自易有振敝起衰之望党祸的根源，就政治上言之，实由上无严明之主，历代的党祸，其中的首领，也总有几个公忠体国的人，但大多数附和的人，则均系为名为利。加以惩治，适足使其名愈高，名高而利即随之，彼正私心得计，所以党争必不可以力胜。只要有严明的政治，持之以久，而不为其所摇动，久则是非自见，彼将无所借以鼓动群众，其技即将穷而自止，而党祸也就消灭了。清朝承明代党争之后，防止立社结党甚严。又清以异族入主中原，对于汉人，较之前朝，猜忌尤甚。所以士大夫都不敢谈政治，而萃其心力于辞章考据。清儒的学问，亦自有其特色，然就政治方面论，则大都是无用的。又承宋明理学盛极而衰之会，只致力于博闻而不讲究做人的道理。所以其人的立身行己，多无足观。既无以自足于内，则必将浮慕乎外，而嗜利却不重名节，遂成为士大夫阶级一般的风气。

凡百政事，总是有了钱，才能够举办的。所以财政实为庶政的命脉。要想积极地整顿政治，理财之法，是不能不讲的。中国的政治，既是放任主义，所以其财政亦极窳敝。全国最重要的赋税是地丁。地即田税，丁乃身税，本指力役而言。责民应役，其弊甚多，乃改为折纳钱而免其役。而所谓折纳钱者，又不是真向应役的人征收，而是将全县丁额，设法摊派于有田之家，谓之丁随粮行。名为丁税，其实还是田税。清朝所谓编审，就是将丁税之额，设法改派一番，和清查户口，了不相干。所以各县丁税，略有定额，并不会随人口而增加。清圣祖明知其然，乃于康熙五十一年（1712）下诏：令后此滋生人丁，永不加赋。新生人丁，概不出赋，而旧有丁赋之额，仍要维持，就不得不将丁银摊入地粮了。至此，地丁两税，乃正式合并为一。所以昔时租税的基本部分，全为农民所负担，其伸缩之力极小。财政困难时，加赋往往召乱。但不加赋，又无以应付事情，这亦是从前政治难于措置的一端。

国家最重要的职务，是维持国内的秩序，抵御外来的侵略。为达到这两项目的起见，于是乎有兵刑。中国从前的情势，在承平时代，是无所谓兵的，所谓兵，只是有一种人名为兵而吃饷，其实并无战斗力。这是由于承平时代，并无对立的外敌，亦无必须预防的内乱。处此情形之下，当兵的人，和带兵的人，自然不会预期着要打仗，而军政就因之腐败了。兵可百年不用，不可一日无备，私天下的人，何尝不想维持强大的军队，以保守一己的产业？然有强兵而无目标，其兵锋往往会转而内向，这亦是私天下者之所惧，因此不敢十分加以整顿。而且在政治腐败之时，亦不知道要整顿，即使想整顿，亦复不能整顿。所以在历史上，往往内乱猝起，外患猝至，国家竟无一兵可用。要经过相当时间，新的可用的军队，才能从一面打仗，一面训练中，发生成长起来。这亦是为政情所规定，而无可如何的。

至于刑法，则向来维持秩序的，是习惯而非法律。换言之，即是社会制裁，而非法律制裁。其所由然：（一）因政治取放任主义而软弱无力。（二）因疆域广大，各地方风俗不同，实不能实行同一的法律。于是法律之为用微，而习惯之为用广。（三）因社会上的恶势力，并没有能够根本铲除。如家法处置等事，到现在还有存留于社会的。（四）因官僚阶级中人，以剥削平民为衣食饭碗，诉讼事件，正是一个剥削的好机会。此项弊窦，既为官僚阶级的本质，则虽良吏亦无如之何。不得已，乃惟有劝民息讼。以国家所设的官，本以听讼为职的，而至于劝民息讼，细想起来，真堪失笑。然在事实上，却亦不得不然。五口通商以后，西人借口于我国司法的黑暗，而推行其领事裁判权，固不免心存侵略，然在我，亦不能说是没有召侮的原因。

中国的人民，百分之八十是农民，农民的知识，大概是从经验得来的。其种植的方法，颇有足称。但各地方的情形，亦不一律，如李兆洛做《凤台县志》，说当地的人，一人种田16亩，穷苦异常。有一个人，唤作郑念祖，雇一兖州人种园。两亩大面积，要雇一个人帮忙。所用的肥料，要2000个铜钱。而凤台本地人，却种10亩地，只用1000个铜钱的肥料。其结果，兖州人所种园地，大获其利，而凤台当地人，则往往不够本。于此，可见凤台人耕作之法，远不如兖州。李兆洛是常州人。常州是江南之地，江南的耕作法，是号称全国最精的，李氏因而主张，雇江南的农师，到凤台去教耕，兼教之以各种副业。他说：如此，一人16亩之地，必可温饱而有余。举此一例，可见各地方的农民，其智识的高低，并不一律。这是因地利之不同，历史之有异如遭兵荒而技术因之退步等，所以其情形如此。但以大体论，中国的农民是困苦的。这因（一）水利的不修，森林的滥伐，时而不免于天灾。（二）因田主及高利贷的剥削，商人的操纵。（三）沃土的人口，易于增加。所种的田，因分析而面积变小。所以农民的生活，大多数在困苦之中。设遇天灾人祸，即遭流离死亡之惨，抑或成为乱源。工业：大抵是手工。有极精巧的，然真正全国闻名的工业品并不多。即使有，其销场实亦仍限于一区域中。流行全国的，数实有限如湖笔、徽墨，其实并未推行全国，各处都有制造笔墨的人。此因制造的规模不大，产量不多，又运输费贵，受购买力的限制之故。普通用品，大抵各有行销的区域。工人无甚智识,一切都照老样子做,所以改良进步颇迟;而各地方的出品,形式亦不一律。商人在闭关时代,可谓最活跃的阶级,这因为社会的经济,既进于分工合作,即非交换不能生存。而生产者要找消费者,消费者要找生产者极难,商人居其间,却尽可找有利的条件买进,又可尽找有利的条件卖出。他买进的条件,是只要生产者肯忍痛卖。卖出的条件,是只要消费者能勉力买,所以他给与生产者的,在原则上,只有最低限度。取诸消费者的,在原则上,却达于最高限度。又且他们手中,握有较多的流动资本。所以商人与非商人的交易,商人总是处于有利地位的。在他们之中,专以流通资本为业的,是钱庄和票号,亦占有相当势力。当铺则是专与贫民做交易的,这可说是放债者的组织。中国的商业,虽有相当的发达,但受交通及货币、度量衡等制度,发达不甚完美的影响,所以国内商业,还饶有发展的余地。商人经营的天才,亦有足称。但欲以之与现代资本雄厚、组织精密的外国商人为敌,自然是不够的。加以他们(一)向来是习于国内商业的,对于国外商业的经营,不甚习熟。(二)资本又不够雄厚。(三)外国机器制品输入,在中国饶有展拓之地,即居间亦有厚利可图。所以海通以来,遂发达而成为买办阶级。

农工商三种人,都是直接生利的,士则否。士人:(一)最得意的,自然做官去了。(二)次之则游幕,亦是与官相辅而行的。(三)因做官的人,生活宽裕,往往可以支持数代,又读书,从前算做高尚的职业,所以农工商中,生活宽裕的;以及无一定职业,而生活宽裕的,抑或以读书为业。此等读书人,纯粹成为有闲阶级。(四)大多数无产的,则以教馆为生,握有全国文字教育之权。从前的读书人,知识大体是浅陋的。这因(一)中国人的读书,一部分系受科举制度的奖励。(二)又一部分,则因实际应用的需要,如写信、记账等。志在科举而读书的,自然专以应举为目的。从前人读书,所以人手即读四书,即因考试专重四书文之故。读到相当程度,即教以作应举之文,应举之文,如前述,是可以穷老尽气的。教者既除此之外,一无所知,学者的天资,在中等以下的,自亦限于此而不能自拔。所以一部分生计较裕,愿望较大的人,读了书,往往成为浅陋顽固之士。至于其读书,系为识得几个字,以便应用的,则教之之人,亦更为浅陋。

大抵乡间的蒙馆，做老师的人，亦多数是不通科举之学的，他们本亦只能教人识几个字，记记账。此等识字之书，编成韵语，使人且识字且诵读的如《急就篇》等是。但在近代，此等书久未编纂，于是改而教人识方字。既已认识方字，此等编成韵语的书本可不读，因为方字便是其代用品。然此等闾里书师四字见《汉书·艺文志》，可见现在村馆蒙师，历代都有，是只知道相沿的事实，而不知其原理的，既识方字之后，乃教之以《三字经》、《千字文》、《百家姓》、《千家诗》等。再进一步，就惟有仍教之以四书了，其结果，于此等人的生活，全不适切，应用的技能，亦所得有限。士人向来自以为有领导的责任，特别是理学昌明时代，因为理学家以天下为己任，而他们所谓治天下，并不是专做政治上的事情，改良社会，在他们看得是很要紧的。他们在乡里之间，往往能提倡兴修水利，举办社仓等公益事业。又或能改良冠婚丧祭之礼，行之于家，以为民模范。做官的，亦多能留意于此等教养之政。他们所提倡的，为非为是，姑置勿论，要之不是与社会绝缘的。入清代以后，理学衰落，全国高才的人，集中其心力的是考据。考据之学，是与社会无关系的。次之，则有少数真通古典主义文学的人，其为数较多的，则有略知文字，会做几篇文章，几首诗，写几个字，画几笔画的人。其和社会无关系，亦与科举之士相等。总而言之，近代的读书人，是不甚留意于政治和社会的事务的，所以海通以来，处从古未有的变局，而其反应的力量并不大，若在宋明之世，士子慷慨好言天下事之时，则处士横议，早已风起云涌了。

士子而外，还有一种不事生产的人，此等人，在乡里则称为无赖，称为地痞，称为棍徒；出外则称为江湖上人。即现在上海所谓白相人，亦即古代所谓豪杰、恶少年等。此等人大抵不事生产，其生活却较一般平民为优裕。其进款的来源，则全靠其一种结合，因而成为一种势力。于是（一）或者遇事生风，向人敲诈。（二）则做犯法的事，如贩卖私盐等。（三）或且为盗为贼。此等人和吏役大抵有勾结，吏役又有些怕他，所以在政治上，很难尽法惩治。在秩序安定之时，不过是一种游食之人，在秩序不安定之时，即可起而为乱，小之则盘踞山泽，大之则就要攻劫州县，成为叛徒了。历代的乱事，其扩大，往往由于多数农民的加入，其初起，往往是由此等人发动的。中国的平民是无组织的，此等人却有组织，所以英雄豪杰，有志举事的，亦往往想利用他们。尤其是在异族入据之世，但此等人的组织，根本是为解决自己的生活问题的。其组织虽亦有相当的精严，乃所谓盗亦有道。盗虽有道，其道究只可以为盗，真要靠他举行革命事业是不够的。

一般的风气，家族主义颇为发达。人类在较早的时代，其团结大概是依据血统的。当这时代，治理之权，和相生相养之道，都由血缘团体来担负，是为氏族时代。后来交通渐广，交易日繁，一团体的自给自足，不如广大的分工合作来得有利，于是氏族破坏，家族代兴。中国的家族，大体以"一夫上父母下妻子"为范围，较诸西洋的小家庭，多出上父母一代，间有超过于此的，如兄弟几房同居等，其为数实不多，此等组织，观念论者多以为其原因在伦理上，说中国人的团结，胜于欧美人。其实不然，其原因仍在经济上。（一）因有些财产，不能分析，如兄弟数人，有一所大屋子，因而不能分居。（二）而其最重要的原因，则小家庭中，人口太少，在经济上不足自立。譬如一夫一妻，有一个害了病，一个要看护他，其余事情就都没人做了。若在较大的家庭中，则多少可借些旁人的力，须知在平民的家庭中，老年的父母，亦不是坐食的，多少帮着照顾孩子，做些轻易的事情。（三）慕累世同居等美名以为伦理上的美谈，因而不肯分析的，容或有之，怕究居少数，但亦未必能持久。凡人总有一件尽力经营的事情，对于它总是十分爱护的。中国人从前对于国家的关系，本不甚密切，社会虽互相联结，然自分配变为交易，明明互相倚赖之事，必以互相剥削之道行之，于是除财产共同的团体以内的人，大率处于半敌对的地位。个人所恃以为保障的，只有家族，普通人的精力，自然聚集于此了。因此，家族自私之情，亦特别发达。（一）为要保持血统的纯洁，则排斥螟蛉子，重视妇女的贞操。（二）为要维持家族，使之不绝，则人人以无后为大戚。因而奖励早婚，奖励多丁，致经济上的负担加重，教养都不能达到相当的程度。（三）公益事情，有一部分亦以家族为范围，如族内的义田、义学等是。（四）因此而有害于更大的公益。如官吏的贪污，社会上经手公共事业的人的不清白，均系剥削广大的社会，以利其家族。（五）一部分人，被家族主义所吞噬，失其独立，而人格不能发展。尤其是妇女，如说女子无才便是德，因而不施以教育，反加以抑压锢蔽之类。总而言之，家族制度和资本制度，是现代社会的两根支柱，把这两根支柱拉倒了，而代以他种支柱，社会的情形就大变了。

乡土观念亦是习惯所重的。（一）因交通不便，各地方的风俗，不能齐一，尤其言语不能尽通。（二）而家族主义，亦本来重视乡土的。因为家族的根据，总在一定的地方，而习俗重视坟墓，尤属难于迁移之故。因此离开本乡，辄有凄凉之念，虽在外数十年，立有事业，仍抱着"树高千丈，叶落归根"的思想，总想要归老故乡，而尸棺在千里之外，亦要运归埋葬。此于远适异域，建立功业，从事拓殖，颇有些阻碍。羁旅之人，遇见同乡，亦觉得特别亲近，只看各地会馆的林立，便可知道，此于国族的大团结，亦颇有妨碍。后来旅外的华侨，虽在异国，仍因乡贯分帮，即其一证。

中国人是现实主义的，不甚迷信宗教。其故：因自汉以后，儒教盛行，儒教的宗旨，系将已往的时代，分为三阶段。（一）在部族公产之世，社会内部，绝无矛盾，对外亦无争斗，谓之大同。（二）及封建时代，此等美妙的文化，业经过去了，然大同时代的规制，仍有存留。社会内部的矛盾，还不甚深刻，是为小康。大同小康之名，见于《礼记·礼运》。（三）其第三个时期，没有提及，我们只得借《春秋》中的名词，称之为乱世了。《春秋》二百四十二年，分为三世：（一）据乱而作，（二）进于升平，（三）再进于太平，明是要把世运逆挽至小康，再挽之大同的。太平大同的意义，后世已无人能解，小康之义，儒书传者较详，后人都奉为治化的极则其实儒家的高义，并不止此。其说法，还是注重于社会组织的。想把事务件件处置得妥帖，使人养生送死无憾。儒教盛行，大家所希望的，都在现世，都可以人力致之。所以别种宗教，所希望的未来世界，或别一世界，靠他力致之的，在中国不能甚占势力。虽然如此，人对现世的觖望，总是不能无有的，于是有道佛二教，以弥补其空隙。（一）儒教的善恶报应，是限于现世的，延长之则及于子孙，这往往没有应验，不能使求报的人满足。佛教乃延长其时间而说轮回，另辟一空间而说净土，使人不致失望。（二）高深的哲学，在中国是不甚发达的，佛教则极为发达，可以满足一部分人的求知欲。（三）其随时随地，各有一神以临之，或则系属善性，而可以使人祈求；或则系属恶性，而可以使人畏怖。则自古以来，此等迷信的对象本甚多，即后来亦有因事而发生的，都并入于道教之中，前者如各地方的土地山川之神；后者如后世货币用弘，则发生财神；天痘传染，则发生痘神等是。中国宗教发达至此，已完全具足，所以再有新宗教输入，便不易盛行。

以上所说，系就通常情形立论。若在社会秩序特别不安定之时，亦有借宗教以资煽惑的，则其宗教，迷信的色彩，必较浓厚，而其性质，亦不如平时的宗教的平和，历代丧乱时所谓邪教者都是。

以上是中国政治和社会的轮廓。总而言之：

（一）当时中国的政治，是消极性的，在闭关时代，可以苟安，以应付近世列国并立的局面则不足。

（二）当时中国的人民和政府的关系该说是对立的，社会的规则都靠相沿的习惯维持。但到真有外族侵入时，人民就能奋起而与国家一致了。

（三）中国社会的风俗习惯，都是中国社会的生活情形所规定的，入近世期以后，生活情形变，风俗习惯亦不得不变。但中国疆域广大，各地方的生活，所受新的影响不一致，所以其变的迟速，亦不能一致，而积习既深，变起来自然也有相当的困难。

第三章

中西的初期交涉

第一节　近代西人的东来及中西交通

　　旧世界之地，文明的中心点，共有三处：（一）为亚洲东部的中国。（二）为亚洲南部的印度。（三）在亚欧非三洲之交，即所谓西洋文明。印度人在历史上，未曾充分发挥过政治上的势力，所以讲历史的人，大抵把它分做东洋西洋两部。东西洋的文明，中以亚洲中部的高原为之间隔不甚读史的人，往往误以欧亚二洲为东西洋的界限，其实不然，水本不足为交通的障碍。乌拉尔岭虽长而低，高加索虽高而短，亦不足以为交通的障碍的。所以为历史上东西洋文化的间隔的，实在是亚洲中央的高原。自亚洲的东方到欧洲，有三条路：（一）为北道，经西伯利亚逾乌拉尔岭入欧俄，其地太觉荒凉，从古无甚往来。（二）为中道，自蒙古经天山北路，历咸海、里海地带至欧洲，亦是常受侵掠的路。（三）为南道，自天山南路逾葱岭入西亚，则系文明发达之地。但其地太艰险，所以交通不能大盛，所以其相通，必于海而不于陆。中国和欧洲的交通，是自古就有的，但其互相灌输，不过是枝节的技术问题罗盘针、印刷术、火药等，至近世虽能令社会文明焕然改观，然在当时，实不过如此，未能使社会焕然改观。社会向外发展之力，既尚不大，亦未能使东西两洋发生亲密的关系。所以历史上的中欧交通，握其枢纽的，实在多是印度、阿拉伯及其他西亚诸国人。中国人到欧洲，欧洲人到中国的，究竟不多。这种情形，在未入近世史之前，始终没有改变。中欧的大通既不于陆而于海，则起着先鞭的，必然是长于航海的人。以地理形势论，必属于欧洲而不属于亚洲的东部欧洲海岸线最长，内地的每一关，距海岸皆较

· 143 ·

近。且其文明发达，自古即在地中海沿岸，其国家的富厚繁荣，实与海有甚深的关系。与中国以陆为中心，视海路的发展无甚关系的，大不相同。这是自然形势所支配，无足为异的。

近世欧人的东来，起于 15 世纪，即明朝的中叶。其时君士坦丁为土耳其所据事在公元 1453 年，即明景帝景泰四年，欧人出波斯湾东航之路绝。其自亚历山大里亚溯尼罗河入红海的路，则因中经沙漠，颇觉不便，欧人乃想别觅新路。其首先崛起的，当推葡萄牙，公元 1486 年，即明宪宗成化二十二年，通过好望角。1498 年，即明孝宗弘治十一年，达到印度，又占领锡兰、马六甲、爪哇诸岛屿诸岛屿中，马六甲最称重要。1511 年，即明武宗正德六年，葡人取之，建为重要的军商港。至 1641 年，即明思宗崇祯十四年，乃为荷兰人所夺。西班牙人继之，其所遣的哥伦布 Colombo 即以 1493 年，即明孝宗弘治六年发现美洲。麦哲伦 Ferdinand Magellan 又以 1519 年，即明武宗正德十四年环绕地球航行麦哲伦本葡萄牙军官，以不满葡人待遇，改投西班牙。1519 年，即明武宗正德十四年，以五舟西航南美。明年，越麦哲伦海峡入太平洋，又明年，至菲律宾，以助土酋作战而死。五舟逐渐损失，仅余一舟，以 1522 年，即明世宗嘉靖元年西归。西班牙于是征服墨西哥、秘鲁，东占菲律宾群岛，时在 1565 年，即明世宗嘉靖四十四年。菲律宾群岛距西班牙颇远。好望角航路，既为葡萄牙所据，航行麦哲伦海峡，则太觉回远，所以其与本国的关系颇疏，然中国商船，聚集其地的颇多。至葡萄牙都城里斯本，则在欧洲，为东洋货物聚集之地。1581 年，即明神宗万历九年，荷兰叛西班牙，时西班牙王兼王葡萄牙，乃禁止荷人出入里斯本。1599 年，即明神宗万历二十七年，英人自设东印度公司，越二年 1602 年，即万历三十年，荷人继之，葡萄牙航业遂渐为荷人所夺荷人立巴达维亚，事在 1619 年，即明神宗万历四十七年。英国在印度，亦逐渐得势。而中国与欧洲各国的交通，亦于是乎开始。

中国和西洋的交通，由来甚早，历代西方的估客，梯山航海而来的不少。近世欧人东来，自然犹以敌意遇之。然（一）历代东西交通，所贩卖的，大概是珍奇之品，不见可欲，使心不乱，见之自然适得其反。而且交广之地，天高皇帝远，肆意诛求，究难发觉。所以通商地方，或专司通商事务的官吏，特别容易贪污。（二）商人惟利是图，自更无所不至。主人畏客，乃五口通商以后的特别的情形。客子畏人，则千古一辙。在外商无力争持，中国官吏，不能秉公判断的情形下，中国商人，自然要极其力之所能至，以榨取外商。（三）班超对任尚说，能来西域的吏士，必非孝子顺孙，何况远越重洋的冒险家？此辈从其一方面说，自然是个英雄，从其又一方面说，究竟是怎样一种人，却很难下个断语。怀抱大志的首领如此，何况其余附随的人呢？当时各商船的水手等，甚有类于海盗的行为。因此，很足以引起大多数对通商没有利害关系的人民的反感。（四）中国历代不甚奖励人民向海上发展。因为海上的情形，不甚熟悉，对于海盗不易犁庭扫穴。遂觉其较诸陆上的盗贼，可怕得多。明朝承倭寇之后，此等恐怖心尤甚。又加当时的欧洲人，船炮的坚利，已非中国所及《明史·外国传》：和兰"舟长三十丈，广六丈，厚二尺余，树五桅，后为三层楼。旁设小窗，置铜炮；桅下置二丈巨铁炮，发之，可洞裂石城，震数十里，世所称红夷炮，即其制也"。所以对于他尤为畏恶，积此四端，遂酿成近世中西交通之始，一种隔阂的情形。

唐宋以降，中国在沿海各口岸，多设有市舶司，明朝在广州亦然。外国商船来的，本来停泊在今中山县南虎跳门外的浪白洋中，就船交易。武宗正德年间（1506—1521），移于高州的电白。世宗嘉靖十四年（1535），又移于现在的澳门见《明史·外国佛郎机传》，称为壕镜。后来诸国商人，率多离去，惟葡萄牙于穆宗隆庆年间（1567—1572），按年纳银500两，租地造屋。自此葡人在中国，遂独在陆上得有根据地。英人以思宗崇祯十年（1637）来澳门，为葡人所阻。自谒中国官吏求通商。至虎门，又遭炮击。英人还击，毁其炮台，旋复送还俘掠，中国亦许其通商。然其时已迫明末，未几，广东军事起，英人商务遂绝。荷兰于明熹宗天启四年（1624），据台湾、澎湖，至清世祖顺治十七年（1660），为郑成功所夺，清朝曾约荷兰夹击台湾，所以许其每隔八年，到广东来通商一次，船数以四只为限。

清初因防郑氏，海禁甚严，然通商本系两利之事，所以台湾平后，海禁即开当时广东海禁虽弛，福建人仍禁出海，清世宗雍正五年（1927），闽督高其倬奏：福建地狭人稠，宜广开其谋生之路，如能许其入海，则富者为船主、商人，贫者为舵工、水手，一船所养，几及百人云云，廷议许之。

福建出海之禁始解，观此即知通商之利。康熙二十四年（1685），在澳门、漳州、宁波、云台山设立海关。二十七年（1688），又于舟山设定海县，将宁波海关移设其地。外商以习惯，仍趋重于广东。时税制既不整饬，官吏又私收规礼，卖买则为特设的行商所专。行商入行时，取费颇重，有至二三十万两的，其事业既系专利，并不靠才能经营，所以其人率多骄奢淫逸，亏累之后，则取偿于外商，税收规礼之数，既由其决定，出入口的货价，亦由其专断，外商多恶其垄断。而中国官吏，把收税和管束外人之事，都交托他，所以行商不能取消，外商无可控诉，乃改趋浙江。高宗乾隆二十二年（1757），因虎门、黄埔，在在设有官兵，较之宁波可扬帆直至者不同，又命明年驱归粤海。时英商务业已盛大，乃于乾隆五十七年（1792），遣马甘尼 George Macartney 前来，要求改良通商章程所要求的为在北京设使，开放宁波、天津，于舟山及广州附近，给与居住之地，并减轻税项等。时值高宗八旬万寿，清人指其为祝寿而来，锡以筵宴礼物，给其国王敕谕两道，于其所请求之事，一概驳斥不准。乾隆末年，东南海盗大起，至嘉庆时尤甚。其时拿破仑方图独霸欧陆，发布《大陆条例》以困英。葡萄牙人不听，为法所破。英人怕其侵入东洋，要派兵代葡国保守澳门，乃以保护中英葡三国贸易，助中国剿办海盗为词，向中国陈请。中国听了，自然觉得诧异，严词拒绝。嘉庆十三年（1808），英人以兵船闯入澳门，并派兵300人登岸。时粤督为吴熊光，巡抚为孙玉庭，遣洋行挟大班往谕东印度公司的代理人，中国称为大班。英人不听熊光命，禁其贸易，断其接济。英人遂闯入虎门，声言索还茶价和商欠。仁宗谕吴熊光：严饬英人退兵，抗延即行剿办。熊光知兵力不足恃，始终不肯决裂。乃以退兵为先决条件，许其贸易而去。仁宗怒其畏葸，把熊光、玉庭都革职，代以百龄和韩崶，管理外人愈严。二十一年（1816），再遣阿姆哈司 Amhenrst 来聘，仁宗遣使往迎，其人挟之，一昼夜自通州驰至圆明园，国书衣装都落后，明日，仁宗御殿召见。英人不得已，以疾辞。仁宗疑其傲慢，大怒，命将其押赴广东，旋知咎在迎迓的人，乃命粤督加以慰谕，酌收贡品，仍赐英王敕谕，赏以礼物。然英人所要求，则一概无从说起了。总而言之，当时通商之局，积弊甚深，而中外之间，隔碍殊甚。断非寻常交涉，所能加以调整。道光季年兵祸，业已隐伏于此时了。

第二节　近代基督教的输入

通商的交涉，隔阂如此，而传教一事，尤为引起纠纷之端。中国历代，外教输入的不少，就是基督教，当唐朝及元朝，亦曾两度输入，然皆无甚影响。到近代，其情形乃大不相同。此由其（一）则挟科学以俱来，（二）则有国力为后盾。以国力为后盾，乃是五口通商以后的事，自此以前，仍系纯粹的宗教事件。

首先到中国来传布基督教的，是旧派中的耶稣会，中国人称为天主教。耶稣会以1552年，即明世宗嘉靖三十一年成立。著名的教士利玛窦 Matteo，以1580年，即明神宗万历八年到澳门，久居广东的肇庆，至1598年，即万历二十六年，乃至南京，结交士大夫，旋入北京，朝见神宗。1600年，即万历二十八年，神宗赐以住宅，并许其在北京建造天主堂。当时徐光启、李之藻等，佩服其科学，因亦相信其宗教。而南京礼部侍郎沈漼、给事中徐如珂等攻之，神宗初不听。万历三十八年（1610），利玛窦死，攻击者愈烈，四十四年（1616），其教卒被禁。教士都勒归澳门。是年，清太祖叛明，四十六年（1618），召其人制造枪炮，教禁亦解。时历法疏舛，而深通天文的汤若望 Adam Schaal 来华。思宗崇祯二年（1629），徐光启荐其在历局服务。十四年（1641），新历成，未及行而明亡。清人入关以后，汤若望上书自陈，诏将其历颁行，定名为时宪书。汤若望和南怀仁 Ferdinand Verbiest 并任职钦天监。此时的天主教，虽亦有人信其教理，然得以推行顺利的，实在还是靠科学之力。

宗教是富有排外性的，虽然借科学为辅助，得以传播，究竟免不了一番剧烈攻击。当时攻击西教最力的，是习回回历法的杨光先。但光先所攻击的，并不是其历法。据他所著的《不得已书》，他所怀疑的，是教士不婚不宦，不远万里而来，疑其必别有所图。他说：制器精者，其军械亦精。任其出入无禁，各省的山川形势，兵马钱粮，无一不为所深悉，异日必成中国的大患。所以他主张宁可中国无好历法，不可使中国有西洋人。此等主张，在今日看起来，似乎可笑。然在当时，实是应有的疑忌，并不足以为怪的。清圣祖康熙三年（1664），他的攻击得胜了。汤若望等均遭罢斥。即以光先为钦天监监正。光先自陈：知历理而不知历法，再三辞谢，当局者不听。反对西教的人说：这是当局者有意陷害他的。到六年（1667），到底因推闰失实，获罪遣戍，不久就死在路上。反对西教的人，又疑其为教中人所谋杀。此等推测之辞，固难据为信史，然亦可见教中人和教外人隔阂之深了。

杨光先既得罪，南怀仁再为监正。清圣祖是个爱好学问的人，对于科学，亦颇有兴趣，生平任用西教士尤多。然其文集中，论及西洋各国，亦说千百年后，中国必受其累。后来同治年间，倭仁上书谏诤，引用此语，谓圣祖的用其法而实恶其人，这不能算是倭仁的曲解，可见圣祖的用意，实与杨光先相去无几，不过不取激烈的措置罢了。此可见西教与中国人之间隔阂仍在，仅因技术上的需要而见缓和。一旦教理上的争辩发生，自然终不免决裂了。

利玛窦等的传教，不禁教徒拜天，亦不禁教徒拜祖宗，拜孔子。他说：中国人的拜天，乃敬其为万物之本。拜祖宗，系出于孝爱之诚。拜孔子，则敬仰其人格。并非崇拜偶像。其人皆习华语，通华文，饮食起居，亦都改照华人的样子。所以中国人对他，不生异教畏恶之感。然他派的教士，颇有不以为然的，讦之于教皇。1704年康熙四十三年，教皇派多罗 Tonrmou 到中国来禁止。圣祖与之辩论，多罗不服，圣祖大怒，将其押赴澳门，交葡萄牙人看管，多罗忧愤而死 1454 年，即明景帝景泰五年，教皇命葡萄牙王保护到中国传教的教士。嗣后教士东来的，必得葡王的允许，虽非葡国人亦然。1683 年，即清圣祖康熙二十二年，法人始自设教会于巴黎。明年，遂派教士东来。西班牙的教士，则先以 1630 年，即明思宗崇祯三年到中国，后来向教皇攻击利玛窦一派教士的，就是西班牙人。法国教士也附和他，多罗被派到中国来时，知道和中国人交涉无益，乃自请为总教，希冀教士听他的话，然仍无益。圣祖把多罗送到澳门，命葡人监视，葡人因其为教皇所派，又以主教自居，和他的保护权有妨碍，所以拘禁之甚严。1713 年康熙五十二年教皇解散耶稣会。1718 年康熙五十七年又命处不听的教士以破门之罚。于是教士不复能顺从中国的习俗，隔阂愈深了。先一年康熙五十六年，1717 碣石镇总兵陈昂奏天主教在各省开堂聚众，广州城内外尤多，恐滋事端，请依旧例严禁，许之。世宗雍正元年（1723）闽浙总督满保，请除送京效力人员外，概行安置澳门。各省天主堂，一律改为公廨明年，两广总督孙毓珣，因澳门地窄难容，奏请容其暂居广州城内之天主堂，而禁其出外行走。许之，亦见听许。自此至五口通商以后，教禁解除之前，天主教遂变为秘密传布的宗教。

著《中西纪事》的夏燮于教禁解除以后，服官赣省。先是高安县有育婴会，由教中人胡姓掌管，诸生吴姓将女送入会中，长成后赎取。会例：女婴赎回，须立约，载明仍由教士做主，指配信教之家。胡姓欲以女配己族中信教之人，吴姓欲自行择配，遂至涉讼。其时夏氏奉委办理教案。教士托其代求大府，迅饬瑞州府审结。夏氏诘以收养之女，定要指配教内人，江省安得有此从教相当的男女？又岂能以从教之故，令其远适异域？教士笑道："江省何县何乡，无我教中人，君不知邪？"观此，可知所谓教禁的有名无实此节所引《中西纪事》，见《江楚黜教篇》。此篇又谓教禁未解时，抚州城外，有法人，在义冢旁赁屋一区，常以黑夜传教。又谓抚、建、袁、瑞、临、吉等处，亦多似此。吴城东菜园教堂，直至道光时，乃为新建知县所毁。又于望湖楼下改设。咸丰五年（1855），为水师统领彭玉麟所毁。然究不能公然传布，遂起教外人揣测之辞。夏氏引时人的记载，谓佃民有归教者，必先自斧其祖先神主及五祀神位。又谓归教者有疾病，不得如常医药，必其教中人来施针灸，妇人亦裸体受治，死时，主者遣人来敛，尽驱死者血属，无一人在前，方扃门行殓，殓毕，以膏药二纸掩尸目，后裹以红布囊，曰衣胞，纫其顶以入棺。或曰：借殓事以刳死人睛，作炼银药。又谓其能制物为裸妇人，肌肤骸骨、耳目、齿舌、阴窍无一不具。初折叠如衣物，以气吹之，则柔软温暖如美人，可拥以交接如人道，其巧而丧心如此。夏氏亦谓其男女共宿一堂，本师预目其妇人之白晳者，授以药饵，能令有女怀春，雉鸣求牡。又谓近传其有取婴儿脑髓室女红丸之事。道家修炼，其下者流入采补，固邪教所必有。案采补炼金等事，本中国邪教中所谓邪术淫乱之事，秘密的宗教中，亦往往有之，此皆其古时代之留遗古人不知生殖之理，以为"生人之质"，能摄取之，必极补养，所以有采补之术。又以为金之质最坚，倘使构成人身的质料亦和金一般坚，则必能历久不坏，所以方士炼丹的，都很看重黄金。《抱朴子·内篇》中，即充满此等思想。男女禁防之严，乃在家族主义成立之后，然当家族主义初成立时,妇女之专属于某男子,只在平时为然,至公众集会时,则仍回复其得与一切男子,自由交接之旧。宗教上的圣地,总是公众集会之所;宗教上的节日,亦是公众集会之时,所以历史学家,推论卖淫制度的起源,都以为最早的是宗教卖淫。其实这并不是卖淫,不过是原始的两性关系,未曾破坏的罢了。此项习惯,亦遗留甚久。所以所谓邪教中,恒有男女混乱之事,天主教实无其事。然众不可理喻,而秘密的事,亦不能禁人之揣测。天主教秘密传播,既经过相当的时间,自然会造成此等诬罔附会之辞。信之者既众,其说遂牢不可破,成为后来闹教的一个因素了。

第三节　康雍乾时的中俄关系

旧一些的书籍,说起当时所谓洋务来,总把通商传教并举。诚然中西初期的交涉,不外乎这四个字。但俄罗斯却不然,它和中国的交涉,是最初便有政治关系的。

中国历史上,侵掠的北族,大率来自蒙古方面。更北的西伯利亚,因其地太荒凉,不能有甚影响。到近世,欧洲的俄罗斯发达了,转向东方侵略,而西伯利亚之地,遂成为亚洲诸国的一个威胁。这也是历史上的大变局。

俄罗斯的起源,在西洋历史上,亦不甚清楚。据说:他们当唐末,居于今列宁格勒之南,莫斯科之北,北邻瑞典、挪威,有唤做柳利哥的,兄弟三人,始收抚种人,立为部落。柳利哥旧居之地,有遏而罗斯之称,遂以为其部落之名。又说:遏而罗斯是橹声。古时瑞、挪国人,专事钞掠,驾舟四出,柳利哥亦盗魁,故其地有此名据《元史译文证补》。此说系属附会,显而易见。据《唐书·四裔传》:突厥之北,有国名驳马,又称弊剌,又称遏罗支《唐书》谓驳马之称,由其'马色皆驳',当系中国人称之之辞。遏罗支当系其本名。其地北极于海,人貌多似结骨,而语不相通。结骨,又称黠戛斯,即汉时的坚昆,元时的吉利吉思。《唐书》称其牙在青山。青山之东,有水名剑河,剑河即《元史》的谦河,为今叶尼塞上源的华克穆河亦据《元史译文证补》。《唐书》说结骨"人皆长大赤发,皙面,绿瞳",正是高加索人的样子。其北，似即俄旧居之地。此说如确，则俄人本是亚洲部族，移殖欧洲，到近代，才转向亚洲侵略的了。俄罗斯，《元秘史》作斡鲁速。《元史》作阿罗思，亦作斡罗斯。蒙古西征时，为其所征服。属拔都元太祖长子术赤之子。西北诸部，本多其所平定之后统辖。其后拔都后裔分裂。15世纪中，俄人叛蒙古自立。至葡萄牙人通过好望角时，蒙古诸部，几于尽为所灭。此时的吉利吉思人，亦称为可萨克 Kazak，中国旧称为哈萨克，其酋长月马克 yennak 附俄，为之东略。征服鄂毕河城的失必儿 Sibir，献其地于俄国。时在1580年，即明神宗万历八年，其后托波儿斯克、托穆斯克、叶尼塞斯克、雅库次克、鄂霍次克等，次第建立。1639年，即明思宗崇祯十二年，遂达到鄂霍次克海。欧洲人开拓殖民地，从没有如此容易的。1649年，即清世祖顺治六年，俄人建雅克萨城于黑龙江外。1658年，即清顺治十五年，又于其西筑尼布楚城。可萨克的远征队，屡次剽掠黑龙江流域的土人。

清朝的先世，辗转于今依兰、长白之间 依兰旧三姓，长白旧兴京。其地本不过今辽、吉一隅，黑龙江下流，清朝称其地为东海部，实在到太宗时代，才渐次征服的。然清朝对于黑龙江流域的实力，自较俄国为强。特因中原未定，无暇顾及东北，俄国的探险队，遂得乘机侵略。清圣祖康熙九年（1670），尝致书尼布楚守将，请其约束边人，并交还逃酋罕帖木儿什勒喀河外土酋。因俄入侵掠来降，怨清人待遇薄，复奔俄。尼布楚守将许之，然不能实行。1675年，即康熙十四年，俄皇遣使到中国来，议通商划界。圣祖答之以书。又因俄人不通中国文字，未有结果。康熙二十年（1681），三藩既平，圣祖乃决意用兵，命户部尚书伊桑阿赴宁古塔造大船。并筑齐齐哈尔、墨尔根两城。置十驿以通饷。二十四年（1685），命都统彭春以陆军1万、水军5000围雅克萨。俄将奔尼布楚，清兵毁其城而还。俄将途遇援兵，复还其地，筑垒以守。明年，圣祖又命黑龙江将军萨布素，以兵8000围之，未下。先是圣祖因荷兰人致书俄皇，及是，俄皇的复书适到，允许约束边人，划定疆界，请先释雅克萨之围，圣祖亦许之。乃派内大臣索额图等，和俄使费耀多罗会议于尼布楚。时清使从兵甚多，而俄使从兵颇为单薄，会议决裂，势将启衅。俄人知不能与清敌，乃如清人之意以和。议定条约：西以额尔古纳河，东以格尔必齐河以东，以外兴安岭为界，岭南诸川，入黑龙江的，都属中国，岭以北属俄。再毁雅克萨城而还。此时俄人的侵略东方，全是可萨克人所为，俄国国家，因鞭长莫及，不能为其后援，故其势不能与中国敌。划界问题，虽已告一段落，通商问题，尚未解决。康熙三十二年（1693），俄使伊德斯 Ides 来，圣祖许俄商三年一至北京，人数以 200 为限，留住北京的俄罗斯馆，以 80 日为限，而免其税。旋因俄人请派学生，学习中国语言文字，又为之设立俄罗斯教习馆。

内蒙古在明末，即被清人征服。外蒙古喀尔喀部，则到康熙年间，还不过羁縻。康熙二十七年（1688），准噶尔噶尔丹侵喀尔喀，喀尔喀三汗溃走漠南车臣、土谢图、札萨克图三汗。三音诺颜汗本隶札萨克图汗，后来清朝嘉其功，因使独立为一部，喀尔喀自此始为四部，圣祖命科尔沁部假以牧地，为之出兵击破噶尔丹。三十六年（1697），噶尔丹自杀，三汗还治漠北。自经此次战争后，外蒙古全然服属于清。蒙俄疆界，亦即成为中俄疆界问题。雍正五年（1727），两国在恰克图订立条约。自额尔古纳河以西，至齐克达奇兰，以楚库河为界。自此以西，以博木沙奈岭为界，而以乌带河地方，为两国间瓯脱之地。以恰克图、尼布楚为互市之地。高宗乾隆二年（1737），命停止北京互市，专在恰克图，恰克图更形重要了。乾隆二十年（1755），准噶尔为清廷所破，天山北路，全入版图。二十四年（1759），又平天山南路，葱岭西北诸国，朝贡服属的很多，于是中国西北境，亦生与俄国交界的问题，然迄未从事划分。直到咸丰年间，黑龙江外割让以后，才渐次订约。

第四章

鸦片战争和咸丰戊午、庚申之役

第一节　鸦片战争和五口通商

　　鸦片战争是近世史上中西冲突的第一件事，这件事从表面上看来，是因通商上的隔阂深了，借烧烟而爆发的，论其实，则是中西的文化，差异得甚了，自塞而趋于通，不可免的冲突的初步。

　　通商之事，为官与商大利之所在，而普通人民则无利，上章已经说过了，因此，官吏既惧外商与人民冲突，引起事端，又溺于利而不能绝。又是时的西人，颇为强悍，倘使严行拒绝，也是要惹起事端的。而又不懂事，习惯于不办事，不能持平处理外人的事件，乃悉将其责委之于商人。商人则乘机图利，剥削外商，而通商上的隔阂，遂成非有大变动，不能改革之局。

　　英国的对华贸易，本为东印度公司所专。1834年，即清宣宗道光十四年，其专利权才被取消。先是英商和中国的交涉，都由东印度公司的代表人负责，中国谓之大班。公行知公司的专利权将被取消，请于总督：说散商不便制驭，请知照英国，再派大班来粤。英人却派了一个商务监督来，其人为律劳卑 William John Lord Napier，既到中国之后，即入居广州的商馆行商为英商所备居住之处，要求会见总督，总督卢坤以旧无此例，命其在请旨得许之先，住居澳门。律劳卑不肯，卢坤以停止贸易相迫胁。律劳卑不得已，退还澳门，旋因患疟而死。律劳卑东来时，英政府训令其和中国官员交涉，须要和善，勿得惹起中国人民的恶感；英民当守中国的法律，其宗旨还很和平。律劳卑深受刺激，才说和中国交涉，非用武力不可。恶化的形势，渐渐地开始了。律劳卑死后，德庇时 John Francis Davis、罗白生 Sir George Robinson 相继为商务监督，和中国交涉，都很软弱。德庇时时，英商曾联名上书国王，请求改派大员，以武力改良待遇，英政府仍未采用。1836年，即道光十六年，甲必丹·义律 Captain Elliot 代为监督，由行商为之转递禀帖，称其为英国在华最高的长官。明年，总督邓廷桢，奏请许其如大班之例，到省照料，不得逾期逗留。朝议许之。四月，义律始至广州，报告英政府，英政府令其不得再用禀帖。而其时禁烟事起，中国命其禁止商人贩运鸦片，形势颇为严重。义律遂回澳门，建议英政府说：非用武力，不能得平等的待遇。禁烟形势严重，将引起战祸。于是英政府训令东方舰队，保护在华英人的利益。1838年，即道光十八年，英国舰队来粤示威，交涉渐次恶化了。

鸦片输入，远起唐末。然其时系作药用。直至明代，西班牙人将美洲的烟草，移植菲律宾，后遂输入中国。吸食烟草时，有一种将鸦片加入同熬，谓之鸦片烟罂粟之名，初见于《开宝本草》。开宝系宋太祖年号，自西历969至975年。其物一名阿芙蓉。据近人说，即阿拉伯语 Afon 的音译，故知其为大食人所输入。清世宗《雍正朱批谕旨》：七年(1929)，有漳州知府李国治，拿得行户陈远私贩鸦片34斤，拟以军罪。巡抚刘世明亲讯，传药商认验。佥称此系药材，为治痢必须之品，惟加入烟草同熬，始成鸦片烟。刘世明以李国治故入人罪，具本题参。可见当时鸦片尚不能离烟草而单独吸食。后又变为单独吸食，贻害颇巨。雍正时已有禁例。然其时鸦片由葡萄牙人输入，为数并不多，至东印度公司在印度奖励种植，而输入始日增月盛。高宗乾隆末年，粤督奏请禁止。仁宗嘉庆初，又申明禁令。鸦片遂变为无税的货，输入转难制驭。道光时输入达3万箱烟箱之重量不同，以100斤的为多，价约四五百元。国民吸食者日多刘韵珂写给人家的信，说黄岩一邑，白昼无人，竟成鬼市，虽或言之过甚，然吸食者必不少。而中国是时，没有这许多出口货与之相抵，只得输出银两，银是清代用为货币的，官吏征收钱粮，盐商卖盐，所收的都是铜钱，及其解交国库，则都须换成银两。银钱相易，前此都有盈余，此时则不克赔累，影响于财政颇巨。于是严禁之议复起。

私运为大利之所在，能否用快刀斩乱麻的手段，一切禁绝，颇成问题当时鸦片趸船，都停泊外洋，而其行销之畅如故，包买的谓之窑口，传递的谓之快蟹，关汛都受其贿赂，为之包庇。道光六年（1826），粤督李鸿宾专设水师巡缉，巡船所受规银，日且逾万。十三年（1833），卢坤督粤，把它裁掉。至十七年（1837），邓廷桢又行恢复，巡船之受贿如故，而且更立新陋规，每烟1万箱，须另进他们数百箱。不但置诸不问，并有代运进口的。而对外方面，通商上的症结深了，能否一切不顾，专办禁烟，亦成问题作《中西纪事》的夏燮，眼光是很旧的，然而他论禁烟之事，亦说不宜同时断绝通商。且说晁错策七国，削之反速而祸小，不削反迟而祸大，当时情事，适当其反。西人万里而来，不过图利，若使其有利可得，战祸或竟可消弭于无形。可见当时战事，烧烟其名，争通商之利其实，为众所共知。所以当时太常寺少卿许乃济一奏，颇主缓和乃济仍主开禁收税，但只准以货物交易，不许用银，官员、士子、兵丁禁吸，余不问，且许栽种。然积弊须以渐除，固是一理，要用迅雷疾风的手段，加以震慑扫荡，然后爬罗剔抉的工作，乃得继之而进行，亦是一理。林则徐在当时，大约是主张后者的，至于对外的关系，则非当时所知，总以为前此办理的不善，由于官吏的畏葸不负责任。于是严厉的行动，就开始了。

当时朝臣的议论，多数主张激烈，宣宗命疆臣筹议，亦都主张严厉，而湖广总督林则徐，言之尤激。乃派则徐为钦差大臣，赴粤查办。道光十九年，即1839年，则徐到广州，强迫英商交出鸦片20283箱，把它悉数焚毁当时销毁之法，系于海滩筑成二池，前设涵洞，后通水沟，先由沟道引水入池，撒盐其中，次投箱中烟土，再抛石炭煮之，烟炭汤沸，颗粒悉尽，潮退，开放涵洞，随浪入海，然后刷涤池底，不留涓滴。历23日始尽。外人观者，皆叹其公正无私。又布告外商：入口贸易的，要具夹带鸦片，船货充公，人即正法的甘结。别国商人都遵令，惟英商不可。旋又有外国水兵，在九龙尖沙村，杀死中国人林维喜。则徐命英人交出凶犯。义律许悬赏缉凶，抚恤死者家属。则徐不许，下令断绝英人接济，并令葡萄牙人逐出英人，不得留居澳门，英人遂退居船上。时英政府尚未决意用兵，而印度总督，派船二艘来华，义律乃率之入九龙，强买食物而去。是役也，中国兵死者3人，伤者6人。英商因相持久，损失不资，意见分歧，义律乃托葡萄牙人转圜，请删甘结中人即正法一语，余愿照办。则徐仍不许，而命水师提督关天培，以兵船强迫英人交出杀林维喜的凶手，战斗之下，中国兵船多伤，退入虎门。则徐遂下令，停止英人贸易。

时英国政府亦倾向用兵，议会中虽分强硬、缓和两派，毕竟以9票的多数，通过对前此的损害，要求赔偿，后此的安全，要求保障。乃调印度、好望角的兵1.5万，命伯麦Colonel Sir Gordon Bremer统率前来，以乔治·懿律George Elliot为议和专使，甲必丹·义律为副使。共有军舰16艘、大炮540尊、武装汽船4艘、运输船27艘。船皆高大裕谦言英船宽三四五丈，长二三四十丈，厚尺余，较国内兵船及闽广大号商船，均大至倍蓰，炮之射程亦远。中国则尚用旧式的炮和鸟枪，兵士亦乏训练，胜负之数，不待战而可见了。

时英政府以在粤交涉，难得结束，命懿律等北上。伯乃麦先封锁广州。至厦门，递送英政府致中国政府的公函。时朝廷因粤省烟禁严，私销者改而趋闽，调邓廷桢为闽督，厦门兵拒英人。英人遂去，北陷定海。至宁波，再送公函于浙抚乌尔恭额，亦为所拒。乃北至天津，投函于直督琦善。琦善许代奏，宣宗亦谕令羁縻。案此时中国兵力的不足恃，政府亦非不自知，但初不料中外强弱相去如此之远。到英船直抵天津，则情见势绌，无可支吾，政策就不得不变了。后来御史高人鉴奏参琦善，说他夸称英夷之强，断非中国所能敌，若非设法善遇，夷船早已直抵通州。此等语，在当时认为别有用心，自今日观之，则不能不承认其系事实。处此情势之下，试问有何办法？朝旨转变，职此之由，当时论者，多归咎于琦善及军机大臣穆彰阿。又说疆臣怕多事，有造作谣言，以动摇朝意的。即使有之，怕也不是当时政策转变的真原因。其时林则徐已署粤督。旋与邓廷桢俱革职，而命琦善以钦差大臣赴粤。

英政府公函中所要求的共六条：（一）偿货价。（二）开广州、厦门、福州、定海、上海五口通商。（三）中英官交际用平行礼。（四）偿军费。（五）不以英船夹带鸦片，累及岸商。（六）尽裁经手华商浮费。琦善至广州，乔治·懿律患病，甲必丹·义律代之谈判，要求赔偿烟价。琦善许以银300万两。先是英人想在珠江口占一小岛，以为根据地。至是，乃要求割让香港。琦善不敢许。英人遂进兵陷大角、沙角两炮台。琦善不得已，许开广州，割香港，英兵乃退去。宣宗闻之，再主战议，以奕山为靖逆将军，杨芳、隆文为参赞大臣，调湖南、湖北、云、贵、四川之兵进剿，英人闻之，再进兵，陷横挡、虎门炮台,关天培战死。明年二月,杨芳至,芳系当时名将,亦束手无策。五月,奕山、隆文皆至,进攻英船,不克。英人尽陷城外各炮台。广州形势,已落敌手,不得已,乃命广州知府余葆纯缒城出,与英人议和。许于五日内偿英军费600万元,将军率兵退至离城60里之处,英兵乃退出虎门。奕山奏称大捷,英人穷蹙乞抚。但求照旧通商,永不敢再售鸦片。朝廷以为无事了。而英政府得义律与琦善所定草约,嫌其于军费、商欠、行商诸端未有切实办法,英人后此的安全亦无保障,乃撤去义律,代以璞鼎查Henry Pottinger,续调海军前来。七月,陷厦门。八月,再陷定海。葛云飞、王锡朋、郑国鸿三总兵同日战死。英兵登陆陷镇海。提督余步云遁走,江督裕谦,在浙江视师,兵溃自杀,英人遂陷宁波。朝廷以奕经为扬威将军,赴浙进剿。明年,二月至杭州,分兵同时进攻,不克。四月英人陷乍浦,五月撤兵北上,攻吴淞口。两江总督牛鉴亲往督战,因英人炮火猛烈,知不能敌,退走。提督陈化成战死。英人陷宝山、上海。六月入长江,陷镇江,七月逼江宁。于是朝廷知不能再战,而和议起。

当英人初陷定海时,两江总督伊里布奉令赴浙视师。旋琦善接受英国公函,朝旨中变,命事羁縻。伊里布遂与英人定浙江休战之约。后以家人张喜,往来洋船,被参革职当时通知外情者太少,此举实亦不得不然。伊里布起用后,张喜仍参与交涉之事。《中西纪事》言其闻英人索赔款,拂衣而起,则亦非坏人。及奕经进攻不克,浙抚刘韵珂知不能战,奏请起用伊里布。朝命前往浙江军营效力。时耆英以广州将军前往广东,在浙,亦奉旨办理羁縻事宜。至是,乃以二人为全权大臣,与英人议和于江宁。立约凡十三款。其中重要的:(一)割让香港。(二)开广州、厦门、福州、宁波、上海五口通商。英人得携眷居住。英国得派遣领事官驻扎。(三)英商得任意和华人贸易,毋庸拘定额设行商。(四)进出口税,则秉公议定,由部颁发晓示。英商按例纳税后,其货物得由中国商人遍行天下。除照估价则例,酌收若干分外,所过税关,不得加重税则。(五)英国驻在中国的总管大员,与京内外大臣文书往来称照会,属员称申陈,大臣批复称札行。两国属员往来,亦用照会。惟商贾上达官宪仍称禀。(六)偿英军费1200万元,商欠300万元,烟价600万元。限道光二十五年,即1845年交清。英兵驻扎定海、鼓浪屿，俟款项交清，五口开放后撤退。此约大体依照英政府要求。其立意，乃所以破除前此（一）英人在陆上无根据地。（二）通商口岸随意开闭。（三）税则无定。（四）贸易限于行商。（五）官员待遇不平等之局的。是为道光二十二年七月二十四日，即西历1842年8月29日。

中英交战之时，英船尝三犯台湾。第一次在鸡笼，第二次在大安港，都搁浅，中国拘获白夷、红夷、黑夷及汉奸160余人。台湾本属福建，时以隔海，许总兵达洪阿，兵备道姚莹专折奏事。二人奏言俘获的人，解省既不可，久羁亦非计，如夷船大帮猝至，惟有先行正法，以绝后患。报可，于是除英酋颠林等九人，及汉奸黄某、张某等奉旨监禁外，余均正法。及和议成后，订明被禁的英人，及因英事被禁的华人，一律释放。于是颠林等都送厦门省释。英人迫江、浙、闽、粤大吏入奏，说台湾所杀，都是遭风的难夷。诏闽督怡良渡海查办。由达洪阿、姚莹自认冒功，革职了事。当时舆论，很替二人抱不平，说怡良忌其得专折奏事，有意陷害。这也未必其然，当时的情形，非如此如何了结呢？尽杀俘虏，在今日看起来，未免野蛮。当时的心理，则异于是。如裕谦杀英人二名，奏称先将两手大指，连两臂及肩背之皮筋，剥取一条，留作奴才马缰，再行凌迟枭示。自今日观之，何解于野蛮之讥？然裕谦在当日，亦系正人，姚莹写给刘韵珂的信，说镇道天朝大臣，不能与夷对质辱国。诸文武即不以为功，岂可更使获咎，失忠义之心？惟有镇道引咎而已。亦殊有大臣的风度。民族隔阂之深，致有此等变态的心理，此岂可以常理论，亦惟有归诸异文化接触时，应有的现象而已。

当姚莹等捕获英人时，廷寄命其将该国地方，周围几许？所属之国，共有若干？其最为强大，不受该国约束者，共有若干人？英吉利至回疆各部，有无旱路可通？平素有无往来？俄罗斯是否接壤，有无贸易相通？逐层密讯，译取明确供词，切实具奏。林则徐在广州时，奏称震于英吉利之名者，以其船坚炮利而称其强，以其奢靡挥霍而艳其富。不知该夷兵船笨重，吃水深数丈，仅能取胜外洋，至口内则运棹不灵，一遇水浅沙胶，万难转动。是以货船进口，亦必以重资请土人导引，而兵船更不待言矣。从前律劳卑冒昧，一进虎门，旋即惊吓破胆,回澳身死,是其明证。且夷人除枪炮以外,击刺步伐,俱非所娴,而其腿足缠束紧密,屈伸皆所不便,若至岸上,便无能为,是其强非不可制也。又其陛辞时,奏称内地茶叶、大黄,禁不出口,已足制诸夷之命。至广州,又奏茶叶、大黄两项,臣等悉心访察,实为外夷所必需。其隔膜至于如此,岂在短时期中,能有知己知彼之望?中国当承平时,政治是放任的,兵备是废弛的,上章业经述及。当时广东按察使王廷兰写给曾望颜的信,说各处调到的兵,纷扰喧呶,全无纪律,互斗杀人,校场中积尸不知凡几。甚至夷兵抢夺十三行,官兵杂入其中,肩挑背负,千百成群,竟行遁去,点兵册中,从不闻清查一二。又说:林则徐查办烟案,兵怨之,夷怨之,私贩怨之,莠民亦怨之,反恐逆夷不胜,前辙不能复蹈。刘韵珂写给人家的信,亦说除寻常受雇,持刀放火各犯外,其为逆主谋,以及荷戈相从者,何止万人?英兵所至,到处官逃民散,论者称其为入无人之境,而非如入无人之境,社会的情形,积重如此,又岂一日所能转变?然而从五口通商,至今还不满百年,我们的转变,也不可谓之迟了。

第二节　咸丰戊午英法交涉

阴翳蔽天之局,断非片时的微风,所能扫荡,于是鸦片战争之后,事势相激相乘,又演成戊午、庚申之役戊午系咸丰八年,1858年,庚申系咸丰十年,即1860年。

中英和议成后,中国以伊里布为广州将军,以钦差大臣名义,办理广东交涉事宜。道光二十三年(1843),伊里布病死,耆英代为钦差大臣,于是美、法、瑞、挪先后和中国成立通商条约。惟俄国援例要求,仍未获许见第三节。美法之约,都定于道光二十四年(1844)。瑞、挪之约,则定于道光二十七年(1847)。其中美约最早,除领事裁判权外,又规定税例变更,须与领事议允,而关税协定,遂于是乎开始。又规定外商运来货物,如未全销,得运往别口,免征船钞;如系原包、原货,并得免其重税。而外商遂得在我国各口岸间,将货物运载往来。又规定外国兵船,巡查到中国各口的,中国须以礼相待,并许采办食物，汲取淡水，修补损坏；而外国兵舰，遂得出入我国港口。后来长江沿岸开放，并因此扩及内河。法、瑞条约，都模仿美约，咸丰八年（1858）、十年（1860）的英、法条约，除战胜所得权利外，又都以此等条约为蓝本。诸约又都有最惠国条款，得以互相援引，条文即有异同详略，亦无碍于其权利的享受。中国则丧失权利给一国，即系丧失权利给各国。不平等条约，渐次根深蒂固了。

英人既得香港，以璞鼎查为总督，旋代以德庇时。先是乾隆五十八年（1793），清高宗曾有西洋各国商人，不得擅入广东省城之谕。此时国交情形，既已大变，旧例自难固执，而粤民排外方甚，仍执此谕，以拒英人。嫌官吏办事软弱，动辄与官龃龉，此等积久的隔阂，既非旦夕所能化除，外人又战胜恃强，无可商洽，官吏办事，甚觉为难。二十六年（1846）中国赔款既清，耆英要求英撤舟山之兵，德庇时与耆英，乃再定约于虎门。申明入城的事，可以延缓，而不能废止。并订明中国永远不以舟山群岛让给别国。若遇他国侵伐，英国应为保护，毋庸中国给与兵费，此为中国声明领土不割让之始，后来所谓势力范围，多系以此表示。二十七年（1847）英人往游佛山的，被镇人掷石击伤。德庇时以兵船闯入黄埔，声势汹汹，要求于两年后开放广州。耆英不得已，许之。是年，耆英内召，徐广缙代为总督，叶名琛为巡抚，二人都是有些虚憍之气的，不知外情，而好徼名，交涉就更要恶化了。

道光二十九年（1849）港督文翰 Samuel George Bonham 以入城之期已届，要求实行，徐广缙亲自登舟劝阻。粤人疑文翰将劫广缙为质，民团数万，聚集两岸，呼声震天，文翰惧，乃罢入城之议。广缙奏闻，朝意大悦。诏封广缙一等子，名琛一等男，均世袭。其余文武官员，均照军功例从优议叙。并著嘉奖粤民。英政府闻其事，谓粤人排外，实由中央政府主持，感情愈恶。明年，宣宗死，子文宗立。时中国舆论，本不以和议为然。文宗初立，颇有图治之志，自然要受其影响。于是割穆彰阿职，永不叙用。耆英降五品顶戴，以六品员外郎候补。并昭雪达洪阿、姚莹。中国的政情也一变了。

咸丰元年（1851）徐广缙移督湖广，叶名琛代为粤督。时太平军渐盛，清朝不愿对外多生枝节，亦饬其交涉慎重。然名琛负虚气，以为西人不过虚声恐吓，置之不理，即无他技。凡事辄以傲慢态度出之，而又不设防备。先是英约无修改期限，而美法之约，则定以 12 年为修改之期。其时税则，系据五口开放前物价订定，大体为值百抽五。开放后物价减低而税则如故，外人都想改约。咸丰四年（1854），英国条约，已届 12 年之期，乃援美法条约，请求修改，美法条约，尚未期满，亦遣使助之。函告叶名琛，名琛不许。英美二使乃求见两江总督怡良，怡良为之奏闻。上谕不许。二使北上，至大沽，时怡良正移督直隶，赴津与之交涉，英使提出条件所需求的为：公使驻京，英人得在内地居住置产，开放天津，修改税则，准许鸦片进口，免除厘金，使用各式洋钱等。上谕谓其荒谬已极，所议遂无结果。二使报告本国，谓非用兵力，修约难望成功。咸丰六年（1856），英、法、美三国再向叶名琛要求，名琛仍不许。美使又至上海交涉，亦无结果。而是年适又有亚罗船 Arrow 事件发生。是时中国沿海船户，颇有借外国旗号为非的。桂良等在上海，曾照会英、美、法三使，说上海近有船户，由各国领事发给旗号，此等船户向系不安本分，今恃外国旗号为护符，地方官欲加之罪，踌躇不决，遂至无所不为，犯案累累。上海如此，各口谅均不免。拟请贵大臣即饬各口领事官：嗣后永不准以贵国旗号，发给中国船户；从前已给者，一概撤销云云。可知此时确有依靠外国旗号，为非作歹之事。亚罗号亦系华船，在香港注册，业已期满，而仍扯英国旗号，停泊省河。中国水师巡缉，拔下其旗，捕去 12 人。英领事巴夏礼 H. S. Parkes 商于港督包令 Jonn Bowring 要求道歉送还。叶名琛初以其中 3 人，实系海盗，许还 9 人，巴夏礼不可，提出最后通牒，名琛乃遣员将 12 人送还，巴夏礼以其未曾道歉，不受。遂炮击广州，包令谓名琛必然让步，自至广州，预备交涉，而名琛不屈如故。包令大失望。因未奉政府命令，不能作战，乃复退兵。粤民遂烧英、法、美商馆，冲突之事时起。时法国教士马赖 Pere Auguste Chapdelaine 在广西西林被杀，英国方商于美国，欲共同出兵，迫胁中国改约。及亚罗事件报至，下议院反对用兵。英政府将其解散，改选后，遂通过向中国要求改约及赔偿，不得则开战。于是英以额尔金 Lord Elgin，法以葛罗 Baron Gros 为使，率兵前来。英政府之意，原令专使北上，与中国政府交涉。而香港英人力言粤人之暴横，请攻取广州，以挫其气。二使乃对叶名琛提出开放广州，赔偿损失的要求。名琛不许，广州遂为英法所陷，名琛被掳咸丰九年，即 1859 年死于加尔各答，时为咸丰七年（1857）九月。清朝闻之，革名琛职，代以黄宗汉。

时俄使普提雅廷 Count Putiatin 以在天津与中国交涉，不得要领，亦至香港见下节。美国亦遣列卫廉 William B. Reed 来华。四使乃同致照会于中国大学士裕诚，请派全权至上海会议。请两江总督何桂清代递。裕诚复英法美，令至广东听候查办。复俄使，申明不得在海口通商，令赴黑龙江与该处办事大臣妥议。四使不听，相偕北上。咸丰八年（1858）三月至天津，直督谭廷襄奏闻。清朝遣使往议，以非全权见拒。四月，英法兵遂陷大沽炮台，旋以俄美居间，以大学士桂良、吏部尚书花沙纳为全权往议，与四国各定条约。是为咸丰八年（1858）的《天津条约》。英法两约：订明（一）彼此互派公使，英约并订明由大学士、尚书中特简一员，与英国钦差大臣，文移会晤，商办各事，此为总理各国事务衙门所由设立。（二）英约开牛庄、登州后因水浅，改开芝罘、台湾、潮州、琼州。沿江自汉口以下，开放三口后开汉口、九江、镇江。法约多淡水、江宁，而无牛庄。（三）税则定值百抽五。英约十年估价一次须在满期前 6 个月知照，否则再行 10 年，法约七年，后在上海，以另款改与英同。（四）英商运货往来于内地及口岸间的，应输税项总数，由领事备文询问各关监督，关监督应即照复。彼此出示晓谕。英商愿在首经子口及海口一次完纳者听。其额为值百抽二点五。（五）许英人持照往内地游历通商。（六）英法美约并许传教，而法约中又有许往内地之文英约第八款许传天主耶稣教。法约第十三款但言天主教。美约云"耶稣教即天主教"。（七）英另定专条，由中国赔偿商亏 200 万两，军费 200 万两，付清后乃将广州交还后于咸丰十一年（1861）三月交还，其时赔款实尚未清。据上谕，系法使调停之力。法于《补遗条款》中定赔款军费总额为 200 万两。美约与英法有异。当谭廷襄将美国条款奏闻时，上谕：贸易口岸，准于闽粤两省，酌添小口各一处。至于大臣驻扎京师，文移直达内阁礼部，赔款焚劫船货等，不能准行。议约时，美使遂将此等条款删去，所以美约无赔款，通商口岸，只有台湾、潮州两处。驻使有要事，方准到北京暂住，与内阁大学士或派出平行大宪酌议。每年仍不得逾一次，到京后须迅速定议，不得耽延。虽有此款，仍不得因小事轻请，但英法美三约，既有最惠国条款；而美约又订明，他国条约，更开他口，美人亦得居住贸易；他国使臣驻京，美国即毋庸更议，一体办理；则英法费干戈而得之的，美国并不烦兵力，而坐享其成了。

改订税则会议，因物价记录，都在上海，约定于上海举行。乃派桂良、花沙纳至沪，与何桂清共议。这一年，广东人民在佛山设团练局，在籍侍郎罗惇衍、翰林院编修龙元禧、给事中苏廷魁主持其事。令耆老通饬民间：受雇于外人的，限一月内辞职。否则收其家属，无家属的系其亲属，辞归的共2万余人。团练尝袭击广州，不克。和议成后，罗惇衍托言巡缉土匪，请缓撤团练。桂良等至沪，英人要求撤黄宗汉职，惩办惇衍等三人。时广东有人伪造廷寄，说英法心怀叵测，已密饬罗惇衍相机剿办。乃发上谕，严拿伪造廷寄的人，夺黄宗汉钦差大臣关防，以授何桂清，后遂以桂清为五口通商大臣事在咸丰九年（1859）三月。自此中外交涉，渐自广东移于江苏了。是年十月议定《通商章程》，英法相同。规定外商运货，往来内地及口岸间的，均在首经子口及海口完纳。用照会将移文询问的办法取消。又规定中国得邀请英人，帮办税务，任凭中国总理大臣邀请，毋庸英官指荐干预。法美二约亦同。鸦片：当耆英在江宁议和时，曾请英人严禁，到广东后，又以为言。璞鼎查说不如收税。道光二十四年（1844）的中美条约，曾订明美人向不开辟的港口私行贸易，或走私漏税，或携带鸦片及别项违禁货物的，听中国地方官员自行办理治罪。美国官民均不得稍有袒护。二十七年（1847）的瑞、挪条约同。然虽有此等条约，中国烟禁，在表面上亦且加严，实际均无效力。鸦片输入，战前不过二三万箱者，战后反增至6万余箱。1855年，即咸丰五年，英人公正的，曾上书英王，请禁英船英商贩运鸦片来华，为英国政府所驳斥。列卫廉来华时，美政府命其助中国禁烟。列卫廉到华后，调查情形，遂未遵办。当咸丰五六年（1855、1856）间，东南各省，已纷纷抽厘助饷。此年的《通商章程》，乃称鸦片为洋药，定每百斤税银30两。且订明条约中的税法，及许英人往内地通商，均与洋药无涉。嗣后修改税则，亦不得按照别货定税。从此鸦片就变成合法进口之物了。

第三节　咸丰庚申英法交涉

《天津条约》虽经订定，实在是很勉强的，当时台谏部寺连衔谏止，而侍讲殷兆镛一疏，言之尤激。论者所最忌的，为京师驻使、长江通商、内地传教、游历各条。桂良等在沪议通商章程，上谕屡命其设法挽回。且以营口逼近京畿，又为东三省货物出入总汇，意欲将其取消。这自然是办不到的。英法二约，均订明在北京交换，此时又欲令其在沪。至咸丰九年（1859），乃许其入京换约，但仍须限定随从人数。时英国亦颇意存挑衅，其使普鲁斯 Frederick W. A. Bruce 来换约，英政府命其必须进京，且必须航行白河。适僧格林沁在大沽设防，请其改走北塘。不听，闯入白河，开炮攻击炮台，为守兵所败。诏诘其开炮之由，然仍许在北塘换约。时法美二使，皆与英偕，英法二使均不听，折回上海。惟美使遵命，在北塘换约而去。这大约因为美约本未规定换约地点之故。上谕言"换约本应回至上海，念其航海远来，许即在北塘海口互换"，欲以此风示英法，那又是隔膜的了。

此时中外兵力的不敌，清朝亦明知之，况值太平天国军事正在吃紧之际，所以仍留北塘为款使之地，以图转圜。

上海华商杨芳，亦阴与英商接洽和平办法。英商提出（一）津约仍旧，（二）增加兵费100万两，（三）许外兵一二千到天津，（四）撤去大沽防兵等条件。这无疑两国商人都是受意于官宪的。上海道又与法国翻译官磋商：减少兵费，免除撤防。由何桂清奏闻。而清朝见英兵败后，无所动作，以为其技止此，又图乘机挽回威望。上谕遂言：普鲁斯先行背约，咎由自取。若果悔罪求和，应将《津约》听任桂清裁减，仍在上海定议。惟许援美国之例，减从入京换约。于是上海方面的接洽，又成画饼。

时英人议论，亦以英使强航白河为非。而英政府主张强硬，仍以额尔金，法亦以葛罗为使，率兵前来。照会中国政府：（一）道歉，（二）公使驻京，（三）赔偿兵费，（四）入京换约。仍由何桂清代递，上谕将其驳斥。咸丰十年（1860）英法兵北上，过舟山，见其无备，陷之，以储军备。时僧格林沁误听人言，谓洋兵登陆，可以马队蹙而歼之，撤去北塘防兵。六月，英法兵自此登陆，僧格林沁驻守新河。英法兵进攻，僧军大败。七月，大沽口南北炮台俱陷。诏僧格林沁退守通州。僧兵驻张家湾，大学士瑞麟以京旗兵守通州。都统胜保自河南召回，亦助瑞麟驻守。英兵进陷天津。朝命桂良和直督恒福至津议和，英法二使派员与议。巴夏礼亦在其中。提出（一）开放天津，（二）增加赔款，（三）带兵入京换约等条件。议不谐，二使声言径往通州。清朝再派怡亲王载垣往议，照会二使回津，二使不听。诏将其羁留在通，毋令折回。既会议，载垣许其开放天津，入京换约。二使又欲觐见皇帝。载垣以其不肯行三跪九叩首礼，不敢许。而又有人言其欲逃，载垣遽命僧王捕拿。僧王遂将巴夏礼执送京城，监在刑部监里此时被拘的，英人26，法人13，及释出时，英人还剩13，法人只有5名，余均死亡了。英法兵进攻，僧兵大败。胜保出战，又败。八月，英法兵遂陷通州。文宗以恭亲王奕䜣为全权大臣议和，仍不谐。文宗遂逃往热河。英法兵据圆明园。胁北京守臣，释放巴夏礼，开放永定门。英法兵于二十九日入城，九月五日，英兵焚毁圆明园，奕䜣避匿不敢出。旋因俄使伊格那提也夫 Ignatief 居间，且力任保护，乃出面议和，与英法各订条约：（一）开放天津。（二）许华人出洋做工。（三）割九龙司与英。（四）英约改商欠为 200 万，军费为 600 万两。法约改赔款为 800 万两中以 700 万为兵费，100 万赔偿在粤损失。（五）英约言英使在何处居住一节，戊午年（1858）九月在沪会商定之议，作为罢论，将来应否在京长住，抑或随时往来，仍照原约第三款明文，总候本国谕旨遵行。公使驻京一节，中国所竭力争持的，都归于无效了。

　　长江通商后，镇江、江汉、九江各关，次第设立。总署遂与英使议订《长江通商章程》十二款，《纳税章程》五款。穆宗同治元年（1862）又续订《长江通商章程》为七款。洋商由上海运洋货进长江的，在上海纳进口正税。至江口后，如完一子口税，则发给税单，离江口入内地，不再另征。否则逢关纳税，遇卡抽厘。其运土货进长江的，在上海纳出口正税，及长江复进口半税。如系别口来的土货，已在该处完出口税，上海交复进口税的，则出口正税及长江复进口半税皆免，而均须逢关纳税，遇卡抽厘，不能援洋货完一子口税不再另征之例，洋商在长江口岸入内地买土货的，或本商自去，或用其本国人，或用内地人均可。惟须向海关请领买货报单单内注明该货某日到某子口，应运通商某口，并填注本商姓名，或本行字号。其自长江口岸运至上海：如系洋商自贩之货，在江口完一子税，即可过卡。其货若已由内地人交过各内地税，则长江各口皆不税，俟进上海时，乃完长江出口正税。并存一半税于银号。如三月内原包原货原包谓无拆动，原货谓无抽换运往外国，则将所存半税发还。如在沪销卖，或逾限未出口，即将所存半税入账，作为复进口税。或限内出口，而有拆动抽换情形，除将半税入账外，仍须另纳出口正税以上章程，除长江应收出口正税及复进口半税，均在上海完纳，与别海口不同外，其余办法，南北各海口，均照长江一律办理。英商船只准在镇江、九江、汉口之处贸易，沿途不准私自起下货物。英船分为两项：（一）为由镇江上江，暂做长江卖买的大洋船，以及各项划艇、风篷船只，须将船牌呈领事官，由领事官行文江关，由关发给护照。（二）为由上海入江，常做长江卖买的内江轮船。则领事官转请江海关发给江照，以六个月为期。其装载土货，亦先完正税半税。到上海后，如在三个月内出口，则半税发给存票，以抵日后所完之税。此项章程，直至德宗光绪二十五年（1899），方行改订。许有约各国商船，在镇江、南京、芜湖、九江、汉口、沙市、宜昌、重庆八处，往来贸易。并准在不通商的大通、安庆、湖口、陆溪口、武穴起下货物。其往来搭船之处，则只准搭客暨随带之行李上下。商船分为三项：（一）由镇江上江，暂作贸易的出海大洋船。（二）由长江此口赴长江彼口，或由上海赴长江各口常川贸易的江轮船。（三）为划艇钓船及华式船只，大轮船过镇江以上，及江轮船划艇钓船，均须请领长江专照。雇用华式船只，则须请领专牌，均由税务司发给。出口税在装货之口，进口税复进口税在起货之口完纳。诸船均须于出口之关，请领总单。若进口时所卸之货，不及总单所载之数，惟该船主是问。这是中国内河航权丧失的历史。

自欧人东航以来，中西之间种种隔阂，至五口通商之役而爆发，经过咸丰戊午、庚申两役，而作一小结束，短短的20年间，中国权利丧失的，不知凡几，这真是可以痛惜的事。但亦是无可如何的。因为此时，中西的文化，隔阂太深了，冲突终不可免。中西文化的隔阂，关系最大的：（一）为国际法上见解的悬殊。（二）则人民骤与异文化接触，而又激于累败之辱，不免发生褊狭的排外心理。（三）中国和外国交涉，向守厚往薄来之戒，对于利益，不甚注意，于此时的局势，亦不相宜。此时的要务：在于（一）消除妄自尊大之念，（二）消除盲目排外的感情，（三）而对外则不丧失权利。此非深知此时的局面，为旷古所未有，一切旧见解、旧手段都不适用不可行，在当时如何能呢？所以交涉的失败，只是文化要转变而尚未能转变当然的结果，并不能归咎于任何一个人。圆明园为清世宗在藩邸时赐园。即位后，亦于其中听政。累朝继续经营，法人称其建筑之精，珍奇之富，为欧洲之所无。一旦化为劫灰，实为我国有关文化的建筑古物，遭受损失之始。此后战事之所破坏、古董商人之所贩卖，以及各地愚民，因外人收买之所毁损，更不知凡几。此后整批的毁坏、抢劫、盗窃，更其无从说起了。几世几年的精英，一朝化为乌有，言之岂不可痛？但须知：（一）文化的进退，视乎其社会的情状，是否安和，物质所表现的文明，实在其次。（二）舍此弗论，以现在文化的状态，虽有宝物，亦必不能终守。（三）所谓有关文化的建筑品物，一方面固然代表学术技艺，一方面也代表奢侈的生活。后者固绝不足取，即前者，就已往的社会论，并不过一部分人能参与此等工作，大多数人，都是被摈于其外的。今后社会的组织，果能改变，合全社会人而从事于此，已往的成绩，又何足道？所以有关文化的建筑品物等，能保存固当尽力保存，如其失之，亦无足深惜。

第四节　咸丰戊午、庚申中俄条约

中国历代，对于属地，系取羁縻政策的。政府或设官以管理其通路，如汉朝的西域都护是；又或驻扎于几个要点，如唐朝的都督府是。此等官吏对于服属的部族，加以管理，有违命或互相攻击或内乱之事，则加以制止。防患于未然，使其事不致扩大而成为边陲之患，此即所谓守在四夷。但中国的政情，是以安静为主的。不但向外开拓，即对于边疆的维持，亦不能费多大的国力。所以对服属的部族，真个强盛时，中国所设的管理机关，就只得撤退。再进一步，就患仍中于边陲了。历代的武功，除西汉一朝，去封建时代近，其君主及人民，都略有侵略的性质外，其余如唐朝及清朝，实都不过如此。看似武功煊赫，拓土万里，实则都是被征服者的衰乱，并不是中国的兵怎样的强。总而言之，开疆拓土，甚至于防守边陲，在中国政治上，实向不视为要务。在如此情形之下，驾驭未开化的蛮族，尚且不足，何况抵御现代西方国家的侵略？所以中西交通之后，中国的属地和属国，必要有一度的被侵削。这也是前此的政情所限定的，并非任何一个人或一件事的失策。

历代对西北的发展，实力所及，在天山北路，略以伊犁河流域；在天山南路，略以葱岭为限。自此以外，则因道里迂远，山川阻深，实力不能及，仅为声威所至了。清高宗乾隆二十二年（1757）荡平准部，平定天山北路。二十四年（1759）翦除大小和卓木，平定天山南路。其时葱岭以西，以及伊犁河域以外之国，如哈萨克吉利吉思、布鲁特、浩罕、布哈尔、基华、阿富汗等，都来归附，是为清朝极盛之时。清朝对于此等地方，自然仍沿历代羁縻之策，不过遣满洲大臣驻防而已。而俄国的势力，却向亚洲西北部，逐渐发展。至道光三十年（1850），遂叩我西北的门户，要求在伊犁、塔尔巴哈台、喀什噶尔三处通商。俄国的交涉，在清朝，是归理藩院办理的，此时理藩院议许伊犁、塔尔巴哈台，而拒绝喀什噶尔。遂由伊犁将军奕山，和俄国订定通商章程，两国贸易都免税，严禁赊欠及缉失物、交逃人之约。还是乾隆以前，在满蒙方面交涉的旧眼光，然而东北的风云，已日益紧急了。

清朝对于东三省，是看做他们的发祥地，将其地封锁起来，不许汉人移殖。然徒从事于封锁，却不能尽力经营要经营不得不用汉人，一用汉人，封锁的计划，就破坏了。所以当西力东侵时，东北一隅，实力格外不充足。这也是历代以无动为大，加上清朝自私政策的结果。当尼布楚、恰克图两约订立时，俄人对于东方的情形，亦不甚深悉。道光二十七年（1847）穆拉维约夫 Muravieff 为东部西伯利亚总督，派员探察，才知道库页是岛，前此俄人误以为是半岛，则航行黑龙江，必经鄂霍次克海，鄂霍次克海冰期甚长，今知库页之为岛，则可由鞑靼海峡，鞑靼海峡是不冻的，而且可容吃水15英尺的大汽船，黑龙江价值倍增了。伊犁、塔城通商之年，俄人遂定尼科来伊佛斯克为军港庙街。越二年1852年，清文宗咸丰二年占据德克斯勒湾，又进占库页岛。东北的风云益紧了。明年，俄人和土耳其开战，英法将援助土国。穆拉维约夫要在东方设防，乃西归觐见俄皇，极陈当占据黑龙江。当《尼布楚条约》订定时，俄人本以为出于迫胁，心怀不服。至此，遂议定和中国重行划界。而俄国的外交部，不以穆拉维约夫的举动为然。行文中国，请协定格尔必齐河上流边界。明年，吉林将军将其奏闻。上谕派员查办，于是吉、黑、库伦，同时派员会勘。此时若能迅速定议，自是中国之利。无如所派之员，或以冰冻难行为辞，或以约会相左为解，辗转经年，卒无成就。而俄与英法开战，俄皇遂以极东全权授穆拉维约夫，得径与中国交涉。穆拉维约夫乃行文中国政府，说因防守太平洋岸起见，要由黑龙江中运兵，请求派员会议，划定边界。使者至恰克图，中国不许其进京，穆拉维约夫就径由黑龙江航行。瑷珲副都统见其兵多，不敢拒绝。咸丰五年（1855），穆拉维约夫和黑龙江委员台恒会见，借口为防英法起见，黑龙江口和内地，必须联络，请划江为界。台恒示以俄国外交部来文，说该文明认黑龙江左岸为中国之地，何得翻议？穆拉维约夫语塞。乃要求航行黑龙江，而境界置诸缓议。时朝命吉、黑两将军及库伦办事大臣照会俄人，说此次划界，只以未设界牌地方为限。然实际上黑龙江北之地，逐渐为俄所占，清朝仍不过命吉、黑两将军据理折辩，并由理藩院行文俄国，请其查办而已。

五口通商以后，俄人亦援例要求，而清朝不许其在海口通商。咸丰七年（1857），俄使普提雅廷 Putiatine 到天津，请求划界。朝命折回黑龙江办理《上谕》："中俄接壤，惟乌特河一处，未曾分界，从前委员会议，因该国持论未能公允，是以日久无成。今该使既系该国大臣，正可秉公查清界限"云云。中国此次交涉，是全然依据条约办理的，但其时实力太薄，条约已无从维持了。时俄已以界务任穆拉维约夫。普提雅廷遂南行，与英法美使臣会合。明年，英法兵陷大沽，穆拉维约夫乘机照会黑龙江将军奕山，约其在瑷珲会晤。于是奕山为全权大臣，和穆拉维约夫定约于瑷珲，割黑龙江北属俄，而以乌苏里江以东，为两国共管之地，黑龙江、松花江、乌苏里江，只准中俄两国行船此约汉文云："黑龙江、松花江左岸，由额尔古纳河至松花江海口，作为俄罗斯国所属之地。"此松花江三字，明系注语，即指黑龙江而言，中国人因谓下文"黑龙江、松花江、乌苏里江。此后只准中国、俄国行船"的松花江，亦系指松花江口以下的黑龙江。说依据条约，俄人实无在松花江中行船的权利。然据钱恂《中俄界约斠注》，则谓满蒙文、俄文和英法文各本，均无上两松花江字，而下文确有之。黑龙江左岸，由精奇里河以南至霍尔莫勒津屯，原住的满洲人等，照旧准其居住，仍着满洲国大臣管理此即所谓江东六十四屯。咸丰十年（1860）《北京条约》，亦申明黑龙江左岸，中国人住的地方，及中国人所占渔猎的地方，俄国均不得占据。仍准中国照常渔猎，重立界牌，以后永无更改。并不得侵占附近各地。嗣以华俄居民，垦田交错，互起争端。曾于光绪六年即1880年，八年即1882年两次会立封堆，确立界址。清朝复以平原界堆，容易迁移，于光绪十三年，即1887年，派李金镛去和俄国交涉，重划界址，掘濠为界，纵200余里，横七八十里不等。光绪二十六年，即1900年，义和团事起，俄人驱逐各屯居民，聚在大屋中，多被烧死。幸免的百余人，都凫水逃归江右。二十八年，即1902年，俄国所立《东三省撤兵条约》，虽有"允将东三省各地交还中国治理，一如未占据之先"之语，然其地迄未交还。此注略据葛绥成《中国近代边疆沿革考》，中华书局本。此约既定，侍讲殷兆镛参奏奕山，以黑龙江外五千里之地，借称闲旷，不候谕旨，拱手让人，寸磔不足蔽辜。就条约观之，诚如殷氏所论。然据稻叶君山《清朝全史》，则奕山当日，未尝不竭力争执，而俄人以开战相胁。当时的形势，是万不能和俄人开战的，边备废弛，兵力衰颓，由来已久，断不能令身当交涉之冲的一个人，独尸其咎。

普提雅廷南行后，旋与英、法、美三使俱至天津。仍请添设通商口岸。清朝称，恰克图和伊犁、塔城，已有三口，若再在五口通商，则共有八口。他国要求，无以折服。命谭廷襄在五口之中，选择两口，至多三口，旋亦许其一律。及桂良到津，遂与俄国定约。其中重要条款：（一）以后行文，由俄国外交部径达军机处或特派的大学士，彼此平行。俄使与大学士、督抚亦平行。遇有要事，得自恰克图或就近海口进京。（二）开上海、宁波、福州、厦门、广州、台湾、琼州七处通商，人数不加限制，俄人居京城学习满汉文的，亦不拘年份按乾隆十六年，即1751年，库伦大臣奏称：俄罗斯学生，已届10年，请派人前来更换云云，则前此以10年为期。（四）许在海口及内地传天主教。（五）派员查勘边界。（六）京城、恰克图公文，由台站行走。以半月为限，信函亦得附带。运送应用物件，三个月一次，台站费用，中俄各任其半。（七）又有最惠条款。咸丰十年（1860），伊格那提也夫又在北京续订条约：（一）尽割乌苏里江以东。（二）交界各处，准两国人民，随便交易，都不纳税。（三）西疆未定之界，应顺山岭大河，中国常驻卡伦钱恂《中俄界约斠注》云："按《新疆识略》，边徼卡伦，向分三等：历年不移，而设有定地者，是谓常设卡伦。驻卡官兵，有时在此处安设，有时移向彼处，或春秋两季递移，或春冬两季递移，或春夏秋三季递移者，是谓移设之卡伦。有其地虽有卡伦，而有时过时则撤者，是谓添设之卡伦。卡伦之设，本只游牧人私行出入，初无关于界址。故常设之卡伦，至近者距城或不过数十里。咸丰十年（1860）之约，指明以常驻卡伦为界。同治初元，将军明谊与彼官勘界。彼坚执常驻二字。明将军再四辩论，总署亦与争持，谓中国卡伦，向无常驻不常驻之分，必当以最外卡伦为界。无如边徼规制，彼中习见习闻，竟不克挽回。而乌里雅苏台以西之界遂蹙。"按此约立后，乌里雅苏台、科布多所属大阿勒台山迤北，塔尔巴哈台所属塔尔巴哈台山、阿拉套山迤北，及伊犁所属卡伦，均有向内移徙的，见第四条。又塔尔巴哈台所属民庄五处，则限10年内徙，见第十条，雍正六年（1728）所立沙宾达巴哈界牌，西至斋桑淖尔。自此西南，顺天山的特穆尔图淖尔南至浩罕边界为界。（四）兴凯湖至图们江，订于咸丰十一年（1861）三月会立界牌。沙宾达巴哈至浩罕，则不限日期。（五）恰克图照旧到京。所经库伦、张家口，零星货物，亦准行销。（六）库伦设立领事。（七）俄商来的，每处不过200人，须有本国边界官路引。（八）中国商人，亦可往俄国内地通商，并得在俄京或他处设立领事。（九）开喀什噶尔，设立领事。除不许赊欠之例，领事和地方官平行。（十）犯罪争讼，各归本国治罪。（十一）边事向惟库伦大臣和恰克图固毕尔那托尔、伊犁将军和西悉毕尔总督行文办理。今增阿穆尔、东海滨两省固毕尔那托尔和吉林、黑龙江将军行文，均平行。恰克图事，由驻恰克图部员和恰克图边界廓米萨尔行文。要事由东悉毕尔总督行文军机处或理藩院。（十二）恰克图到北京书信，每月一次，限20日。物件二月一次，限40日。商人愿自行雇人送书信物件的，准先报明该处长官，允行后照办。此两约失地数百万平方里，自《尼布楚条约》订立至此，共历170年。

咸丰十年（1860）条约定后，东北疆界，中国依约，于其明年，派仓场侍郎成琦；德宗光绪十二年（1886）又派右副都御史吴大澂、珲春副都统依克唐阿，和俄人勘定界址，都立有界约。其西疆之界，则穆宗同治三年（1864），由伊犁将军明谊和俄订立界约，划定沙宾达巴哈至浩罕界上的葱岭的疆界。其后科布多、乌里雅苏台属境于同治八年（1869），塔尔巴哈台属境于九年（1870），由荣春、奎昌与俄人勘定，亦都立有勘界记，惟伊犁属境，未及勘定，而为俄人所据，遂启回事定后的重大交涉。

咸丰十年（1860）条约中，由恰克图照旧到京一语，意自不谓京城得行销货物。而俄人曲解条文，要求在北京通商。恰克图、库伦、张家口、通州等处，又借口陆路费重，定税不能照海口一律，又要在蒙古各地随意通商。张家口设立行栈领事。经过关隘，概免稽查。总署力与辩论，卒于同治元年（1862）定《陆路通商章程》二十一款。（一）两国边界百里内贸易，均不纳税。（二）中国设官的蒙古地方，及该官所属各盟，亦不纳税。不设官处，须有该国边界官执照，乃可前往。（三）赴天津的，须有俄边界官并恰克图部员盖印执照，限6个月在天津缴销。仍只准由张家口、东坝、通州径行抵津。（四）张家口不设行栈，而准留货物十分之二销售。税皆三分减一。留张之货，不销的准其运赴天津，不纳税，如在津由水路至南北各口的，所减三分之一税，仍须补足。由津及他口运人内地的，亦照纳子税，在他口贩土货运津回国的，除在他口按例纳税外，在津纳一复进口税，在天津、通州贩土货回国的，完一子税。贩别国货的，如已完过正税、子税，则不重征。如未完过子税的，亦应照补。亦均限6个月销照。此章订明试行三年。四年（1865），俄人提议改订。五年（1866），许其天津免纳复进口半税，余展至二年后再商。至八年（1869）乃改订二十二款。（一）俄欲删原约中张家口不得设立行栈一语，中国不可。许将货物酌留十分之二，改为酌留若干。而更添不得设立领事一语。酌留张家口的货，仍交正税，不销的运赴天津、通州时，还以三分之一。（二）原约俄商赴蒙古贸易的，有"小本营生"四字，许其删除。

原约但云"无执照者罚办",此改为"行抵中国一边卡时呈验",其绕越偷漏的罚则,亦均减轻。(三)在津贩卖复进口土货,由陆路回国的,如在原口已完清全税,一年之内不再重征。并将暂存天津的复进口半税,给还存票嗣后天津复进口税,中国与各国一行拟改,俄亦一律改定。其余悉同原约。此约以五年为期。中国当日,对于商务的盈亏,不甚注意。税入尤所不计,所怕的是俄人遍历各地,窥我虚实。直到后来伊犁交涉时,所斤斤顾虑的,还在这一点。然其时情见势绌更甚,并此时所订定的,亦不能维持了。

第五节　教禁的解除

咸丰八年、十年(1858、1860)两条约,把传教事项,明文规定,这也是中外交通以来的一件大事,自此至光绪庚子光绪二十六年,1900年,教案常为中国的大患,前后共历40年。

自雍正元年(1723),将各省天主堂一律改为公廨以后,教士在中国已无复开堂传教的权利。道光二十四年(1844)中美条约,许美人在五口设立礼拜堂。然这只是许其自行礼拜,并非许其传布。是时法人屡向耆英请开教禁。二十五年(1845)耆英为之奏陈。部议准其在海口设立天主堂,华人入教者听之。法人仍不满足,耆英奏请许其要求,以资笼络。二十六年(1846),上谕,令"设立供奉处所,会同礼拜,供十字架图像,诵经讲说,毋庸查禁。康熙年间,各省旧建之天主堂,除改为庙宇民居,毋庸查办外,其原旧房屋,准其给还该处奉教之人"。自此教禁遂算解除。然尚无外国教士得入内地传教的明文。而法国神甫马赖 Auguste Chapdelaine 遽往广西西林传教。咸丰六年(1856)为知县张鸣凤所杀,成为法国用兵的一因,已见第二节。八年(1858)条约,既许各国传教。法约补遗条款中,又规定张鸣凤革职,革职后须照会法使。并须将革职事由,载明京报。是为中国因教案处分官吏之始。十年法约,又规定赔还前天主堂、学堂、坟茔、田土、房廊等件,交法使转交该处奉教之人。并任法国传教士在各省租买田地,建造自便。自此外国传教士往内地传教才有条约上的根据,并且得置产业教会在内地置产，同治四年，即1865年，总署与法使议定章程。光绪二十一年，即1895年，续有厘定，其中主要的条件，为内地的教产属于教会，私人不得购置。以后欧洲来华的教士，遂都由法国保护。往内地的执照，亦由法公使发给，有教案亦由法公使独当交涉之冲。直至光绪十七年（1891）德人谋破坏法国保护教士之权，才照会总署，说德国在华教士，由德国自行保护。旋因教案启衅，占据胶州湾。中国人说外人的传教，带有侵略性质，也无怪其然了。

教禁甫开，而教案即起。其事在同治元年（1862）。是时法国人分遣教士，游行各省，将至湖南，长沙、湘潭一带的教民，相与夸耀，以为扬眉吐气，复见天日。因此激动湖南士绅的公愤，撰成公檄，流传入赣。赣省的士绅，又从而传布之。遂至酿成两省的教案。其事详见《中西纪事》的《江楚黜教》篇中。他省亦时有教案，连绵不绝，至同治九年（1870）的天津教案，其严重达于极点。

清朝命署理直隶总督曾国藩赴天津查办。法国代理公使罗淑亚Comte de Rochechouart要求将刘杰和天津知府张光藻、提督陈国瑞议抵。法国调兵船到津。中国亦命督办陕西军务李鸿章带兵驰赴京畿。起刘铭传统带铭军，并命沿海沿江督抚戒备。添派丁日昌赴津会办。未到时，先令兵部尚书毛昶熙赴津旋崇厚使法，即以昶熙署三口通商大臣。未几，两江总督马新贻遇刺，曾国藩回两江本任，仍命将津案奏结后起行。当国藩到津时，士大夫间议论蜂起。有劝其劾崇厚以伸民气的。有要鼓励天津人民，驱除洋人的。有要联英俄以攻法的。国藩力持镇定，奏称"自道光庚子以来道光二十年，1840年办理洋务，失在朝和夕战，无一定之至计，遂使外患渐深，不可收拾"。此时如其开战，"今年即能幸胜，明年彼必复来；天津即可支持，沿海势难尽备"。乃将张光藻、刘杰，按刁民滋事，地方文武，不能弹压镇抚例革职，发往黑龙江效力。滋事的人民，正法的15人，定军流之罪的4人，徒刑的17人，共出赔偿抚恤之费46万两，派崇厚赴法道歉，作为了结曾国藩办理此案，在当时很为舆论所不满。然其气概自有足多的。当其疏劾天津府县时，都中士大夫，多诒书相责。国藩惟自引咎而已。其致总署书，自言"外惭清议，内疚神明"。其实当时的情势，何能因此与法国开衅？他写给朋友的信，说"宁可得罪于清议，不敢诒忧于君父"，这正是他忍辱负重之处。他虽看似软弱，然崇厚要徇外人的要求，将府县议抵，他却坚持不可，说

"外国论强弱不论是非。如其立意决裂,虽百请百从,仍难保其无事"。亦可见其审慎之自有限度。当他到天津去时,写信给两个儿子,说"外国性情凶悍,津民习气浮嚣,俱难和协,将来构怨兴兵,恐致激成大变。余此行反复筹思,殊无良策。余自咸丰三年(1853)募勇以来,即自誓效命疆场,今老年病躯,危难之际,断不肯吝于一死,以自负其初心。恐邂逅及难,而尔等诸事无所禀承,兹略示一二,以各不虞"云云。这实在是一张遗嘱。其办理津案时,亦奏称"臣自带兵以来,早矢效命疆场之志,今事虽急,病虽深,此心毫无顾畏。断不肯因外国要挟,尽变常度"。其致崇厚书,则言"祸则同当,谤则同分"。均可见其浩然之气,名誉生死,都置度外,而惟行其心之所安。办事者必有此等精神,才可以担当大事。畏首畏尾,视私人的利害,重于国家的安危。其究也,必致事败坏而身名亦随之决裂。古人有言:"一心可以事百君,二心不可以事一君。"吾人的办事,亦正是如此。事君也是要办事的,并不是事奉一个人。这一年,恰值普法开战,法兵大败,所以此案得以如此了结,否则还有更严重的可能性的。

教案的起源,固由于天主教被禁止后,秘密传播者若干年,有以引起教外人的猜测见第三章第二节,然其间实有一更深远的原因,优于其后。剖心挖眼等谣言,我小时候尚听到过,然其时谣言虽盛,实亦无人深信。上层社会的士大夫,到底不是毫无凭证的言语所能使其深信不疑的。下层社会中人,则素无组织,可以为一哄之市,而不能坚决有所作为。倘使当其聚哄之时,有人从旁劝谕,官吏再略加禁遏,风潮也就平息了。从前的教案,所以每由极细微的事情,甚或是全无根据的谣言,扩大而成为聚众滋事的案件,实由于发动之时,只有从旁鼓动的人,绝无劝谕禁止的人亦有少数明白的人,知其事之无益有损。然在此等情形之下,无从开口,即开口亦无效力。其所由然,则因对于洋人,对于西教,先存一憎恶之念,此等心理之养成,由于(一)世界未交通时,每一民族,都有以本族为中心,而厌恶卑视外人的心理。(二)又宗教本有排外性质,中国人虽说信教不甚,排斥异教亦不甚,究亦不能全免。(三)合此两因,加以败北的耻辱,西人东来后,如杨光先辈的疑忌,至此不啻以事实为之证明。于是群怀怨恨之心,剖心挖眼等谣言,就易于流行了。(四)而自教禁解除之后,教中人的举动,亦有以激之。西人来传教的,只知道物质上的施惠,向中国的愚民,加以劝导,而不知道民族心理上此等深奥的原因。及其激成教案之后，则又一味靠强力压迫，以为如此，必可以使中国人畏惧，而不再滋闹如津案，后来威妥玛（Thomas Francis Wade）对李鸿章述当时英使之言，说倘将天津地方，全行焚毁，即可保后来无事。直至庚子拳乱，和约中要规定闹教地方，停止考试，还是此等见解，而不知事实适得其反。佛教的输入，其初或亦系施诸愚民，然不久即行于士大夫之间信奉佛教，见于正史最早的，是后汉光武帝的儿子楚王英，稍后的则是后汉末年的笮融，事见《后汉书·光武十三王传》及《陶谦传》，其迷信的色彩都很深。基督教之初输入，亦颇有此情势，士大夫是社会的表率，一切举动，实行虽多由于平民，而其发纵指示，则恒出于士大夫。倘使咸同以后，传教之士，仍能守明代的遗规，注意于士大夫方面，则其成功必可较多，冲突必可较少。无如此时西人来传教的，已不能如前此的教士久居中国，有一番预备工夫，通华语的已少，通华文的更少，亦不能深悉中国的风俗。虽亦有译书及设立学校等工作，然其学校所教的，实无甚深意。所译的书，亦不足引起华人的兴味。西教在士大夫之间，遂绝无地位，平民信教的，则多数是社会上落伍之徒。须知沿袭闭关时代的旧习，见了外国人，即起一种莫名其妙的憎恶之念，固非开通人士之所为，然人总是中材居多数，中材总是为一时风气所囿的，超出乎风气之上，而不为其所囿，固然难能可贵，够不上风气，而不为其所囿，则是不足贵，而且是可鄙贱的。此二者毫厘之差，千里之谬，断不容混为一谈。即如同治初年的教案，长沙湘潭的教民，当国蹙师熸之日，不怀愧愤之念，反有欣喜之情，此等人，如何够得上做国家民族的一分子？在当时，如何不要激起一般人的反感？所以基督教在中国的传播，其遭遇反对，其太注意于下层社会，以致招致了一班民族性较为缺乏的人，亦不能不尸其咎《中庸》说"不诚无物"，而倚势凌人，尤足以引起人家的反感。《中西纪事·猾夏之渐》篇说：嘉庆中叶，缉拿白莲教徒，两江总督百龄，缉得教头方荣升等，令从其教者，但跨十字架，吃猪肉，便可免死。荣升及一女尼朱二姑娘竟不肯。这决不是什么纯粹的基督教，然其中亦必含有基督教的分子无疑。此时的教徒，其信教是真诚的，果有此等真诚，则其教虽为法令所禁，仍能见谅于社会。历代有许多被禁之教，仍能延续若干年的，这必是其中重要的一个因素。到基督教得以公然传播之后，教士只知道以多收教徒为功，而不计来者的动机如何。且如不祀祖先等，在我们的见解，原未必遂以为非。然在当日，能接受此等条件的人，则非极高而有独见之士，即系落伍而够不上吸收水平线以上的中国文化的人。极高而有独见之士，社会上能有多少？何况即有此等人士，其行为还往往履蹈中庸，而不能与其理想相副呢！当时奉教的人，其多文化上落伍的人，更无疑义了。当时入教的人，（一）以讼案希冀教士为之说项。（二）及欲倚势凌人者实多。如乡间酬神演戏及修庙等事，教徒都不肯参与。论者指为民教不和的一原因。其实所以招致教外人反对的，并不因其谨守教规，而由于其傲慢，甚至强横而又带有刁狡的态度，这也是我所亲见亲闻的事。古语说：骄谄只是一事。此言确有至理，因为惟不自重其人格，才会蔑视他人的人格，所以此等恶劣的教徒，见了西教士，其态度格外驯谨。教士不知，就误信为好人了。这也是西教士对于中国社会，似了解而实不了解之处。天主耶稣两教，天主教教规较严，和中国人民隔绝亦较甚，而教案亦以对天主教为较烈，即其明证。至于教士遇有词讼及其他案件，动辄袒护教民，干涉地方官的行政，那更是令人民身受其祸，而觉其为切肤之痛的了。自光绪庚子以前，教案的时起，中国士大夫的顽固，平民的愚昧而易盲动，官吏办事的糊涂敷衍，是万不能不负责任的，此层我亦无异议。但在今日，知此义者已多，无待论列。至于教案的背后，更有一种深远的原因，则知者较少，所以略抒其说如下。我们试看，当日曾国藩赴津时，孝钦皇后面谕他，说百姓焚毁教堂时，得有人心人眼，呈交崇厚，而崇厚将其销毁，命曾国藩密查《中西纪事·猾夏之渐》篇云：道光二十五年（1845），部议准海口设立天主堂，华人入教者听之，惟不许奸诱妇女，及诳骗病人眼睛，违者仍治罪。可见此说一时甚流行，孝钦皇后，亦系为此等见解所惑。曾国藩奏称："仁慈堂查出男女，讯无被掳情事。至挖眼剖心，则全系谣传，毫无实据。焚毁教堂之日，众目昭彰，若有人心人眼等物，岂崇厚一人所能消灭？"又称，"津民所以生愤者，则亦有故。教堂终年扃闭，莫能窥测，其可疑者一。中国人民至仁慈堂治病，恒久留不出，其可疑者二。仁慈堂死人，有洗尸封眼之事，其可疑者三。仁慈堂所医病人，虽亲属在内，不得相见，其可疑者四。堂中掩埋死人，有一棺而两三尸者，其可疑者五。"可见与大众隔绝之事，易启疑窦了。张之洞著《劝学篇》，已在光绪戊戌之岁，尚对挖眼剖心等谣言，加以辩驳。司见其时尚有流传。然此时距庚子不过数年。庚予以后，教案就几乎绝迹了。倘使大众真以此等说为真实，哪有如此容易之理？可见谣言虽有，不过是一种鼓动的资料，真以为确实而因此坚决行动的，并无其人。当同治元年（1862），江西闹教时，巡抚沈葆桢，自愿挺身任之，且称此为国家二百年养士之报。其时中国预备修订条约，命中外大臣筹议。崇厚复奏，有天主教无异释道之语，醇亲王奕谭深恶其言，奏称"没齿鄙之"。奕谭固然顽固，也是身当政局之冲的人，并不是什么住居乡僻，不通世事的乡愚。孝钦后、沈葆桢更不必论了，而其见解如此。这就可见当日中西的隔阂，别有一民族上深远的原因，而知识的锢蔽只是其浅焉者。而知识亦正由此等心理为之障碍，以至于锢蔽。天下风起云涌之事，断没有在短时间之内，能够烟消火灭的。然自光绪庚子以后，教案竟不大听见了，真个给外国人的兵威惩创了，惧怕了吗？夫岂其然。中国人的知识，到此忽然开通了吗？哪有这么容易的事！不过经此次变乱之后，知道盲动的无益，民族心理，转向别一条路上去发挥罢了。这也可见得从前的教案，并不专是宗教问题，而别有一次民族的精神，潜伏在内了同治元年（1862）江楚鬻教时，郭嵩焘致书曾国藩，谓唱之者为无识的儒生，附和之者，则愚民乘势抄掠为利。这诚然是不可否认的事。后来教案连绵不绝，乘势抄掠，怕总是其中一个重要的因素。然有三点，亦须辨明的，（一）乘机抄掠的，只是少数奸民，与多数人民无涉。（二）奸民有时是事后加入的。初发动时，群众的动机，实系纯洁。（三）其始终纯洁，并无抄掠行为的，亦未尝无有。吾幼居武进，武进城内之有教堂，似在光绪二十四年（1898），即戊戌变法之年，1898年以后。自此以前，已有一次，教民想到城里来建筑教堂，给一个姓穆，或者是姓莫的聚众阻止。武进城中，此两姓俱有，而武进人读此两字音相同。吾于此事，仅得诸传闻，故不能知为何字。这个人本亦是武断乡曲，不为乡里所齿的。然此次之事，却动机纯洁，行为亦极有秩序。他是在法律上得到一个据点，即寻到了一点教中人的错处，然后发动的。所以教徒竟无如之何，而在城内建造教堂之事，为之迟延者若干年。此人因此颇为乡里所称许，他亦竟因舆论的称许，而从此改邪归正了。此次之事，即始终无抄掠等举动，武进先辈，多能道之。

　　因教案的时起，总署议定管理教士章程，凡八条，（一）停止收养孤儿，或严行限制。（二）教堂祈祷，不得男女混杂。（三）教士不得干预官吏行政，侵犯中国有司之权。（四）教民滋事，曲直须凭地方官做主，不得有所包庇。（五）教士护照须载明经行地方，不得任意遨游。（六）奉教的须查明身家来历。（七）教士与有司往来，应有一定礼节，不得妄自尊大。（八）从前教堂基址，已成民居的，不得任意索取。将其照会驻京公使，英美赞成其原则，而不尽同意其细则，事不果行。

第五章
汉族的光复运动

第一节　太平天国以前诸秘密结社的活动

民族主义，总是要经过相当的期间，遂能光昌的。中国的受异族压制，实起于五胡乱华之时。其时距民国纪元业已1600余年，然此时的异族，都是久经附塞，或入居塞内的降夷，濡染中国的文化已久，所以其人颇思攀附汉族以为荣，亦有能诚心接受汉族的文化的。其民族意识不显著。至北宋之末，女真兴起而其情势一变，读《金世宗本纪》可见自辽以前的异族，无不自托于汉族胄裔的。如拓跋氏自称黄帝之后，宇文氏自称炎帝之后，金以后就无此事了。又如后魏孝文帝，模仿汉族的文化，不能谓其无诚意。金世宗却竭力保存女真的旧风。两两对照，殊有趣味。此全由其前此与汉族交接的多少，受汉族文化熏陶的深浅而异。此时距民国纪元亦已800余年。因（一）中国素以平天下为最高的理想。（二）又此等异族的文化，远低于中国，入据中原以后，治法文化，都不能不采用中国之旧。所以还不能十分激起我们的民族主义。然中国人的思想亦渐非昔比了。试看南宋以后，攘夷之论之昌盛，便可见得其后元、清两代，相继入据中原，沦陷的范围，又较女真入据时为广。清朝对待汉人的手段，尤为阴鸷。中国人的民族主义，亦即随之而潜滋暗长，日益发达。此中有两种迹象可见，其（一）为士大夫的誓死不屈，如宋末的郑思肖，明末的顾炎武、王夫之等是。其（二）为民间的秘密结社。士大夫只能指挥谋划，而不能为直接的行动，所以轰轰烈烈的行为，转多出于下层社会中人。

宗教本为结合下层社会，以谋革命的工具。历代借此号召的，都不过与恶政治反抗，或者带些均贫富的思想如宋代的杨么。见朱希祖《杨么事迹考证》，商务印书馆本。到异族入据后，就含有民族主义的成分了，如元末的白莲教便是。专制时代，以君主为国家的代表，而前代的国家，大抵是一个民族的结合。所以白莲教徒所推戴的韩山童，要冒充宋徽宗的八世孙。明朝熹宗天启年间，白莲教徒亦曾起而为乱，就没有这等话头了。到清朝却又和元朝一样。清世宗雍正七年（1729）上谕云："从前康熙年间，各处奸徒窃发，动辄以朱三太子为名，如一念和尚、朱一贵者，指不胜屈。近日尚有山东人张玉，假称朱姓，托于明之后裔，遇星士推算，有帝王之命，以此希冀鼓惑愚民。现被步军统领衙门拿获究问。从来异姓先后继统，前朝之宗姓，臣服于后代者甚多。否则，隐匿姓名，伏处草野。从未有如本朝奸民，假称朱姓，摇惑人心，若此之众者。似此蔓延不息，则中国人君之子孙，遇继统之君，必至于无噍类而后已。岂非奸民迫之使然乎？"不自责其以异族入据中原，反责起义图光复者，将累及前朝的子孙，其立说可谓甚巧。然设使汉族反抗者多，世宗便要把明朝子孙杀尽，这话也就是自写供招了。这不是冤诬他，试看历代帝王诏令中，有这样的话吗？雍正七年（1729），为亡清入关后之86年，汉人仍有起而反抗的，世宗上谕，且承认自康熙以来，图谋光复者，指不胜屈，历代从未若此之众。可见中国民族主义的进步，而一班遗老，妄称康雍之治，歌功颂德，以为汉人就从此屈服的厚诬了。世宗这一道上谕，是因曾静之事而发的。曾静是湖南人。先是浙江人吕留良也是志存光复的。曾静使人求其遗书。此时静使其徒张熙说岳钟琪，钟琪将其事举发，遂遭逮治。连吕留良也剖棺戮尸。可见得士大夫阶级中，民族主义亦未尝绝，不过直接行动，不如平民阶级的容易罢了。

白莲教在北方，是一个很大的秘密结社。自清朝入据后，其反抗亦讫未尝绝。高宗乾隆四十年（1775），教徒传布事觉，教首刘松遣戍甘肃。其党仍秘密传布。五十八年（1793），党魁刘之协，奉王发生为主，诡称明裔。事觉，发生遭戍新疆，之协遁去。六十年（1795）之协等举事，至嘉庆七年（1802）始平，前后共历8年。蔓延四川、湖北、河南、陕西四省。此即所谓川楚教徒之乱。嘉庆十八年（1813），又有天理教之变，其首领林清，至能连接内监，图攻宫城，可见其势力之大。天理教亦白莲教支派，可见其光复之志，始终不渝了。然和亡清对抗的，究以南方为较久，遗老志士，流落其间的更多，所以反清的秘密结社，南方更较北方为盛。

南方的秘密结社，始终抗清的，当以天地会为大宗。天地会的历史，略见于日本平山周所著的《中国秘密社会史》商务印书馆本。平山周系随孙中山从事革命的。据其说，其会中的传述：谓福建莆田县九连山中，有一个少林寺，相传为达尊神所创此当系指禅宗的始祖达摩。故下文使苏洪光再生时，称达摩大师，已历千年。寺中的和尚，都懂得武艺、兵略。康熙时，或说是乾隆时，西方有个西鲁国造反，官军大败，清主乃悬赏，说有能征服西鲁国的，他要什么，便把什么赏他。少林寺徒属中，有个唤做郑君达的，同128个和尚前往应募，把西鲁国打败。回兵之后，清主问其所欲，诸和尚都一无所欲，依旧还山。惟郑君达留为总兵。此时朝臣中，有两个唤做陈文耀、张近秋的，意图篡位，而怕僧兵的强，乃进谗于清主，说僧兵若怀异志，必非国家之福。清主听信了他，使他俩带兵去剿灭少林寺。翰林学士陈近南谏，不听，遂弃职，归隐湖广。少林寺僧中，有个唤做马仪福的，艺居第七会中人讳言七，而性好渔色，曾引诱郑君达之妻郭秀英及君达之妹玉兰，因此为众僧所逐。怀恨在心，乃引清兵到寺。四面密埋火药，堆积柴草，用松香做引线，放起火来，僧人都被烧死。幸得达尊神遣朱开、朱光两个天使，引导18个和尚逃出。清兵后追，路经黄泉村，13个和尚战死，剩下5个，唤做蔡德忠、方大洪、马超兴、胡德帝、李式开，是为会中所称的前五祖。清兵进入黄泉村。有5个人，唤做吴天祐、方惠成、张敬照、杨仗佐、林大江，对他们说：5个和尚已经死了。前五祖乃得逃去。吴天祐等5人为会中所称五勇士。前五祖逃到沙湾口，有船户2人，唤做谢邦恒、吴廷贵，留他们住宿船中，再逃到惠州长沙湾。后面又有追兵，而前面为河所阻。达尊神乃再使朱开、朱光，一持铜板，一持铁板，架作桥梁。前五祖乃得渡过，至宝珠寺，辗转到石城县的高溪庙。食用缺乏，天使又加以接济，到前五祖起行后，寺庙便都消灭了意为该寺庙系幻化而成。前五祖逃到湖广，到了一处地方，唤做丁山，其地有一个小港口。无意中遇见郭秀英、郑玉兰、和郭秀英的两个儿子，一个唤做郑道德，一个唤做郑道芳。此时郑君达已被陈文耀用红绢绞杀，乃同往祭其坟。而清兵适至。郑君达墓中，忽然跃出一把桃剑。柄上刻有反洆复汩四个字。洆字乃清字，汩字乃明字的代替字，天地会中文字都如此。秀英持剑乱挥，斩首无算，遂得脱险。事为张近秋所闻，带兵前来搜捕，郭秀英早得消息，把剑传给两个儿子，令其速遁，自己却和郑玉兰投三合河死了。谢邦恒寻得其尸，把她葬在河边陵上，还替她立了一块石碑。前五祖匿身林中，趁陈近秋经过，突出把他杀掉。陈近秋所带的兵又来追。幸得吴天成、洪大岁、姚必达、李式地、林永超五个人来救，乃得脱险。此五人即会中所谓后五祖，亦称五虎。前五祖欲复还高溪庙。再过宝珠寺，寺已化为乌有。既无饮食，亦无歇宿之所，困苦殊甚。而忽与陈近南相遇。陈近南自辞职归后，在白鹤洞中研究道教会中人相遇，问自何处来？必答言是白鹤洞来，后又以代和尚报仇，卖卜江湖。至此与前五祖相遇，迎之归家。后以所居狭隘，移于下普庵后的红花亭。一日，前五祖逍遥河上，见水中一物浮来，近视之，乃一大石香炉，炉底亦有反洆复汩字样。另一行，注明其重为52斤13两会中白镴鼎之重如此。五人既得香炉，乃取树枝树叶，以代香烛，注清水以代酒，祭告天地，誓必报少林寺之仇。祭时，树枝树叶忽自焚，前五祖归告陈近南。陈近南说：这是洆代将覆，汩朝复兴之兆，乃即举兵。有一少年，自来投效，两耳垂肩，双手过膝。讯知姓朱，名洪作，为明思宗之裔。乃共奉为主，以甲寅年七月二十五日，在红花亭盟誓，称为洪家大会。至今其会员皆以是日为生日。是夜，天显异兆，南天光耀，作文廷国式四字，遂以为元帅旗。旋东天复发红光，红音同洪，故用以为姓。把洪字拆开，则为三八二十一，即用以为符号。陈近南乃用一个唤做苏洪光的为先锋，以前后五祖为中坚，遣五勇士至龙虎山中募兵为后备。明日进攻，时清兵方强，洪家战败，退至万云山。遇万云寺寺长万云龙，云龙系浙江太昌府人，本名胡得起。陈近南引其觐见幼主。云龙即歃血为誓，矢志覆洆兴汩。八月二十日再战，云龙手持两棍，向清军攻击，不幸于九月九日，中箭而死。兵皆溃散。前五祖潜匿。兵退，焚其尸，裹以红绢，葬之山下，陈近南尊之为达宗神盖以配达尊神。相与寻求幼主，不得，陈近南谓洆运尚未至覆亡之时，劝诸兄弟暂散，广结徒党，以为后图。数年之后，会众聚集于高溪庙，此时诸头目仅存一个苏洪光，未几亦死。欲举兵，苦于无人统率。忽传苏洪光复生，事缘思宗死时，缢于煤山柏树上。内监黄丞思，冀得附帝以葬。而树无别枝，又不敢与帝同缢，乃缢于帝足而死。寻得帝尸之人，反指为叛逆，弃其尸不葬。游魂无归，达摩大师乃将其附合苏洪光身上，借尸还魂，名之曰天祐洪，为三合军司令，连战连胜，共得七省之地。后来战死于四川。三合军乃四散，七省之地，复为清所据。平山周说："哥老会及其他秘密社传说，虽各有差异，然其为焚烧少林寺，毙僧多人，以逃出之五僧，作为五祖，图复仇于万一，则均确信不易。"可见此会支派之广。又说："三合会或称天地会，世人以此名之，会中人亦即以自名，遂成为通称。或曰即三点会。凡清水会、匕首会、双刀会等，皆其支会。"又说："三合会之成立，在康熙十三年（1674），相传以少林寺僧人，被官焚杀，志在复仇。"案康熙十三年（1674），岁在甲寅，与其所载天地会传说创立之年相合。又此传说中早称郭秀英、郑玉兰投三合河，而其军亦称三合军。二会之即一会可知。又可见其确为此项结合的嫡派。会中历史，久经传述，事迹自不免谬悠凡故事口相传述，大抵文学的意味增加，历史的成分减少。况天地会传说，本有影射，并非真实事迹。所以外观几同评话了。然其姓名似多有寓意，又或非不知文学的人所能杜撰洪家之称，谓由天发红光，恐系讳饰之词，或则传伪所致。其本意，似系影明太祖的年号洪武而言。朱开、朱光、苏洪光等名字，显见其均有寓意。吴廷贵等姓名，即非江湖上人所能造，其称苏洪光恢复七省，显系影射明桂王盛时，曾据两广、云贵、四川、湖南、江西之事。平山周说："观其尊信一种秘密仪式，知为僧道所创无疑。"然则说虽谬悠，中必暗藏一段明代志士，兼及方外，图恢复而未成，匿迹民间，广结徒党，以为后图之事。惜乎其无可考了。

　　三合会成立之后，反清之事，连绵不绝。据平山周说：其事以乾隆五十二年（1787）台湾林爽文之乱为倡始，此事在当时，是震动全台的。其后嘉庆十四年（1809）清水会会员胡炳耀等17人，在江西崇义县被捕，治以叛乱煽惑之罪。二十二年（1817），三合会会员又增至千余人。有犯事被刑的。二十三年（1818），原误作三十二年，又大败于梅岭。然常称兵以与广东官吏相抗。在江西的会员亦颇多，常干涉行政，地方官极怕他。道光十二年（1832）两广、湖南瑶族起事，传言为三合会所煽惑。后瑶族退入山中，三合会独当前敌，被杀的很多。二十一年（1841），中英战端既开，三合再起覆清兴明之望，曾与海峡殖民地政府协商。三十年（1850），三合会骚扰两广各地，太平军乃因之起事。咸丰七年（1857）中英衅起，英人在香港预备攻击广东，以800苦工编成教练队，苦工俱系客民，大都属于三合会。其中几个头目，以驱逐满洲之故，曾向英军协商一切。邹鲁《中国国民党史稿》第一篇第一章说，"国内会党，常与官府冲突，故犹不忘其与清廷立于反对地位。而海外会党多处他国自由政府之下，其结会之需要，不过为手足患难之联络而已，政治之意味殆全失。反清复明之语，亦多不知其义者。鼓吹数年，乃知彼等原为民族老革命党也。"据平山周说，道光时，江西、两广、台湾一带，三合会颇跋扈，而以福建一省为酝酿之所，并有挟此主义，自闽广往马来及南洋各岛，或暹罗、印度各地的。无论其为贫病死伤，扶持而入，或为求免诸种压制而入，或为好奇而入，或为种族革命而入，或有所利而入，而皆同抱一倾覆满政府之念，血誓以后，即众志团结。然则邹鲁的话，不过一部分的情形，并不能以此概海外会员的全体了。作始也简，将毕也巨，在先民创始天地会之时，又安能预料其如此发达呢？不过行其心之所安罢了。然而其发达竟如此，后来孙中山的革命，还是利用会党的。民国纪元，上距天地会创始之年，凡239年，卒奏光复河山之烈，有志者事竟成，先民有知，亦可以含笑于九泉了当辛亥光复时，吾乡常州西门外，有吴姓或胡姓，因吾乡人读此二字音相同，故无从知其正字。老而无子，其远祖于明亡时，遗有明代衣冠一袭，命子孙世世保藏，光复时着以祭告，此人并一衣之而出，谓吾虽无子，眼见汉族光复而死，我的祖宗也可以无遗憾了。此事知之者甚多。惜当时干戈扰攘，未能访得姓名居址，及其先世事迹。观于此，可知抱民族主义的，实不乏其人。

第二节 太平天国的兴亡

太平天国天王洪秀全，广东花县人。生于清嘉庆十七年，即1812年，恰在民国纪元之前百年。天王少尝读书，应童子试，不中，为塾师，有大志，要想结合徒党，宗教自然是良好的工具，而广东通商早，受西方文化的影响较深，所以其所创之教，以基督教为蓝本陈恭禄《中国近代史》云："相传上帝会创于湖南人朱九涛。清文宗曾访拿其人，疆吏复奏，称其为狗头山取药的妖人。其被捕的徒弟，身有符咒。《平定粤匪纪略记》九涛之言，谓铸铁香炉成，可驾以航海，其人殆为白莲教余党。"，称为上帝教。称上帝为天父，基督为其子，称天兄，自称上帝之子，基督之弟，冯云山首先信之。又得杨秀清、萧朝贵、韦昌辉、石达开，共六人，结为死党。秦日昌、罗大纲、林凤祥等先后来归冯云山，天王同县人，为天王中表。杨秀清，先世广东人，后迁广西，居桂平的大黄江，以制炭为业。萧朝贵，武宣人，天王妹夫。韦昌辉与杨秀清同乡，监生，出入公门，与胥吏结交。石达开，贵县人，颇有家财。秦日昌系苦工出身，罗大纲为广东海盗，林凤祥亦贵县人。天王虽怀光复之志，然其用意，并不与三合会同。他曾说："复明似是而非，既光复河山，自当另建新朝。"举兵之后，三合会头目有军械的，多归向他。旋以教义相异，不久即散去。所以平山周说："世人认天王为三合会首领，实在是错误的。"道咸时，三合会在广东举事的，仍揭反清复明的旗帜，亦见《中国秘密社会史》。

清宣宗道光二十七年（1847），广西大饥，群盗蜂起，乡民多办团练以自卫。先是天王偕冯云山到广西桂平、武宣间的鹏化山去传教，归向的人颇多，多系贫苦的客民，而办团练的，则多系较有身家的土著，彼此之间，颇有冲突。教徒亦团结以自卫。到道光三十年（1850），天王遂起兵于桂平的金田村。

清朝派向荣等到广西去攻剿，不利向荣系固原提督。又有云南提督张必禄，文宗命其赴广西。旋必禄战死。时广西巡抚郑祖琛，年老讳盗。文宗起林则徐为钦差大臣，摄巡抚事，赴广西。则徐行至潮州病死。代以李星沅，而以周天爵为巡抚，加总督衔。星沅与天爵不和，又罢之，以赛尚阿督师。文宗咸丰元年（1851）八月，天王军取永安，建国号曰太平天国。天王即位，封杨秀清为东王，萧朝贵为西王，冯云山为南王，韦昌辉为北王，石达开为翼王。向荣把他们围困起来。明年，太平军突围而出。走阳朔，围桂林。因向荣先期入守，不克。乃北取全州，浮湘而下，为江忠源乡勇所扼，改由陆道入湖南。萧朝贵以一军道湘东，攻长沙，中炮而死，天王等悉众而北。攻长沙，亦不克。乃渡洞庭湖，下岳州，北取武汉，分军下九江、安庆。先是道州举人胡孝先，往谒天王于永安，劝其西居关中。天王举兵后，读书人还未有来归附的，得孝先，大喜，置之左右，与共谋议。而杨秀清忌他，出永安后，把他杀死，诈称为敌兵所杀。天王到湖南后，初议出常德，取汉中，以图关中，后虽未果，然及九江、安庆既下，仍欲弃之北上。乃括所得财帛入武汉，欲出襄樊，以攻潼关。旋虑载重行迟，为清兵所及，而潼关坚不可下，乃仍顺流而下，连克太平、芜湖。太平天国三年清咸丰三年（1853），正月，遂克江宁。是时天王仍欲出江北，破开封，西都洛阳。或言"明太祖亦起金陵有天下，宜先建国，示天下以趋向"。乃定都江宁，称为天京。案明太祖起兵时，元朝的腐败，又非清朝道咸时之比。其时群雄崛起，力量亦较此时称兵者为厚。然明太祖定群雄后，仍思暂居南方。后因元朝又有内乱，乃克乘机北伐。这是因旧朝政府，承袭相传的名义，实力究较新起的革命军为强，非将其政治中心摧毁，不易遽令其崩溃之故。清朝此时，守河南的为琦善。其兵力很腐败，以太平军初起时的锋锐，实足以破之而有余。这正是天国与清朝，拼一个你死我活的机会；而太平军顾恋财物，不能舍之疾趋而北，其初起时已不免暮气了。既定天京之后，上下遂流于骄奢淫逸，更伏下一个失败之根。

　　太平军入天京后，向荣追踪而至，扎营于城外的孝陵卫，是为江南大营。耆善的兵，亦移扎扬州，是为江北大营，其兵殊不足顾虑。天王再议图河北，罗大纲说："欲图河北，必先都开封，否则宜先定南方，以定基本。然后（一）山东，（二）安徽、河南，（三）汉中，三道北出，孤军深入非计。且既都天京，则宜多造战舰，精练水师，然后可战可守。"杨秀清以为怯，不听。乃分遣吉文元、林凤祥出河南，胡以晃、罗大纲、秦日昌经营长江上流。文元、凤祥的兵战斗很猛，卒因孤军无援，为清朝所歼灭。这可说是天国的一大损失吉文元的兵出浦口，林凤祥的兵出镇扬，二师同会河南。其出军时，天王命其迅速进行，勿贪攻城以致迟延。二人均能奉行军令，势甚飘忽。渡黄河，至怀庆，乃为清军所阻，文元战死。凤祥舍之入山西，旋出直隶。北方天气寒冷，南兵不能耐，耳鼻冻裂，驻军时即炽火，溃烂的十六七，战斗之力遂衰。逼天津而不能攻，清使僧格林沁拒之。凤祥退据静海，时为天国三年（1853）十月。四年（1854），杨秀清遣兵攻破临清，以为之援，又为僧格林沁所破。凤祥欲南下合临清之兵，不能达，据连镇，别将李开芳据高唐。至五年（1855）正月，而为清军所灭。惟西上的兵，北据庐州，南取安庆，并进取九江、汉阳，包围南昌及武昌。又分兵北去德安，南取岳州。颇足使清朝震动西上的兵，胡以晃取和州，罗大纲取镇江，二师同会于庐州，入英、霍、黄梅。大纲之兵取九江，使林启容守。再西上取汉阳，围武昌，北出德安，南取岳州。天国四年（1854），石达开破桐城，下安庆，后又攻破江西许多州县。庐州为清军所陷，秦日昌复之。赖汉英又攻下皖南。

时清兵所至丧败清两江总督陆建瀛，以舟师守武穴，太平军自武汉东下时，建瀛之兵大溃，江宁遂不能守，建瀛自杀。及太平军再西上，皖抚江忠源死于庐州。鄂督吴文镕败于黄州。杨霈代为鄂督，与湘军陷武汉。太平军再出上流，霈兵亦溃败。其后武汉再陷，清朝乃以胡林翼巡抚。林翼与荆州将军官文交欢，得其助力，清朝遂不之疑，武汉形势，就不易动摇了，非有新兵的武力，已不足支持残局。论理：自清朝入关至此，业已 200 余年，其气运已倍于胡元。中国士大夫，该群起而谋光复。然士大夫阶级，本亦是平庸迟钝的人居多。天王所创的宗教，含有西教意味，尤为当时士大夫所反对。是时民族主义，尚未昌盛，敌不过忠君的旧教条。而湘军遂起而为太平军的劲敌。湘乡曾国藩，以在籍侍郎，在长沙办理团练。国藩知营兵的无用，专用忠实的士人招练诚朴的乡农，又以太平军利用长江，非有水师不足以与之角逐，乃练水师于衡州。太平天国四年清咸丰四年（1854），国藩出援湖北，初战，败于靖港，愤欲投水，以旁人救援而止。旋其别将援湘潭得利，乃再整军容，进取岳州。时武昌已下，国藩会湖北兵进陷之，并进陷汉阳。湘鄂之兵，夹江而下，太平军又败绩于田家镇，清兵遂进围九江。明年，太平军再出上流，败鄂军，下武汉。国藩命九江围军勿动，自赴南昌，又分兵出崇、通，会鄂军，以图上流。太平军虽解九江之围，然清军卒陷武汉，以胡林翼署鄂抚练兵筹饷，倚为重地，上流的形势一变了。

广西群盗张嘉祥，初亦与太平军有关系。后以与天王意见不合，别为一军，降于向荣，改名国梁，向荣衰迟不振，而国梁颇善战，攻陷太平、芜湖，又攻镇江。清提督和春，亦陷庐州，取舒城、巢县。天王召罗大纲入援，大纲率李秀成、陈玉成等兵东下，败清兵。大纲亦受伤，杨秀清忌大纲，使医生将其毒死。大纲多谋善战，且知大体。其死，天国实失一柱石。天国六年清咸丰六年（1856），秀成、玉成等解镇江之围，北取扬州，回攻江南大营。石达开之兵亦至。向荣败走丹阳，气愤而死。下流军事，才有转机，而天国的内讧又起。

天王自入天京后，把政治军事都交给杨秀清，即章奏亦必先达。秀清荒淫无度，至于造龙车，使侍妾裸曳而行。既专权，阴有篡位之意。是年八月，韦昌辉把他杀掉，并杀其党3000人。石达开自湖北归，加以劝阻，昌辉怒，又要杀掉他，达开知之，缒城而遁。昌辉杀其母妻子女。达开走安庆，发兵靖难，至宁国，而昌辉为天王侍卫所杀。天王命传其首于达开，达开乃留军入觐。或劝天王，留达开辅政，而去其兵柄。达开闻之，不自安，复走安徽。先是李秀成出援桐城，陈玉成出援宁国。石达开的遁走，韦昌辉檄李秀成将其缚献，秀成不听。昌辉怒，又欲谋害其家属。其时反复于清军和太平军间的李昭寿固始人，本在河南为盗投降秀成。秀成因之，招致张乐行之众，号称数十万。或劝昌辉，说："如此，秀成必叛，何以御之？"昌辉乃止。昭寿亦劝秀成，因乐行之众，西取关中，跨据陇蜀。秀成踌躇，旋得家书，知父母无恙，乃止。至此，又有人劝石达开，说："中原未易图，不如入川做刘备。"达开从之。使招秀成及玉成。玉成已行，因秀成不肯，亦中止。而达开遂西行，自此别为一军，和天国无甚关系了。天国初起时诸人物，至此略尽。天京政治，出于天王之兄仁发、仁达，两人都极贪鄙，遂无再振之机江南大营再溃时，李秀成力劝诸王及人民，多出金银买粮米。仁发、仁达，视为有利可图，巧立名目，以征其税。商人裹足不前，天京粮食遂乏。秀成谓为天京失守的大原因。而李秀成以一身系军国之重，支持残局者又8年。

湘军自取武汉后，形势日强。太平天国八年清咸丰八年（1858）四月，遂陷九江，守将林启容死之。启容坚忍善战，守九江五年。城破之日，无一投降的。曾国藩深为叹服。湘军遂以水师攻安庆，陆军攻皖北，陷庐州。自向荣死后，清以和春代之，张国梁帮办军务，国梁亦乘天国内乱，攻陷镇江、句容，再逼天京。天王召诸将入援，多为清军所牵，不至。惟李秀成守浦口，保障着江北一条通路，而亦不能进取。秀成以陈玉成之兵最强，劝天王封为英王，令会集诸将入援。而玉成不善将将，诸将都不听命。时李昭寿又降于清军，致书李秀成劝降。秀成得书大惊，兵部尚书莫仕蔡方监秀成军，急携其书入见天王解释。而天王已听流言，命封江阻秀成兵。且系其父母。仕蔡至，力谏，乃复悔悟，抚慰秀成，封为忠王，都督中外诸军，录尚书事，赐尚方剑，便宜行事，主将以下，先斩后奏。秀成乃传檄诸将，以九年清咸丰九年（1859）二月，大会于枞阳，定断张国梁粮道之计。时清江北大营不复置帅，归江南兼辖琦善死后，托明阿代之。后复代以德兴阿。陈玉成破扬州，德兴阿被和春劾罢，遂归和春兼辖。汛地益广，兵数日增，其饷皆出浙西，由两江总督驻常州主持。江南营军，本已骄佚，至是饷无所出，江督何桂清乃命45日发一个月的饷，军心益怨。秀成先与玉成合兵，往援皖北。大败清军于三河集，清将李续宾伏诛，围安庆的兵亦撤退。于是玉成与清军相持于上流。秀成自宁国、广德攻破杭州。会合诸将，还攻江南大营，清兵大溃。张国梁战死丹阳，和春受伤死于常州，天国之兵，长驱取苏、常，直至嘉兴。一月之间，逐北700里，克城60余，兵势又一振。

先是石达开扰闽、浙，清命曾国藩往援，后复命其援皖，国藩回军，复围安庆。及苏常光复，清以国藩为两江总督。国藩使弟国荃围安庆，而自率兵驻祁门。太平军四面逼之，不克。李秀成既定杭州，分兵出江西。汪海洋等20万众离石达开来归。众遂大盛，多破江西州县，前锋抵武昌境，和陈玉成黄州的兵，隔江相望。时玉成以救安庆不克，分兵取蕲、黄、广济，欲以分国藩的兵。秀成叹道："英王错了，适足使安庆之围更坚，他有水师以济饷，安肯救此不急之城呢？"时左宗棠入江西，秀成乃还取杭州此时满城未破，复还苏州，期以十二年清穆宗同治元年（1862）春援皖，而安庆已于十一年清咸丰十一年（1861）九月为清兵所陷。是时清文宗已死，穆宗继立。孝钦皇后与肃顺，虽有政争，然未影响到战局。安庆既陷，而军事形势又一变。陈玉成在庐州，为清军所攻，弃之，走寿州，依苗沛霖，为苗所卖，执送清军，被杀。时为十二年（1862）四月。玉成起军中，年19当大敌，24封王，26而死，其兵之强，冠于诸将。与曾国藩相持数年，深为国藩所畏。秀成闻其死，叹道："吾无助矣。"其时胡林翼亦死。清命曾国藩督办苏、皖、赣、浙四省军事。指挥之责，集于国藩一身。国藩乃荐沈葆桢抚赣，左宗棠抚浙，命李鸿章募淮勇以固苏、松，曾国荃沿江而下，彭玉麟以水师佐之，以窥天京时清军队重要的，尚有德兴阿、冯子材守扬、镇，鲍超在宁国，张运兰在徽州，多隆阿在庐州，李续宜在颍州。

上海在用兵形势上，本是个绝地。自海通以来，而其形势一变。因其后路不易绝，且饷源充裕，而筹饷的人，尚未注意到，颇可倚为战守之资。当太平军入湖南后，清朝一方面，就有倡借用外兵之议的，后来事未果行议者谓宁波、上海等处，外人驻有舟师，以防海盗，可与商派入江助剿，未果行。江宁破后，向荣以长江水师缺乏，檄苏、松、太道吴健彰和外人商议，领事答以两不相助。乃已。此时外人的态度，确然是中立的。健彰粤人，初为洋行买办，后援例得官。刘丽川在洋行，亦与之相识。据上海时，其党露刃以胁健彰，领事馆中人挟之去。健彰遂居领事馆中，诡称公出，规脱处分。言官劾其通夷养贼；擅将关税银两运回原籍，奉旨交督抚严讯。奏言无其事。惟以与本管洋行商伙，往来酬酢，不知引嫌；避居洋行，捏报公出，遣戍新疆。而向荣请留之效力赎罪。《中西纪事》谓其钱可通神。其时外人恶清朝之无信。教士闻太平军崇拜上帝，摧毁偶像，对之亦多好感。1853年，英使文翰至天京，谒太平军领袖，建议严守中立。1855年，美使至天京调查亦然。美政府且训令其委员，可斟酌情形，承认天国为事实上的政府。惟法使请其政府中立，未能有效。外人以私人资格，在太平军中服务的亦颇多。太平军利其枪炮，又其人战斗颇勇敢，亦颇厚待之，称之为洋大人，洋兄弟。李秀成部下尤多，然亦未能大得其用。

咸丰戊午、庚申两约既成，外人对清朝所得的权利多了，其态度乃一变。然是时清朝对于外人尚多疑忌，未敢径接受其援助时法使称愿售枪炮，如欲仿造，亦可派匠役前来。并请在海口助剿。王大臣闻奏，不许。俄使亦言愿派水兵数百，与清陆军夹攻。又称明年南漕有无阻碍未可知。在上海时，有粤商及美商，愿采台米、洋米运京。如由伊寄信领事，将来沙船、钓船均可装载，用俄、美旗，即可无事。诏江、浙督抚及漕督议奏。漕督袁甲三，苏抚薛焕均言不可听。曾国藩请温诏答之，而缓其出师之期，总署奏亦谓然。又谓初与换约，拒绝过甚，又恐转生叵测。宜设法牢笼，诱以小利。法夷贪利最甚，或筹款销其枪炮船只，使之有利可图，冀其匿就为用。请令曾国藩酌量办理。代运漕米一节，由薛焕招商运津，华夷一体，无须与该夷会商。至危机渐及上海，而其情势又渐变。外人助清军平乱，始于太平天国四年（1854）。先是清道光二十九年（1849），新加坡陈玉成设三合会支部于厦门，名之曰匕首会。为清官所捕杀，黄威代领其众。天国三年（1853），占据厦门，自称明军，后以饷械不足退去。而刘丽川据上海。据《中西纪事》：丽川在起事前，曾托领事温那治先容于太平军温那治遣轮船二溯江西上，至镇江，为清船所获。得温那治与太平军书，并洋枪火药，及刘丽川奏折。温那治书言"三月间在南京，蒙相待优厚，并为照顾贸易之事。我兄弟同在教中，绝不帮助官兵，与众兄弟为仇。今寄来火器若干件，火药若干斤，即祈早为脱售"云云。时两江总督为怡良，咨粤督穷治此案，卒亦未果。然太平军对于丽川，并未曾切实联络。丽川亦不能有所作为。四年（1854），英、法兵助清兵攻之。五年（1855）正月初一日，丽川亡走，为清兵所执杀。

江南大营既溃，巴夏礼到天京，请勿加兵于上海。提议划界百里，彼此各不相犯。此实天国利用外援之好机会，而天王不许，巴夏礼一怒而去。时上海商人设立会防局。有一个美国水手，唤做华尔 Frederick Townsend Ward，因译人丁吉昌介绍，往见苏松太道杨坊坊亦本系商人，吉昌系诸生，从教士习西文。家近苏州，遭难，乃立志与天国为仇，许其攻下松江，给以银 3 万两。华尔募潜逃水手百人往攻，不克。再募菲律宾水手百人前往。美人白齐文 H. A. Burgevine 亦在其内，乃克之，时英海军大将以华尔诱其水手潜逃，控之于美领事，美领事禁华尔于舰中。华尔泅水而逸。其时苏抚薛焕，及布政使吴煦，均在上海。议欲再募菲律宾人，苏州人王韬说，募洋兵费多，不如募中国人，而用洋人统带，教练火器，从之。于是华尔、白齐文，募华兵 500 守松江。太平军攻上海，会同英、法兵败之。诏赏华尔四品衔后加至三品。白齐文亦得赏四品衔。其后外国水陆队及经理税务商人，屡有传旨嘉奖的，名其军曰常胜。太平天国十二年清同治元年（1862）上海官绅筹银 18 万两，雇英国轮船 7 艘，往迎淮军。至三月杪而毕至。诏李鸿章署苏抚薛焕为通商大臣，专办交涉，常胜军归其节制。李秀成自昆山进攻。淮军及常胜军连败，英、法兵亦败，太仓、嘉定、青浦次第光复。松江亦将破。此时倘能聚集兵力，将上海问题彻底解决，仍不失为太平军的一个机会，而无如天京吃紧，天王又诏李秀成入援。

时曾国荃以天国军粮均来自巢县芜湖一带，将其攻破。又破太平府，进逼雨花台，天京危急。李秀成乃退兵苏州，使弟扬王世贤先将兵 2 万入援。秀成以敌军有长江济饷，而其营垒坚不易拔，欲先取宁国、太平，断其饷道。而天王以天京粮少，虑不能守，仍促其入援。秀成不得已，率兵进京。八月，国荃军大疫，秀成、世贤猛攻之，历 46 日，不能破。世贤献计："攻扬州、六合，括其粮至军。夹江攻国荃，再分兵攻曾国藩于安庆，致国荃往救，然后乘虚攻之。"秀成从其计。出兵江北，欲合张乐行之兵。至六安，闻乐行已死。再用世贤计，"回袭清江，想倒击扬州、六合，然后袭通、泰以连苏、杭，则镇江清军，不击自退。镇江既下，可通饷道达燕子矶，则国荃不足虑矣。"然所过皆成邱墟，军无所得食，而国荃又攻破雨花台，不得已还救。时为天国十三年清同治二年（1863）六月，至浦口，船少兵多，不得渡，为杨岳斌 初名载福、彭玉麟水师所截击，丧失大半，秀成兵力遂衰。既归天京，请天王亲征赣鄂，天王不许。秀成言苏、杭不守，则天京愈危，力请往援。天王虑粮乏，秀成括家资，又借贷以助饷，然后行。

先是华尔攻宁波，城破，华尔亦受伤而死诏于松江、宁波建专祠。白齐文代将其军。曾国荃为李秀成所攻，李鸿章屡命其往救，白齐文不听，至上海索饷，不得，殴伤杨坊，夺银 4 万两而去。李鸿章告美领事，夺其职。改用英人，其人无将略，屡战皆败，会英政府许其将校服务清军，乃改用戈登 Charles George Gordon，定其军额为 3000。白齐文降李秀成，劝其"弃江浙，北据山东、山西、河南、陕西。使清水师无所用，外人亦不能相助"。苏州诸生王畹亦献计："以水师出通、泰，掠商船，使货物不能入上海，其时华人避难上海租界数十万，必凶惧。外人必惧而求和。否则令精兵数千，伪为避难者，入居租界。夜中猝起焚劫。外人必逃登军舰。我乃起而镇定之，招之使还，外人亦必与我妥洽了。"秀成均不能用。戈登会清军陷常熟，又陷昆山，于其地设大营。使丁吉昌入苏州，说纳王郜永宽，永宽遂杀慕王谭绍光而降。永宽降时，由戈登为之保任，许以不死。而淮军将程学启将其杀掉，戈登大怒，要攻击李鸿章，后未果。英政府闻清军杀降，取消其将校服务于清军的命令。常胜军因此解散戈登加提督衔，洋弁受宝星的 64 人。时法人在宁波练洋枪队，召募华人十余，由德克碑（D. Aigue Belle）统带。曾在余姚、绍兴一带助清军作战，旋亦解散。然苏州失后，太平军军心大乱。无锡、常州俱不能守。左宗棠又攻下浙江诸州县，并陷杭州。天国事势，遂无可挽回了。

苏州失陷后，李秀成弃无锡而去。秀成逆料丹阳、常州俱不能守，与屯丹阳的然王陈时永同进天京，力劝天王乘敌围未合，出图赣鄂，否则奉太子出以图恢复。天王都不听。而天京附近险要，续有陷落，江、浙郡县相继失守。秀成知事无可为，乃决计死守天京，与国同尽。是为天国建立后十四年清同治三年（1864）正月，至二月而天京之围合，城中粮尽，都吃草根树皮。秀成日夜登陴抚慰，人无怨言。时曾国荃设局招抚难民，秀成劝其民往求生。人民无愿去的，自杀的日数百人。秀成卒请于天王，将其众放出一批。天王忧愤成疾，四月，驾崩。太子洪天贵福即位。时年16，秀成辅政。六月十六日，天京失陷。太后赖氏，以幼主托秀成，投御河而死。秀成奉幼主归别其母，太子母麾之去，自投缳。世贤解救之。于是秀成奉幼主，世贤奉其母，突围而出。至方山，秀成为村民所获，送之曾国荃军。秀成以史馆实录，尽被清军焚毁，手写太平天国事迹，每日7000余字，共10日而毕。此即清人所谓《李秀成供状》。世间所传的，全被清人改易，非其真相了。秀成旋被清军杀害，时年40。

秀成广西滕县人，和陈玉成同乡。起小卒，随罗大纲、胡以晃军，以晃举为将。自天京内讧后，朝政紊乱，军事亦散漫，全赖秀成一人支柱，面折廷争，有古大臣风度。运筹决策，临敌指挥，尤无愧于古之名将。其人实为文武全才，非湘淮诸将所能及。其不嗜杀人之风，尤使湘淮军诸将号称儒生的，对之生愧。秀成破江南大营后，礼葬张国梁。破杭州后，礼葬巡抚王有龄。满城中的满兵，均释弗杀。得苏、常后，乱民肆行抢掠，旬日未止。左右请剿办。秀成说："人民苦于兵戈，以至如此，何忍加兵？"自带几十个人，巡行乡镇，乱民千百人，持兵相向。秀成说："我是忠王。"加以抚谕。皆释兵罗拜，一日而乱定。召官吏千余人至，抚慰之，命其愿留者留，愿去者听，没有川资的，都发给他们。农民失业的，给以牛种。贫民则给以资粮，散库钱10余万缗，粮万余石。后来去苏州时，男女老幼，无不流涕。在方山时，为村民所获。一人手剑要杀村民，秀成还止之道："此天绝我，毋伤良民。"村民中一人曾于秀成出军时供担役，还跪而自罪，说："此忠王也，爱百姓厚，吾侪当护之。"要送秀成到湖州、广德问太平军中。后因人多不能自主，乃卒被执送清军时秀成遗宝带一条于山庙中，使村民回取之，已为他村民所得，互争，遂挟秀成送清军。其爱惜军民如此。天京失陷时，饥军10余万人，无一个肯投降的，良非偶然。曾国藩奏疏说："十余万贼，无一降者，至聚众自焚而不悔。"可见其非厚爱天国者粉饰之辞。大业虽终于颠覆，然留此一段悲壮的事迹于历史之上，可使汉族的民族主义，放万丈的光焰。而忠王的人格，亦永垂于天壤之间，为后人所矜式了。秀成次子荣发，骁勇有胆略，年15，随父军中，杀敌当先，屡立奇功。秀成以为护军。年16，统兵万人，屡战辄胜，军行常自断后，随幼主至徽州，兵败，孑身逃走，为左宗棠炮船所得。有一队官，系秀成旧部，说"这是恩主"，把他藏匿在杭州。宗棠军多秀成旧部，送以资粮的不绝。宗棠初以其年少不问，后闻其英鸷得人心，乃杀之。时年19。

忠王的仁义如此，反观清朝，则其嗜杀，殆非想象所能及。1862年，英使普鲁斯Frederick A. Bruce曾约总署大臣文祥、董恂到使馆面谈，说："如赦贼罪，给与公文，承认由其作保，保全降人生命，天国即可自灭。"其参赞威妥玛，并述天王之兄洪仁玕于之言，说"官军如此乱杀，实于天国有益"。而恭亲王竟不许。李鸿章下苏州后的杀降事件，以今日之眼光论，固属野蛮，即以旧时的道德论，亦为不仁不义，而上谕称其办理甚为允协；曾国藩在日记中，亦称其眼疾手快。鸿章受到外人批评后，反说"这里是中国不是欧洲"。其致彭玉麟书，谓常胜军"往往破贼，而不能多杀贼，故须我军偕往，以辅其不逮"，岂不骇人听闻？李秀成归天京后，无锡即投降清军，鸿章又杀其首领。守常州的护王陈坤书，因此决计死守。李鸿章亦明知之。他写给曾国藩的信，说"苏锡之役，歼数逆首，自是粤酋死拒困斗，绝无降意。护酋早欲投诚，兹乃招聚广东悍党，婴城自守"。然其写给郭嵩焘的信，仍说"苏州遣回降人千余，皆可杀者"。这除说他是好杀外，更有何理可说？鸿章曾告曾国藩，说"粤人即不尽杀，放归亦无生理"。忠王劝曾国藩，不宜专杀两广之人。国藩亦谓"其言颇有可采"。然仍杀戮无忌，诚不知其是何居心？天国四年（1854），曾国藩在大冶战胜，奏称"各营生擒逆匪124名，仅与枭首，不足蔽辜，概令剜目凌迟"。当黄威退出厦门时，清军入城市，肆意劫杀，童稚亦不能免，刀钝不能用,则并缚数人而投之河。英领事通牒劝阻,不听。乃命两军舰泊于香港,若将干涉者,租界及船埠周围,才得免祸。其余各地,则有一日所杀,超过2000人的。当道光三十年时(1850),两广各地,三合会蜂起。至太平天国四年,广州几被包围。其军队颇有纪律,亦能善待外人。然清军转得利用外国旗帜,运饷以接济广州,广州因得不破。旋三合会涣散。其军中一首领,率众大半走广西。清军乃渐得势。其明年,广州城外十数村镇,悉被清军攻破,屠杀动辄千百。其余各县亦然,或以500人为一团,械送省城,或以万人为一群,拘之城内,日杀七八千人。平山周说:"广东生灵,伤于清军之手者,百余万人。"及英法兵占广州,石达开自湖南走广西,三合会乘机复起。天国八年(1858),大首领陈清康,率众屯于广州之北。拟俟英法军退起事。后其主力仍人广西。清军乃贿买其副首领陈政,政杀清康以降。清官欲冒战胜之功,杀三合会员2000余人。自是十年之间,三合会员在广东及其邻境的,被捕悉处极刑。然其遗族逃到香港的,仍宣传反清复明主义。血,到底是不能洗血的啊!

天京失陷后,李世贤奉幼主到广德。听王陈炳文,初与康王汪海洋俱守杭州,至是走江西。扶王陈得才,初属陈玉成。玉成败后,自湖北走豫南,入汉中。是年夏间,回救天京,至安徽,闻天京已陷,自杀。世贤尚未知之,劝攻湖州的堵王黄文金,同奉幼主,合海洋、炳文的兵出湖南,北连陈得才。文金必欲破湖州以泄愤。湖州破而清兵大至,文金中炮死。世贤奉幼主入福建,至延平。时汪海洋亦至福建,两军相距仅30里。世贤军为清将席宝田所破,与秀成子荣椿俱走海洋军求救。幼主随难民行,误投敌军,为清营官苏元春所得。元春要将他释放,而事为席宝田所知,将幼主取去,有人对宝田说:"你的祸不远了,曾国藩奏称洪氏无遗类,你却擒获了幼主,他怎肯和你干休呢?"陈恭禄《中国近代史》云:李秀成言天王家人皆死,实为免祸之计。左宗棠获其养子,知其母、妻、幼子,均免于难。见左氏《奏疏》,据闻其子收养于外人,今尚存在。宝田乃将幼主送交沈葆桢,为其所杀。世贤匿民间,奉秀成母以终。陈炳文为汪海洋所杀,海洋以是年十二月,战死于广东嘉应州。石达开自别为一军后,出没于安徽、江西、福建之间。太平天国九年(1859),败于南安,入湖南,又为巡抚骆秉章所败,入广西。明年,入广东,出没湘粤间。十一年(1861),入四川。清以骆秉章为四川总督御之。达开入贵州,十二年(1862),再入四川,转入云南。十三年(1863),再自云南入四川。将渡大渡河,为清兵所扼,又贿土司绝其退路。达开对手下的人说:"吾一人自赴敌军,尔等可免死。"乃张黄盖,服黄袍,乘白马,从数人入清军。至成都,见骆秉章,说:"吾来乞死,兼为士卒请命。"清人磔达开于市,而使诸将围歼其兵2000余人。

太平天国自起兵至灭亡,前后共历15年。兵锋所至之地,共17省内地18省,惟甘肃一省未到。但得城多不能守。所恃为根据地的,实止自天京至九江、武汉的一线,及皖南北若干州县。其后九江、武汉皆失,仅恃安庆与天京相犄角,而皖南北亦日受攻击,形势就更危险了。太平军在军略上的失策:(一)未能于初起时全军北上,与清人争一旦之命。(二)在南方又未立定规模。(三)初起时借长江的便利,未久即下天京,后来水师之利反为清人所有。至其军队,初起时确甚优良。广西军人,强悍善战,其纪律颇严,并无奸淫杀掠之事,所以人民颇为欢迎。清张德坚撰《贼情汇编》称"贼至则争先迎之,官军至皆罢市。此等情形,比比皆然,而湖北为尤甚"。可见光复军兴时,箪食壶浆的盛况。此时太平军军队未甚多,其首领的骄奢淫逸亦未甚。所破州县,到处都有蓄积,取之已足敷用。人民亦有自动进贡,以求免祸的,故其财政宽然有余,无事诛求。其后财政渐窘,军队中旧兵渐少,胁从渐多,军纪亦渐坏,掳掠焚杀之事,遂不能免。天国四年(1854),曾国藩奏疏云:"前此官军有骚扰之名,贼匪有要结之术。百姓不甚怨贼,不甚惧贼,且有甘心从逆者。自今年以来,贼匪往来日密,抢劫日甚。升米尺布,掳掠罄空。焚毁屋庐,击碎釜缶。百姓无论贫富,恨之刺骨。"军纪的好坏,影响于民心的向背和士气的盛衰,这确是天国失败的一个大原因。

至于政治,则天国诸人都起下层社会中。大凡下层社会中人,都抱有均贫富及平等的思想。起事之后,乃表现于其宗教及政治制度中。拜上帝会规制,入会的男称兄弟,女称姊妹,一律平等。天京建后,创立田制,分田为九等上上,上中,上下,中上,中中,中下,下上,下中,下下。上上田一亩等于下下田三亩,各地方有无相通此处不足,则迁彼处，彼处不足，则迁此处。又此处荒，则移彼丰处，以振此荒处，彼处荒亦然。此即所谓移粟移民，民年十六则受田。自食有余，概归公库。二十五家立一库，婚丧等事，均用库中款项。军士有得财货的，则概归天朝圣库。又立女馆，凡处女、寡妇及从征军士眷属，均居于其中。禁烟、禁酒、禁赌。又禁女子缠足。禁妾媵及娼妓。并禁卖买奴婢。其思想不可谓不正。案当隆古部族时代，人民生活，本有一定规则。此时内部安和，而对外亦能讲信修睦，即孔子所谓大同。其后各部族接触日多，渐以兵力相争夺。战败的，固夷为农奴及奴隶。战胜的，亦因其生活日流于淫侈，并且专以争斗为事读《礼记·文王世子》篇可知。这一篇是述古代公族，即国君的同族的生活的，而其风纪日趋于败坏。此即所谓封建时代。然部族时代良好的规则，仍有存留。民间生活，仍有其合理的轨范。即贵族亦不能不俯就其范围，此即古人所谓礼古代的所谓礼，并非指应对进退等，此乃所谓仪。知仪的，古人亦谓其不能冒称知礼。《左传》议论鲁昭公的话，即其一例。所谓礼，实指大众生活的轨范。如凶荒札丧之岁，贵人的生活亦不能不贬损；丰登之年，大众的生活仍不能奢侈等便是。所以《礼记·礼器》说："年虽大杀，众不恇惧，则上之制礼也节矣。"所以此时的生活，尚非全不合理。封建制度完整之世，孔子亦称为小康。封建时代之后，再加以资本的侵蚀，生活的轨范，无人留意之。即有觉其不安，欲去其太甚的，其所欲建立者，让步已至极点，然仍不能实行。此实为社会不安的根本原因。此等病根，上中流社会中人，因其处于压迫地位，生活较为优裕，往往不能觉得。只有下层社会中人身受切肤之痛，会有矫正的思想。历代借宗教以煽惑人民的，除迷信的成分外，总尚略能改正经济制度，示人民以生活的轨范，即由于此如汉末的张鲁便是。可看《三国志》本传《注》引《典略》。这个并非迂阔，实可说是社会真正而且迫切的要求，但其事经纬万端，断非径行直遂的手段所能有济。起于草泽的英雄，思想虽纯，而学识不足，运用其简单的思想、直率的手段，想达到目的，无怪其不能有成了。天国诸人，宗教思想颇为浓厚，凡事皆欲称天以济之。故其国称天国，京称天京，军称天军，法律亦称为天条。军行所至，辄设高台讲演，谓之讲道理，又印行讲道的书颇多。那更陷入极端的观念论了。尝开科以取士，所命题目，亦极可笑其命的题目，有

《贬妖穴为罪隶论》等。案天王尝有诏，贬直隶省为罪隶省。其官制，则有天地春夏秋冬六官，又有丞相、军师、录尚书事等名目。外官有州牧、郡守、县令，又有行省。军制以五人为伍，五伍为两，四两为卒，五卒为旅，五旅为师，五师为军。又有监军、总制、将军、指挥、点检等名目。今古杂糅，一望而知为乡曲学究所定。此等制度，亦多未能实行。实际的政治，则因天王入天京后，百事不管，朝内又无能主持之人，以致紊乱。总而言之，天王之为人似只长于宗教，而短于政治及军事。天王手下，亦无此等人才。只有一个李秀成，而用之太晚，且不能专。实为太平天国失败最大的原因。且如天王的宗教思想，在当时，绝不能得多数人的赞同。民族革命之义，如能始终标举，是可以引起一部分人的归向的。太平军出湖南时，亦曾发布讨胡之檄，后竟未曾再提，而仍欲推行其不中不西、不古不今的政教，即此就可见得不认识环境，难于有成了。然事虽失败，毕竟替民族革命播下了种子。到孙中山革命时，其余党还有存留海外的。

第三节　捻党始末

当太平天国和清军在江域相持时，直、鲁、豫、苏、皖间，又有捻党。捻党的起源：有的说是乡民逐疫，"裹纸然膏"，后来因而行劫，故称为捻。有的说皖北人称一聚为一捻，因称为捻。二说未知孰是。其起源颇早，清仁宗嘉庆年间，河南巡抚，已经奏定"结捻"三人以上，加等治罪了。然此时所谓捻党，人多势盛之时，偶出攻打州县，官军到又回原居，和平民无异。并不正式和官军对敌。到天国兴起后而其势乃渐盛。其渠魁张乐行，居雉河集涡阳县，捻平后设县，李兆受居霍邱。清官令人民筑寨自保。诸寨既无力抵抗捻党，而官军又残暴，乃依违于两者之间。又有本系土匪，亦借团练为名的，局势复杂。寿州苗沛霖，本系诸生，后为练总，反侧于太平天国和清军之间，曾受天国之封为奏王，尤为跋扈。

捻党虽据数省，其最大的根据地，则犹在安徽。清朝迭派大员进攻，都无效清朝初命周天爵驻徐、宿，旋代以袁甲三，驻颍、亳，又命牛鉴驻陈州，而以河南巡抚英桂总其成。太平天国五年（1855），即清咸丰五年，罢袁甲三，命英桂进攻安徽。明年，又起甲三助英桂。至七年（1857），胜保督安徽军务后，仍命袁甲三管苏、鲁、豫三省事。均无功。太平天国七年清咸丰七年（1857），命胜保总督安徽军务。张乐行走依李兆受。兆受伪降，苗沛霖亦阳受抚。然其盘踞恣肆如故。胜保所带马队，且有降于捻党的。捻党行动益敏捷。天国九年（1859），出击山东。还道河南，攻周家口。十年（1860），陷清江。清漕督等皆遁走。是年，英、法和议成。清命僧格林沁移兵而南。初战亦不利，后乃从鲁南入苏北，进至亳州。天国十二年清同治元年（1862），苗沛霖合太平军攻颍州，为湘军所败。陈玉成走依沛霖，沛霖将其执送清军，被杀。安徽局势稍定。而陈得才合捻众入陕西，攻商、华。胜保及多隆阿奔命。胜保旋遭逮治。降捻宋景诗，因之叛于邳阳，声称为胜保诉冤，自山西入直隶。附从者甚多。清调刘长佑督直。到明年，才把他打平。是年，僧格林沁亦陷雉河集，杀张乐行。又杀苗沛霖。乐行从子宗禹入鄂豫。又明年，陈得才回援天京。至英、霍间，闻天京已陷，自杀。遵王赖文光、鲁王任柱柱本名化邦，亳州人，最勇猛善战。据《太平天国战纪》：僧格林沁伏诛后，宗禹等共矫天国幼主诏，封宗禹为沃王，柱为鲁王，均与宗禹合。于是捻党得天国之名将以指挥之，而其用兵的方略一变。

遵鲁二王和张宗禹既合，再道湖北入河南。天京陷之明年清同治四年（1865）入山东。时清倚僧格林沁为主力，而僧无将略，专恃蒙古马队，和捻党相驰逐。步不及马，驽马不及良马，其队伍遂参差不齐。军行不赍粮秣，专责成州县供应，州县因兵荒不能具，则剽掠于民间，因行淫杀。人民控诉的，僧格林沁概置不理。人民恨之切骨。捻党知其如此，专引之东奔西走，以疲敝其兵力，而僧格林沁不悟。是年，两军相遇于曹州。宗禹弟小黑，年19，与任柱猛攻之。僧军发炮，弹如雨下。小黑及任柱不顾，令马队脱衔猛冲。僧兵大败，僧格林沁伏诛。捻党之诛僧格林沁，事见罗惇曧《太平天国战纪》。此书系将韦昌辉嫡子以成所著《天国志》删润而成。于天国亡后所记事极疏略。盖由无记注，专恃传闻记忆而然。然僧格林沁的伏诛，系两军争斗中的一大事，所记捻党一方面的军情，该不会有误。况且《战纪》说僧格林沁系堕马为乱兵所杀，宗禹兄弟至，又刃碎其尸；而清薛福成所撰僧格林沁《死事略》，亦说其死在麦塍之中，身受数伤。二说符合，可见《战纪》之不诬。僧格林沁是科尔沁郡王，因攻捻晋爵为亲王的。科尔沁是蒙古诸部中最早投降清朝的，清人与之世通婚姻。清朝的宗旨是要封锁东三省及蒙古地方，合满蒙二族之力，以制汉族的。僧格林沁一军，尤为当时清朝所倚恃的劲旅。任柱、张小黑，功虽不成，然能歼此渠魁，亦足以寒猾夏者之胆了。

僧格林沁死后，清朝命曾国藩督直隶、河南、山东军务。曾国藩说：捻党已成流寇，与之驰逐非计。主张"以有定之兵，制无定之寇"。乃以徐州、临淮关、济宁、周家口为四锁。自沙河、贾鲁河，北抵汴梁，南接运河，筑成长墙一道自周家口下至正阳关守沙河，上至朱仙镇守贾鲁河。朱仙镇经开封抵黄河，掘濠而守，实行其所谓"圈制"之法，而捻党的厄运乃渐至。捻党将其汴梁一段防线突破，进攻运河墙，不克，乃分为二：任柱、赖文光东行，张宗禹西上。天国亡后二年清同治五年（1866），曾国藩回两江总督本任，李鸿章继其任，左宗棠督办陕西军务。明年，东捻突破运防。清军反守运河西岸。旋又扼之胶莱河及潍河之东。其潍河一段，仍为捻党所突破。然卒不能越运河而西，乃自鲁南入苏北。清军云集，任柱死于赣榆，赖文光在扬州被执，东捻亡。西捻入陕西后，渡渭而北，入延、绥，自宜川渡河。下河东，入豫北。天国亡后四年清同治七年（1868）入直隶。左宗棠随之而东，李鸿章亦北上会攻，令直隶人民筑寨自保，实行坚壁清野之法。又沿黄、运二河，自天津至茌平，筑长墙以蹙之。西捻乃被困于黄河、徒骇河之间而灭。案《太平天国战纪》说：僧格林沁死后，捻党议仍入汉中。左宗棠扼河筑长墙拒之，乃仍入汴。文光等聚谋，言"敌军甚众，江南我兵绝迹，不如渡黄河，直捣燕京，成则取其国都，不成死耳"。乃履冰而过，清兵逐之，一战大败。任柱、小黑皆死，宗禹不知所终。此其记事自极疏略，然赖文光等当日有直捣燕京之志，事当不诬。不过有志未遂耳。赖文光逃扬州被获，《战纪》并不讳饰，则其谓张宗禹不知所终，事或得实，而清朝一方面的记载，谓其赴水而死，恐实不足信了。

综观捻党，自太平天国灭亡以前，和天国灭亡以后，其用兵的方略绝不相同，即可知其纵横驰骤于直、鲁、山、陕、豫、鄂、苏、皖八省，使清朝的君臣为之旰食者数年，实由天国的名将指挥驾驭而然。当天京沦陷，幼主殉国之后，而天国的余威犹如此，可见天国初起时，不能悉众北上，及其后天王不从李秀成之言，出征赣鄂的可惜了。清朝攻击捻党时，其残暴仍与其攻天国时无异。曾国藩奏疏说："官兵骚扰异常，几有贼过如篦，兵过如洗之惨。民圩仇视官兵，于贼匪反有怨辞。"西捻再入直隶时，左宗棠写给他儿子的信说："大名、顺德、广平一带，和山东、河南接壤各处，民团专与兵勇为仇，见则必杀，杀则必毒。"清人所自言如此，倘使其敌国方面，有人执笔记载，未知又当如何？太平天国和捻党，不免有残暴的行为，我们诚不能为讳，然至少并不甚于清兵，则是事实。而从前论史的人，都把这一个时期的破坏，专归罪于天国及捻党方面，真可谓清朝的忠臣了。

第三篇　中国近百年史概说

第一章
总　论

　　从民国三十二年（1943）上溯 100 年，为清宣宗道光二十二年（1842）五口通商之明岁。此百年中，为中国历史变动极剧烈之时代。

　　推原其故，盖因西欧各国于此时期内兴起，其影响及于全世界。物之静者，非加之外力则不动，社会亦然。而能影响他社会，使之大起变动者，又惟文明之国为然。中国前此，与欧西各国关系较疏，而与葱岭以西承受希腊文化之诸国及印度、大食，关系实密。但其关系止于精神的及零碎之技术的，无甚深之物质基础，故社会不受大影响，不能起大变动。在此情势之下，其交通自亦时断时续。至近世，则西洋人因得罗盘针故，而能为远洋航行。遂能越好望角而来，绕西半球而至。加以科学发达，引起产业革命及交通状况之改变，而世界之联结，遂不可复断。于斯时也，因（一）彼辈距封建之时代近，习于列国纷争，有尚武好斗之性质。（二）又欧洲自古注重商业，习于航海，故其人富有冒险远游之性质。（三）自产业革命以后，既有种种利器，加以组织精严，而经济又迫其向外寻求市场及原料产地，寖假而输出资本，遂发展为帝国主义，成为侵略者。而我国则犹是闭关独立之旧，人民不好与闻外事，亦无力关心政治。加以政府腐败，近代之文明，亦非旦夕所能输入，种种近代之利器，遂多欠缺。富力亦相去悬殊，遂至成为支离破碎之局。

　　然体段大者，其变化难，而其成就亦大。我国有高度之文化。民族人民之众多，甲于世界。幅员大而地形复杂，其位置则西北负陆，东南面海。交通之发达，必自远洋进入大陆之中心。亚洲之中部，实为世界上最闭塞之地。而我国今日西南西北之开发，适当其冲。热带及副热带无限物资之利用，我国所踞之形势，亦甚利便。前途之大有希望，实无疑义。然欲达此希望，则又必先完成目前之一大事，凡我国民，不可不勉。

第二章
中西交涉之初期

旧世界文明联络之通路：（一）自中国缘海，出麻六甲海峡，入印度洋，经波斯湾、红海，以入地中海。（二）自中国越葱岭，经西亚以至欧洲。若夫浩渺之大洋，则在前此罕能通航。其自蒙古、新疆经里海、黑海以入欧洲，则为野蛮民族侵略之路。自西伯利亚入欧俄，则寂寞荒凉，经由之者更鲜，而其影响亦愈微矣。乃至近世而形势一变。此宋仁、英、神三代间11世纪后半期，塞尔柱突厥兴，欧亚两洲间之航路，为其所中断自欧入亚之道路，本有三条：（一）自叙利亚经阿付腊底斯河。（二）自黑海至亚美尼亚上陆，出底格利斯河，皆入波斯湾。（三）自亚力山大里亚溯尼罗河，绝沙漠出红海。（一）（二）皆为突厥所断。（三）则绝漠不便，故须别觅新航路。于是欧人不得不别觅新航路以通东方。适会是时，罗盘针输入西方，欧人遂能为远洋之航行此事亦在十字军时。十字军起于公元1097至1270年，当北宋哲宗绍圣四年至南宋度宗咸淳六年也。前此西人实亦仅能为缘岸之航行，地中海航业特盛，北海、大西洋能涉之者颇鲜，而海道之形势一变。俄人渐次兴起，转能侵略亚洲，而自古无足轻重之西伯利亚，遂成为亚洲东北的一大威胁，从此陆路之形势亦一变。

欧人自海道东来，初占势力者为西、葡。葡人以明宪宗成化二十二年（1486）越好望角，孝宗弘治二年（1489）至印度，世宗嘉靖三十五年（1556）至广东，穆宗隆庆元年（1567）得澳门为根据地。是为欧人来中国通商，得有陆上根据地之始。西人以弘治六年（1493）至美洲。武宗正德十四年（1519）而麦哲伦始作环球航行。西人之至中国者，为葡人所阻碍。其所经营之马尼剌，则颇为繁华，中国人之前往者颇多，盖西人之经营南洋也，以政治之力，中国人则以民间之力。南洋在政治上为西人所占,虽在是时,而中国人向南洋之拓殖,亦即在是时也。西、葡之势力,其后渐为英、荷所夺,然英人之至中国者,仍为葡人所阻碍,惟在印度,则逐渐得势。鸦片之输入,遂代天方泛指阿拉伯而转盛,伏下中英冲突之机。荷人以初据台湾,后为郑成功所夺,清人尝约其夹攻郑氏,许其每八年一至广东,然其贸易,亦无甚足观。惟在南洋,亦次第得势,而爪哇一岛,尤为繁盛扼要而已。

欧人之自海路来此,其与中国之旧关系,为通商、传教两问题。以通商问题言,则(一)历代对外收税之官吏,夙极黑暗设市舶司时较清明,及归地方管理时,黑暗乃甚,此亦见中央集权之效,而商人之欺诈剥削亦甚,此时犹一仍其旧。(二)近代西人东来,又多冒险之野心家及水手,行为皆极恶劣,足以引起华人之畏恶。(三)中国人虽发明火药,而近代之枪炮,则西人实创为之,其制较中国为精,其船舶亦较中国高大而坚固以欧人是时航行远洋,而中国止为缘岸之航行故也,更是遭中国人之疑忌。(四)于是在政治上在民情上与贸易无关系之人,皆不欲与欧人贸易,至少欲加以限制,而与贸易有关系之官吏商人及其他人等,则因顾其私利而不肯,然又畏政治上及舆论上之监督,不得不设为相当的限制。于是(1)贸易为公行所专。(2)而官吏即委以监督保护外人之责,使不与人民发生冲突。以是时之官吏,固不通外情,不能自负此责也。于是(A)商人得有剥削外人之机会。(B)而管理外人之苛例繁兴,西人不知中国情形,乃欲诉诸中央政府,殊不知是时之中央政府,其欲限制外人,乃较地方官吏更甚。此所以乾隆二十二年(1757)英人舍粤趋浙,而浙海关旋遭封闭。其后,五十七年(1792)及嘉庆十五年(1810)两次遣使赴京,要求改良通商章程,而卒无效也。至于传教问题,其足引起中国人之畏恶,殆较通商为尤甚。以通商仅在一隅,传教则遍及全国也。近世基督教之东来,乃由其所谓耶稣会者为先锋,此会颇能提高基督教之教育程度,故科学亦随之输入。惟(一)宗教本有排外之性质。(二)中国人对宗教之迷信不深,政府亦向不重视宗教,对于西人传教之热心,及其教会之出巨款补助,不能了解,遂生疑忌。其科学之输入,虽为一部分人所欢迎,而大多数人,则因此而疑忌更甚读杨光先《不得已书》可见。此书见解，在今日读之，似觉其僻，然在当日，实大多数人之见解，此书特其代表耳。清圣祖颇为科学，任用西教士极多，然亦言西洋各国，中国千百年后，必受其害，实亦是此等见解也。故教禁屡施屡解，至康熙五十六年（1717）卒仍遭受禁止近代基督教之入中国，始于利玛窦至澳门，时在明神宗万历九年（1581）。二十八年（1600），利玛窦入朝，神宗许其建立教堂。利玛窦死而教禁起，后因与满洲战争，召其人制造大炮而解。时中国历法舛误，徐光启荐汤若望修历，历成，未及颁行而明亡。清人入关，汤若望上书自陈，清人即用其历，名时宪历。康熙初，为杨光先所攻，得罪，郁郁而死。光先代为钦天监监正，后以推步舛误见黜，仍用南怀仁。康熙一朝，任用教士极多，然至末年，卒仍布教禁，其人除在京当差者外，皆勒归澳门。各地天主堂，悉改为公廨。自此至《北京条约》立时，教禁迄未尝弛，然其秘密传教如故。则以西人传教，多有款项周恤教徒，而中国行政无力故也。

俄人之与中国，则自始所发生者，即为政治关系。俄人之脱离蒙古羁轭而自立，事在明宪宗成化十六年（1480），其后可萨克族附俄，为之东略，而西伯利亚尽入其手。至明清之间，侵略遂及黑龙江滨，于是两国构兵，而有康熙二十七年（1688）尼布楚之约，规定西以额尔古纳河，东以外兴安岭为界。是岁，准噶尔袭击喀尔喀，圣祖为出兵攘斥，而外蒙古驯服于清，于是蒙俄之疆界问题生。至世宗雍正五年（1727），乃有恰克图之约，规定沙宾达巴哈以东之蒙俄疆界。至高宗乾隆二十至二十四年（1755—1759）平定准噶尔及回部，葱岭以西诸国，多来朝贡，而中国西北，与俄分界及藩封谁属之问题又生。俄人与中国之交涉，虽以政治问题为重，然通商方面亦非无关系，《尼布楚条约》定后，清圣祖尝许俄人三年一至北京贸易，人数以200，居留以80日为限，皆免税。此实后来中俄边界贸易百里内皆免税，及陆路通商减税之根源也。《恰克图条约》以恰克图及尼布楚为互市之地。乾隆二年（1737）高宗命停北京贸易，专在恰克图。盖欲加以封锁，然其源既开，其流即不可塞。故至五口通商之后，而此封锁卒又被突破焉。

山雨欲来风满楼，中西冲突之情势，酝酿复酝酿，而卒爆发中英鸦片战争之役，此役看似烧烟而起，实则通商上种种的症结，郁而必发，烧烟特其导火线耳。其结果，中国因兵力不敌，定海、宁波先陷，上海继之；英人复入长江，封锁镇江，逼迫江宁；清人不得已，于江宁议和，订立条约（一）开广州、厦门、福州、宁波、上海五口通商。（二）英人得任意与华人交易，毋庸拘定额、设行商。（三）进出口税，则秉公议定。（三）中外官员来往体制平等。所以破英人在陆上无根据地，口岸任意开闭，税则繁苛，商人剥削，及官吏妄自尊大之习。又（五）割香港。（六）索偿烟价及商欠。因英人本有在中国缘海占一据点之议，而此二事，又为后此割地赔款之先河焉。

中英条约既立，法、美、瑞典继之。俄人要求在伊犁、塔尔巴哈台、喀什噶尔通商，中国许伊、塔两处，于道光三十年（1850）立约，而海 15 通商，则遭拒绝。《尼布楚条约》定时，俄人在东方之实力，不逮中国，此时则适得其反。俄王任穆拉维约夫为东部西伯利亚总督，锐意经略，黑龙江外之地，殆悉为所占，并自由航行黑龙江时俄外交大臣尼塞劳尝致书中国理藩院，请遣使勘定恰克图约中未定之界，中国数度遣使，卒未与俄外交部所派之使相遇，此亦外交上之失机也。中国无如之何也。时英人在广东，锐意欲入省城，耆英以钦差大臣，在粤办理通商事宜，业已许之时耆英与英人立约，许舟山群岛不割让他国，且许英人入城，而英人交还虎门炮台。而粤民执乾隆时西洋商人不许入省城之谕以拒，且自办团练，以御英人，耆英知交涉难办谋内召。徐广缙、叶名琛为督抚，皆有虚骄之气，英人闯入省河，团练列两岸以拒，英人虑激成事端，遽退，广缙乘机与英人立《广东通商专约》，以不入城列入约中。事闻，朝旨大奖之，然此等不省外情，又无实力之交涉，卒不可持久。广缙去，名琛代为总督，以亚罗船事件与英人龃龉。时广西亦发生杀法教士事，俄美二国又欲改订商约。于是俄美遣使，英法派兵至广东。英法兵遂陷省城，执名琛而去，时文宗咸丰七年（1857）。四使北上，至江苏。时清人务避中央政府与外人直接交涉，命英、美、法使回广东，听候查办。而以俄事委黑龙江将军。四使不听，仍北上，朝廷不得已，遣使至天津，与之立约，是为咸丰八年（1858）之《天津条约》。明年，英法使臣来换约，清人方在大沽设防，命其改走北塘，不听，闯入大沽，为炮台守兵击退，狼狈走上海美使后至，道走北塘，换约而去。然各约皆有最惠国条款，故英法约后，所有权利，美人仍得享之也。朝命废约重议。又明年，英法兵遂陷北京，文宗先已走热河，其弟恭亲王奕䜣留守，以俄使居间，与英法别立《北京条约》，承认《天津条约》，又有增加，凡（一）领事裁判，（二）关税协定，（三）内地（A）游历，（B）通商，（四）传教，（五）各国遣使，（六）最惠国条款，均于此两约中确定。此两约为前此诸条约之整理，而又有增加，后此中国与西洋各国所订之条约，悉以此为蓝本，故中国与西洋初期之交涉，实至此订立如许不平等条约而告一段落。

俄国津约亦许（一）海口通商。（二）传教。（三）又许自北京至恰克图之公文，由台站行走，于是北方之藩篱突破矣。（四）又许查勘边界，因此乃有（A）是年之《瑷珲条约》割去黑龙江以北，而以乌苏里江之东为两国共管之地。（B）十年（1860）中俄《北京条约》，则（甲）并割乌苏里江以东，（乙）又许（1）于库伦设领，（2）自恰克图至京，经过库伦张家口，零星货物，亦许销售。（3）又开喀什噶尔。（4）自沙宾达巴哈以西之界，规定大概，以俟测勘。其后同治三年（1864）乃本此而立界约，（子）科布多，（丑）乌里雅苏台，（寅）塔尔巴哈台所属，均会勘完竣，立有界牌。（卯）惟伊犁所属，因回变未克完竣，遂酿成俄人占据伊犁后之交涉。

第三章

鸦片战争前之国内情形

中国既遭遇旷古未有之变局,是时之情形如何,自应加以检讨,今分社会及政治两方面述之。

社会方面:(一)中国人对外之观念,本属宽大。《尚书大传》述越裳氏来朝,周公谓政教不加,君子不受其贡赘,此为古代之见解。降及汉代,匈奴呼韩邪单于来朝,萧望之不欲其受臣礼,犹沿此等见解之旧。自五胡乱华,中国人颇受其压迫,对外之观念稍变。辽金侵入,汉人之受压迫弥深,见解之变亦弥甚,遂有所谓尊王攘夷之说尊王攘夷之观念,发生于北宋之世,实晚唐时裂冠毁冕之反响,亦沙陀、契丹等侵入,有以激之使然也,至南宋而此观念益形发达。胡安国之《春秋传》,可以为其代表。对外之观念,寖流于褊狭。(二)且民族主义,须有智识以行之民族主义,推至极端,实有弊害,唯有能受理性之支配,方可收其利而不受其害。而宋学末流入于空疏,加以科举之流毒,空疏更甚,遂至于外情茫无所知,而一味盲目排斥,几与愚民无异。(A)且如古代交通不便,各地方之风俗亦不同,以君主一人之野心,劳民伤财,妄事开拓,实无益而有损,故以勤远略为戒。然后世(甲)防御,(乙)防御性质之攻战及要点之据守,则迥非其伦矣。乃至清代,西人东来后,有以讲究边防,研求外情之说进者,迂儒犹以为勤远略而反对之。(B)又如古代工业,墨守成规,而其时社会,严禁奢侈,故有作奇技淫巧以疑众者杀之说。欧西机械,或益民用,或资国防,迥非其伦,乃亦以为奇技淫巧而妄加反对。此等锢蔽之见解,深入其心,加以(子)外力之压迫,(丑)宗教之畏恶,动于感情,劫于群众,其见解之牢不可破也遂弥甚。士人如此,愚民受其诱导,其盲目自更不待言矣,遂致新机之启辟甚难,仇外之风潮屡起。

政治方面，则一概沿闭关时代之旧，于竞争极不适宜。其最甚者，（一）行政机关组织之不善，盖自贵族阶级崩溃以后，官僚代之而居治者之位置，凡阶级之性质，恒欲剥削他阶级以自利，君主之责任，则在调和两者之间，而求其平衡，故为治最要之义，在能监督官吏，不使虐民太甚，政治遂偏向此路发达。治官之官日多，治民之官日少，夫无治民之官，则无治事之官，而百事皆废矣。况于真正办事者，尚非官吏，而实为人民自己。近代亲民之官，必称州县州指散州言，实即古代之国君，仅能指挥监督，而不能真办事，何者，势有不及，力亦不逮也。真办事者，实惟县以下之自治职，而（A）官吏每向此等人压迫，以图自利。（B）又平民生活，极为痛苦，其狡猾者，乃与官僚阶级相结托，以鱼肉平民。于是地方自治之职，本古士大夫之流，日受压迫，沦于厮养，自治之权，渐入土豪劣绅之手，凡有兴作，无不诒害于民，言治者遂以清静不扰为惟一方术，寖至百事皆废，其或迫于时势，必须有所举办，亦皆有名无实，所谓纸面上有，实际则无也。（甲）政治组织机关之坏，至清代而达于极点，因（1）督抚，（2）藩臬，（3）自藩臬分出之道，（4）府直隶州厅，（5）县及散州厅，实际乃有五级，抑压甚而展布难，亲民之官，即使按法奉事上司，已觉不逮，况乎非法之伺应而婪索多耶？（乙）又清代政治偏于安静，不肯擢用奇才异能及年少有为之士，而专以例督责其下此由鉴于明代之弊而然。例非吏不能悉，遂至大权操于胥吏之手，而欲有所兴作益难。（二）至于为官吏之人，则以正途为尚。（甲）明清两代，所谓正途者，率由科举出身，科举本属良法，惟在唐宋时代，已不能尽切于实用，至明清又将前此之分科，悉并为一，事实上科举已非普通人所能应，乃不得不放弃一切，而只看几篇四书文，而其所谓四书文者，又别成为一种奇异而不合理之体制。即四书亦不必真通，而其体制，却颇足消磨精力，士人遂致一物不知。（乙）清代又因筹款屡次开捐，末年更裁减其价，以广招徕，于是仕途之流品益杂。其知识及道德水准，较之正途出身者，更形低下，末年官方之大坏，职出之由。（三）以兵力论，则（甲）中国承平时代，只可谓之无兵，何者？凡事必有用，人乃能聚精会神以赴之。若其为用渺不可知其在何时，未有不以怠玩出之，而寖至于腐败者也。此为心理作用，受时势之支配，无可如何之事。历代注重军政，若宋明之世者，其兵力虽云腐败，兵额尚能勉强维持。清代则文恬武嬉，兵额多缺，而为武员侵蚀其饷。存者亦不操练，一以武员之怠荒，一以兵饷太薄，为兵者不得不兼营他业以自治，更无操练之余暇也。（乙）近代火器发明，实非人力所能敌，亦为兵事上一大变。（四）兵事如此，（甲）边防自更废弛，（乙）对于藩属之控制，亦自更粗疏矣。（五）又中国近代，富力与西洋各国相差太远，社会经济落伍，赋税之瘠薄随之。清代经常收入，恒不过四千数百万，即其末年，亦不过七八千万，尚安能有所举措耶？

在此情势之下，不能不遭一时之困难也决矣。

第四章

外力侵入时代中国之情形

凡民族之文化，发展至一定程度者，虽因（一）社会内部之矛盾，随文明之进步而深刻。（二）旧时国民与国家关系之疏松，一时为外力所侵入，然其光复旧物之力，终潜伏而不至消亡。（A）其在上层社会，则从事教育及文学为精神上之留诒。（B）在下层社会，则从事于秘密结社，为实际的行动。前者如宋明的遗民故老，其著述事迹，有传于后者皆是。后者如元末之革命，首先北伐者，实为白莲教徒刘福通，可知是时之白莲教，业已渗入民族主义之成分矣。书缺有间，其详已不可考。明清之际，则为时较近，其事之传者亦较详。其大略见日人所著之《中国秘密社会史》。以旧时国民与国家关系之疏松，而种种为虎作伥之恶势方盛，不得不潜伏以待时机。乾隆时表面虽称全盛，实则政治黑暗，社会风俗亦日益奢侈腐败，渐入于民穷财尽之境，于是川楚教民之起事乾隆六十年至嘉庆七年（1795至1802），继以天理教徒之密谋嘉庆十八年（1813），略与川楚教民同时者，东南又有艇盗大略自乾隆五十四年至嘉庆十年（1789—1805），人心动摇，治安岌岌不可保矣。然此尚限于局部，至道光三十年（1850），乃有太平天国起。太平天国起于广西，出湖南，下武汉，抵南京，定都焉。复分兵西上，北出之兵，战斗力甚锐，以孤军无援，卒为清人所灭。西上者连下安庆、九江，复取武汉，然天国诸豪都是下层社会中人，天王洪秀全盖长于宗教，而短于政治及军事，非如历代开国之主，能驾驭英雄，收率贤才也。大权乃落于杨秀清之手。杨则器小易盈，骄暴淫逸，遂致天京内讧始起，诸王互相残杀，石达开较有雄略，别为一军，远出不复归。下游仅余一李秀成，竭力支柱，而资浅望轻，卒难挽救。清朝则胡林翼先占定武汉，曾国藩又办团练于长沙，出境征伐。林翼死后，国藩总揽全局，负发纵指示之责。李秀成虽破苏松，下浙赣，卒为李鸿章率淮军所厄。而太平天国遂亡清穆宗同治三年（1864）。其起事于苏皖鲁豫之间，至天国亡，余众与之相合，而声势骤盛者，为捻党。捻党多马队，本易流动，而曾国藩创圈制之法，其所筑运河、贾鲁河间之长墙，虽为捻党所突破，分为东西，然卒为李鸿章及左宗棠所扑灭东捻亡于同治六年，1867年，西捻亦回师东方，亡于其明年。回事起于云南清文宗咸丰五年，至穆宗同治十一年（1855—1872），云南回事为岑毓英所平。西北则马化龙、白彦虎起事于甘肃。妥得璘乱于新疆，敖罕复乘机入犯，其将阿古柏，废所奉回教教主之裔而代之，灭妥得璘，几尽据新疆之地。英、俄、土耳其皆与通使，英人复为之请封。朝议欲弃其地，左宗棠持不可，于捻党平定后，出兵先肃清陕西、甘肃，继平天山北路，进平南路，阿古柏不能抗，其本国敖罕，复于是时为俄所灭，乃自杀。白彦虎与阿古柏子伯克胡里均奔俄，而新疆平清德宗四年（1878），仅伊犁一隅尚为俄人所据。

综观清代咸同之间，几于无一片干净土，而卒能次第平定，无怪当时之人，志得意满，颂为中兴也。推原其故，盖由：（一）诸起事者，仅太平天国，少有宗旨，然其始起诸人程度本属不足，其所设施，均不足以成大事太平天国初起时，曾发布讨胡之檄，使专以此为宗旨，自较易得士大夫之赞成，顾其所谓上帝教者，带西教之色彩甚重，是时西教为大多数人所厌恶，其易引起反感者势也。无可如此径直推行之理，此固中外平民革命之通蔽，不能专为太平天国咎，然其不能成事则无疑矣。以军事论，抵武汉后，宜悉众北上，此时清朝尚无预备，其力亦薄弱不堪，使能直抵北京，则全国震动，而清朝亦失其发号施令之中枢，局面与后来大异矣。乃缘江而下，先据东南富庶之区，遂流于骄奢淫逸，使北上之孤军，战斗虽烈，卒遭歼灭，此实其失策之大者。观其既据金陵后，北上之军，犹能纵横驰骤，直薄畿甸，则知其初苟能全军北上，其形势必大非后来之比矣。逮湘淮军两路攻逼，形势已危，仍有劝其悉众向西北者，谓其地为清长江水师势力之所不及，且难得外人援助也。而太平天国又不能用，此亦为其最后之失策。而出江以后，胁从日众，初起时之农民革命性质渐变太平天国亦有类乎社会政策者，然其见解浮浅，手段太径直，决无可成之理。后来变质耽于享受，流于淫奢，亦为其失败之原因。且其定都天京以后，自广西来的诚朴壮健之农民日少，而湘淮军却专用此等人，亦其成败所由异也，遂至一

· 214 ·

败涂地。（二）而清朝是时之政事，确比历代灭亡时为清明。（三）湘淮诸将帅中，又颇多人杰，固无怪其能后延数十年之命运也。然是时清室之君臣，以之应付旧局面则有余，以之应付新局面则不足，故对内虽能削平变乱，对外则着着失败，终致不可收拾焉。

　　清文宗盖一多血质之人，即位之初，颇有意于振作，后睹时局之艰难，遂亦心灰气短，恣情安乐。载垣、端华、肃顺因而蛊之，以窃其权。三人中肃顺颇有才能，能赞文宗任用汉人，实为削平变乱之本，然骄横亦最甚。文宗死于热河咸丰十一年（1861），子穆宗立，年幼，肃顺等自称受顾命。穆宗生母叶赫那拉氏与恭亲王奕訢密谋，定回銮之计，至京，猝诛杀三人，那拉氏遂与文宗后钮钴禄氏同垂帘听政，实权皆在那拉氏手。那拉氏颇聪明，能听断守文宗任用汉人之策不变，用克削平内乱，然（一）自此流于骄淫，政事日形腐败。（二）又其新智识不足，对于世界情势，茫无所知。（三）且性好专权，以纳后事，与穆宗不协，穆宗郁郁，遂为微行，致疾以死同治十三年（1874）。醇亲王奕𫍽之妻，那拉氏之妹也，实生德宗，那拉氏违众立之。然德宗既长，复与那拉氏不和，遂为晚清朝局变乱之本。

　　中国初与外人交接时，于外情茫无所知，只知一味排斥。至湘淮军诸人物，则经验较富，其时上海方面，曾借洋兵之力，以却太平军，后因用外人教练中国人，谓之常胜军，收复东南，颇得其力。因知外人军事之长，亦知交涉不当一味深闭固拒，又知欲敌外人，不能不学其长技，然其所知者，亦但在军事方面，因此而及于制造，又因制造而涉及科学而已。陆军改练新操，谋建设海军，设制造局，派幼童出洋留学，及于国内设广方言馆等，均在此时。此等改革，其于大局影响不大。外交上革新之机，起于同治六年（1867）派志刚、孙家谷出使各国，实则主持其事者，为美人蒲安臣，对欧美诸国，申明以后交涉，当本于公道，不可倚恃强力与美人曾立约八条，于欧洲各国，则未及立约，此次使事未终而蒲安臣死，亦其进行停顿之一原因也，惜后来未能本此进行。此时主持交涉者，为总理各国事务衙门，其中人物，智识大都锢蔽，且多溺于敷衍之习，罕肯留意讲求外情，对于外人仍存深闭固拒之见。外国遣使来求立约者，多拒绝其登岸。外人乃诈称为已立约国公使之亲戚，由其迎入使馆，然后由该公使代为请求，谓之介绍，中国又不能不允。其所立约稿，则即由介绍国之公使，为之代拟，多即以该国之约为蓝本，不平等条约之束缚，因之愈积愈深至光绪元年（1875），与秘鲁立约，乃思有所挽回，条文稍异于旧。然与此等小国所立之约，不能有何影响也。

此时交涉之惊心动魄者，第一为中俄之伊犁交涉。同治十年（1871）俄人乘回民起事，占据伊犁，清人与之交涉，俄人漫言乱定即还，意谓中国必不能平新疆也。及新疆既平，中国复求交还，俄人无词以拒，乃欺使臣崇厚之无识，仅与我一空城，尽夺其四周险要，且索广大之权利以去。中国下崇厚于狱，派曾纪泽使俄求改约，虽亦有所争回，然所丧失者，固已多矣约成于光绪七年（1881），此为西北之侵略。俄人先于同治元年，即1862年与中国订立《陆路通商章程》，同治四年（1865）、同治八年（1869）又两次修改，许俄人于两国边界百里内无税通商，中国设官之蒙古地方亦然。未设官者，则须有俄边界官之执照，乃许前往。由陆路赴天津者，限由张家口、东坝、通州行走。张家口不设行栈，而许酌留货物销售，税则三分减一。崇厚之约，肃州、吐鲁番、科布多、乌里雅苏台、哈密、乌鲁木齐、古城均许设领。纪泽之约，限于肃州、吐鲁番，其余五处，订明俟商务兴旺再议，而将蒙古贸易扩充至不论设官未设官处，均许前往。凡设领之处及张家口，均放造铺房行栈，天山南北路通商，亦许暂不纳税。案中国是时所急者，不在索回伊犁，而在续行勘界，界线定，则伊犁不索而自回矣。急于收回一城，反致受人要挟，实一失策也。

其西南之侵略，则始于同治十二年（1873），许英人自印度入云南。光绪元年（1875）英员行至蛮允被杀，交涉几致决裂，卒于其明年立《芝罘条约》，许英人（一）自北京经甘肃或四川入西藏，自藏入印度。（二）又或自藏印边界上前往，后印度半岛诸国，安南、暹罗、缅甸为大。安南在近世，有新旧阮之争，旧阮为新阮所覆，中国弗能正明成祖永乐六年，即1408年，平安南，宣宗宣德二年，即1427年，复弃之，其时王安南者为黎氏。世宗嘉靖七年，即1528年，为其臣莫氏所篡，走保西京，神宗万历三十年，即1602年，复灭莫氏。明以莫氏受都统使之职，为内臣，来讨，且立其后于高平，黎氏亦如莫氏，削国号，受明都统使之职，事乃已。自是黎莫并立。清圣祖康熙十三年，即1674年，黎氏复灭莫氏。黎氏之复国，多得其臣阮氏之力，而任用外戚郑氏，阮氏遂南据顺化，形成独立，惟对黎氏尚称臣而已。高宗乾隆五十二年（1787），西山豪族阮文惠兄弟灭顺化之阮氏，是为新阮。顺化之阮，则称为旧阮，新阮遂入东京，灭郑氏，篡黎氏。明年清高宗出兵征之，为所败。又明年，遂因其请降而封之，其王乃走海岛，介法教士乞援于法。法人亦仅使军官之具有志愿者援之而已。事成旧阮恢复之主名福映，其灭新阮，在嘉庆七年即1802年，仍请封于中国，并请改号为越南，许之，顾依原约求割地，越南弗与，且以传教事屡与法人龃龉，终致启衅，越南屡败，割地乞和。同治十三年（1874）法与越南立约，认为自主之国。光绪九年（1883）又以为保护之国，中国弗认，出兵援越时越南政府不能控制全国，其东北境仍有战争。兵之出云南、广西者皆不利，李鸿章与法使定约天津，承认法越前后条约，旋以撤兵期误会，复起冲突，法军袭福州，败我海军，然攻台湾，不克，我冯子材复有谅山之捷，而李鸿章仍与法言和，认越南归法保护。是役也，论者多为中国惜，然是时之外交，非对一国一事之问题，即专就此役论，一胜亦未必可恃，亦不得以是为鸿章咎也。然光绪十三年（1887）所订条约，开龙州、蒙自、蛮耗通商，二十一年（1895）之专约，以河口代蛮耗，复开思茅，且许越南铁路得接至中国，则窥伺及于滇桂矣。缅甸在明代，尚为中国之土司，故明初西南疆域，实包举伊洛瓦底江全流域，而兼有萨尔温、湄公两江上游，其后平缅、麓川之思氏亡，而缅甸遂强，而中国实力，西仅至腾冲，南不越普洱，遂渐成今日之境界。自英据印度，缅与之邻，兵衅时启，缅人累败，割地孔多，光绪十一年（1885）英人乘中法相持，遂灭之，中国无如何，亦于其明年立约承认。暹罗以英法相持幸存，然亦非复我之藩属矣。光绪二十三年（1897）中缅条约附款复许缅甸铁路通至云南，此西南剥床及肤之大概也。

俄人之侵略东北及西北，其声势之浩大，实为可惊，顾犹未能全力进行，至英法之于西南，则其进行更缓，且西南地势闭塞，其足影响大局，又非北方比也。至风云起于东亚，而形势乃一变。东方大国，沐浴我国文化者有二：一朝鲜一日本是也。顾两国之国情不同，朝鲜右文，日本尚武。力有所蕴者，必罄泄之而后已。故日本而盛强，其影响终必及于朝鲜，而且必不能止于朝鲜；而日本之发展，以东洋为其主要地带，一展拓，即与我最繁荣发达之地相触，其形势自又与西洋诸国不同。日本之与我立约，始于同治十年（1871），彼此皆限定口岸通商，领事裁判权彼此俱有，关税亦皆为协定。此时日人颇有与我相提携以御西方各国之意，顾诚欲与我相提携，则应开诚布公，商订一平等之条约，以为模范，不应思以泰西各国与我所订不平等条约为蓝本，不得所求，则怏怏不乐。而中国于是时亦应与日本开诚布公，商订一平等之条约，不应沾沾然，以失之于泰西者，不复失之于日本自憙，两国之外交家皆无远大之眼光而仅计较枝节之利益，此实使中日交涉走入葛藤之途之第一步也。然欲求东亚的安定，端在中国之富强，中国一时不能兴盛，而日本顾发展甚速，则两国间之葛藤，迟早必起。故此次交涉，虽不善，然即有眼光远大之外交家，能规永久之利益，而以后此两国发展之参差，亦终必至于引起葛藤，亦不足为此一事咎也。日本之外交喜恃强，于是有同治十三年（1874）因台湾生番杀害其漂流人，派兵入台之举。光绪五年（1879）又县两属之琉球，我争之无效。前此三年光绪二年（1876）日已与朝鲜立约，认为自主之国。李鸿章乃劝朝鲜与美、英、法、德次第立约，以图牵制。约中均订明朝鲜为中国属国，国际法上之解释，遂生两歧。然是时，亦非复法律能解释之问题矣。光绪八年（1882）朝鲜内乱，中国派兵前往镇定，日本亦派兵而后至，无所及，中国兵遂留驻朝鲜。十一年（1885）日使来，与李鸿章定约天津，约定彼此皆撤兵，嗣后如欲派兵，必互相知会。中日在朝鲜，遂立于同等地位。据李鸿章言，此约因将士远戍苦累，又外交事件应付非易，军人驻扎于外，或恐转致纠纷而然。中国是时，欲经营朝鲜，兵力人才，固均苦不足也。光绪二十年（1894）朝鲜复内乱，求救于中国，中国兵至，乱已平，日人亦多派兵，中国要日俱撤兵，日本不可，而要中国共同改革朝鲜内政，中国亦不许。兵衅遂启。先袭败我海军，其陆军渡鸭绿江，陷辽东缘海城邑，别军攻辽西，又陷旅顺，犯山东，潜我海军于威海卫，又南窥台湾、澎湖。明年，李鸿章如日本，定和约于马关，（一）中国认朝鲜自主，（二）偿款二万万两，（三）割辽东半岛及台澎，（四）改订商约，悉照泰西各国之例，（五）开沙市、重庆、苏、杭为商埠，（六）许日人在通商口岸，从事制造。第四项乃日人求之多年，而中国未肯允许者也。旋以俄、德、法三国干涉，乃许我以3000万两赎还辽东，自此战后东方之形势大变，而中国之积弱，更暴露于天下矣。

时李鸿章主联俄，俄人乘机以诱之，于是有光绪二十二年（1896）之中俄密约，许俄人建造东省铁路此系条约上之旧称，近时书籍多称为东清铁路，乃日本人所用之名词也。其明年，德占胶州湾，立租借 99 年之约，且许其建造胶济铁路及开采铁路缘线 30 里内之煤矿。于是俄人租借旅顺，并得展筑东省铁路支线；英人租借威海卫，法人租借广州湾，皆在光绪二十四年（1898）。遂以分割非洲时所用势力范围之名词，移而用之于中国。要求我国宣言某某地方不割让，各国即认为其势力范围，而各于其中，攘夺权利焉。瓜分之论大炽。明年，美国务卿海约翰以开放门户，保全领土之旨，照会英俄法德意日六国，六国覆文皆赞成之。其办法，则（一）各国对于他国之利益范围，或租借地域，及他项既得权利，彼此不相干涉。（二）在其范围内之各港，遵守中国海关税率，并由中国征收。（三）对他国船舶所课入口税，不得较其本国为昂，铁路运费亦然，所谓均势之论也。自清末至民国初年之外交，则均势瓜分两力之消长而已。

第五章

变动中之中国

从五口通商至甲午之战，为中国受外力压迫之时代；自甲午之战以后，可谓中国受外力压迫而起变革之时代。革新之原动力有二：（一）士大夫，（二）平民也。前者恒侧重于政治之改革，后者则较易注重于社会方面，亦易倾向民族主义。前者，康有为等之主张变法维新代表之。后者，孙文之革命代表之。革命之事体较大，久静之社会，骤难大动，故跃登舞台者，以前者为先。

中国学术，本重经世，宋学者尤饶有此种精神，惜其末流，学问失之空疏，又因附和者多，寝成叫嚣之习。空疏者昧于事势，叫嚣者惟便私图，遂至酿成党争，既为明主所不容，亦为舆论所厌恶，学术界之风气，遂一变而为清代之考据，饶有为学问而学问之精神。然与世务，则几无关系矣。物极必变，而清中叶以后，时势之艰难，又有以驱迫之，于是龚自珍、魏源等之学，乃寝寝复重经世，至康有为乃大发扬其光辉。士大夫结合莫便于讲学，清代久悬为厉禁，至其末叶，政治之力既弛，讲学之风复起。康有为讲学于广东，门下颇多达者。甲午战后，有为立强学会于北京，为言官所劾，被禁。其弟子梁启超办《时务报》一种旬刊之名于上海，风行海内，变法维新之论遂为开通之士大夫所共赞。清德宗颇聪明，而亦懦弱，为太后所制，不能有为。中俄密约既立，德宗感时事之亟，决意变法图强，不次擢用康有为等，乃有戊戌之变法光绪二十四年（1898）。旧党恝之太后，太后再垂帘，幽帝，杀六君子谭嗣同、康广仁、林旭、杨锐、刘光第、杨深秀，康有为、梁启超走海外，太后欲捕之不得，欲废德宗，又为舆论及外国公使所尼，遂致激成义和团之变。

义和团者，代表中国极旧之思想者也，其意以为（一）外人之可畏者惟枪炮；（二）外人可拒绝之使勿来；（三）欲拒绝外人，端赖中国人民之团结，因少数客籍，必不能敌多数土著也；（四）会党本以反清复明为宗旨，然此等人对于史事，本不明晰，加以是时外力之压迫綦重，对清人之仇恨，遂稍淡忘，反清复明之团体乃一变而为扶清灭洋。在朝廷上，（A）顽固大臣之见解，亦有与此种极旧之见解无殊者，即太后亦不能免；（B）太后因图废立，立端郡王载漪之子溥㒞为大阿哥，载漪欲其子亟登大位，宗戚中，亦有欲立拥戴之功者，既为舆论所不与，又受公使之警告，乃冀于乱中取事；（C）疆臣又或不敢有所主张，惟朝命是听，遂致纵容拳民，毁铁路，拆电线，仇视外人，并及华人之习新事物者，后遂攻击使馆，并与各国同时开战。其结果，京城为英美德法奥意俄日联军所陷，太后及帝走西安，仍起李鸿章与各国议和。赔款至 4.5 亿两；划定北京公使馆界址，专归外人保护；毁大沽及自北京至海口之炮台，许各国在一定地点驻兵，保护自北京至海口之通路，是为庚子事变及《辛丑和约》。其流毒，盖至今未已也。方难作时，东南督抚，相约不奉伪命，与各国领事立互保之约。而黑龙江出兵攻俄，三省要地，多为俄所攻陷，挟奉天将军以号令所属。和议起，俄人谓东三省情形特殊，当别议，暗胁中国订立条约，英美日等又向中国警告阻止，清廷左右为难，俄人迫于国际舆论，乃与清廷订立《东三省交收条约》光绪二十八年（1902），约分三期出兵，而仍不践约，遂致激成日俄之战光绪三十年（1904），俄师败绩，与日议和于美之朴茨茅斯光绪三十一年（1905）。（一）俄认日在韩国政治上、军事上、经济上之卓越利益。（二）将旅大转租于日，东省铁路支线，自长春以下，割归于日，即日人所称为南满洲铁道者也。约中关涉中国之条款，由中日订立《会议东三省事宜协约》承认之，并另开商埠多处，日人所设安奉军用铁路，许其改为商用，又许其采伐鸭绿江材木，东北之情形一变矣，而直北与西南，亦于此时多事。

中国历代之征服外国，看似出于君主之野心，实则思患预防之意多，开疆拓土之意少，所谓守在四夷也。历代管理外国，不外（一）就其通路，加以保护，如汉于西域设都护，以护南北两道是也。（二）择其要点，设官驻兵，以诸属部加以管理，如唐于属地设都护府是也。此皆所以防此等外藩侵犯中国，而非防更有强敌侵犯此等藩属，至近代，则情势迥异矣。然中国之对待藩属，仍系遵循旧法。当是时，欲图改革，亦有难焉者，何也？中国之实力不足，则不能御敌，欲求实力充足，必有所经营布置，而欲有所经营布置，则或非属部所乐，转易引起内讧矣。为中国计，当是时，惟有采用联邦之法，于军事、财政、经济、交通、外交荦荦大端，操诸中央之手，而其余则一听其自由，（一）所求者简，则中央易于为力。（二）变动不大，则藩属不致反对。（三）告以我之措置，又凡事与之和衷协商，则藩属必欣然从我矣。无如此等新政治，非中国秉政者所知。非放任不问，即欲径置诸我管理之下，于是有蒙藏改建行省之议。而不知蒙藏之情形，与新疆及东三省不同也。先是俄人颇欲勾引达赖喇嘛，英人慕之，乃于光绪三十年（1904）乘日俄战争，派兵入藏，达赖出奔，英人与班禅立约，（一）西藏不许外国人驻兵殖民。（二）土地、道路、矿产等不得抵押与外国或外国人。清廷再三与之交涉，卒于三十二年（1906）立约，承认英藏所订条约为附约，但于约中声明，（一）所谓外国及外国人者，中国与中国人不在其内。（二）英国不干藏政，占藏地。中国亦不许他国干藏政，占藏地而已。先一年，驻藏帮办大臣凤全为藏番所戕，中国因将川边之地改县，及其末年，用联豫为驻藏大臣，与达赖不协，调兵1500人入藏，达赖出奔印度宣统二年（1910），清人革其封号。前此达赖对英深闭固拒，藏英交涉，累烦中国之维持调护者，至此，达赖反暱就英以拒中国，而交涉弥棘手矣。对于蒙古，则清末用三多为驻库伦办事大臣，妄用严厉手段，俄人遂诱活佛独立，并攻陷呼伦贝尔宣统三年，1911年，分崩离析之象益亟。

然为中国之最艰危者，毕竟仍在东北，当日俄战前，侵略东方者为俄人，与俄利害最不相容者，自为英日，而德美次之，以德在东方，亦自有野心，而美亦不欲此大好之市场，为他国所垄断也。因此而有光绪二十八年（1902）之英日同盟，日本恃是，乃敢与俄开战，而战时，亦颇得此同盟之力。至战后，则日俄创南北满之名，隐然划定其势力范围，东北之逐鹿，遂不在此两国之间。《东三省交收条约》既立，中国拟借英款造新法铁路，日人指为南满路之平行线，尼之。中国不得已，如其意，而要求他日若造锦齐铁路，日不反对；后又欲延长之至瑷珲，俄人出而阻挠，美人乃有满铁中立之议，欲合若干国，共同借款与中国，俾中国将东北铁路赎回；在借款未还清时，铁路暂由借款诸国共同管理，禁止政治上军事上之使用，又因日俄两国共起反对而罢。至革命之年，中国乃有向英美德法银行团订立币制借款及东三省兴业借款之议，以各省新课盐税及东三省之烟酒生产消费税为抵，此盖有深意存焉，惜乎未及成而清亡，而此项借款，后遂递嬗为善后大借款，而四国银行团，亦递变而为六国五国也。见后。

《辛丑条约》既成，那拉后及德宗复还北京，政权仍在那拉后之手，至此亦觉无以自解，乃复貌行新政，以敷衍人民，然国民此时对清朝业已绝望，于是立宪革命之论大炽。光绪三十二年（1906）清朝下诏预备立宪，视预备之成绩，以定实行之期。三十四年（1908）定预备之期为9年。是年，德宗死，那拉后立溥仪，以载沣摄政，后亦旋死。宣统二年（1910）因人民要求，定于3年之后，开设国会，然是时之民意，又非复君主立宪所能满足矣。

中国地分南北中三带，北带本为政治之重心，然遭异族之蹂躏，又水利不修，生业憔悴，在近代，文化反较落后。中带是五胡乱华以来，即为中国文化之保存者，又为全国产业之重心，然其发展，偏重产业、文化方面，政治上、军事上之力量不足。惟南带地势崎岖，交通不便，发达较迟，故社会之矛盾不深，其民气最为朴实强毅。近代对外之交通，西南最早，故其渐染新文化亦较早。清末两大派之改革者，（一）士夫派之康有为，（二）平民派之孙文，（三）及前此虽不成而究为空谷足音之民族革命者太平天国，皆起于南方，非偶然也。

孙文之革命思想，萌芽于中法战后，光绪十八年（1892）始立兴中会。中国之社会本较散漫，惟会党略有组织，故初图革命时，所思利用者为会党。然会党虽含有革命种子，究之江湖豪杰之意味多，不甚足用也。日俄战后，文以赴日留学者多，乃如日本，改兴中会为同盟会光绪三十一年（1905）。士人之加入者始多，此等士夫，虽云在野，而于中国政治上，实饶有声势，后来入新军中运动者亦此曹。于是政治军事上之重心，稍暗移于革命党之手。辛亥之岁（1911）武昌起义，其势力非复前此偏隅起事之比矣。顾新军之力，虽较会党为强，然欲借武昌之义师，以推翻清朝，则实力究嫌不足。各省虽云次第光复，其力亦未足以会师中原也。其时清朝早已徒有其名，而怀挟野心之袁世凯遂乘机顿兵,与南方议和,而迫清室于中华民国元年(1912)二月十二日退位。孙文先已被举为临时大总统,就职南京,实力既未足勘定北方,乃不得不为调停之计,让位于袁世凯。民党中人,欲使世凯就职南京,免在北京为旧势力所包围,不克。时同盟会已改组为公开之政党,称国民党。孙文知政治一时无清明之望,欲退居在野之地位,专办实业,而国民党不能听其指挥,在国会中,政府与国民党之议员,遂立于对立地位。袁世凯专务排除异己,政治既不清明,对外交涉,尤多失败。清末之四国银行团,英美德法恐排除日俄之不妥,劝其加入,变为六国银行团,承借中国政府之政治借款。美国总统以其要挟太甚,命其国之银行团解散,又变为五国团。民国二年(1913)四月,中国以关盐余之全数为担保,成立善后大借款2500万镑。是举也,于北京盐务署设稽核所,产盐地方设分所,审计处设稽核外债室,实启财政部分监督之端。然(一)北方兵力本较强,(二)财力亦较充足,(三)人民是时尚未能尽了解新说,国民党不能宣传政见,反以叫嚣取厌于人,是时之新势力,遂不为民情所与。起于上海、南京及安徽、江西、湖南、福建、广东五省之二次革命,遂告失败。袁世凯乃无所顾忌,迫胁国会,选为总统,旋解散国民党,国会因之不足法定人数,遂于明年加以解散,改《临时约法》为《中华民国约法》,以参政院代行立法院职权。国会既已解散,无人能监督外交,而蒙藏之交涉,遂均于屈辱中解决。先是革命消息,传至西藏,藏人起而驱逐驻兵,达赖返藏,藏人进兵川边,川滇出兵剿办,已获胜利,而英人提出抗议,不得已改剿为抚。三年(1914)四月,与英人定约于西摩拉,英人承认中国对西藏之宗主权,而中国承认外藏之自治权。内外藏本无此名词,徒以红线画于地图上而已,而此所画界线,又为我所不能承认,其事遂成为悬案。俄人亦与外蒙立约,允代其保守自治,不许中国派官、驻兵、殖民,而别订商务专约,攫广大之权利以去。四年(1915)六月立约,俄承认中国在外蒙之宗主权,中国承认其自治权,十一月,并认呼伦贝尔为特别之区域。三年(1914)六月欧战起,日与英攻陷青岛,日人并占胶济铁路及青岛海关。明年,我国要求撤兵,英兵即撤退,而日人提出五号二十一条之要求,于五月七日发出最后通牒。我于九日承认,后于五月二十五日立约,外交之失败如此，人民自难心服。袁世凯顾图帝制自为，嗾其党羽，设立筹安会，妄云从学理上研究国体问题，电各省军民长官及商会，派代表入京，在京又有所谓公民团者，请愿于参政院，要求变更国体，参政院主开国民会议解决。及开，全体赞成君主立宪，于是委托参政院，推戴袁世凯为皇帝，世凯遂加以接受。于是蔡锷起护国军于云南；北方兵力虽强，顾无为世凯效力。贵州、广东、广西、浙江、湖南先后独立，陕西、山东亦有民军起事，英俄法意日又提出警告，世凯不得已，于五年（1916）三月二十二日，下令取消帝制；而护国军要求世凯退位，彼此相持不下，六月六日，世凯死，此问题乃告解决。

　　清室至道咸时，实已不能自立，所以能复延数十年之命运者，实皆湘淮军诸将帅为之效力也。故自号中兴以还，寖成外重之势。湘淮军诸将帅至光绪朝稍凋落，惟李鸿章最老寿，隐然为政治重心，继起无人。袁世凯乃以诡谲之姿，强承其乏，其才本不足为首领，况复见解陈腐，妄思帝制自为，终以自贼邪？然袁世凯在，究尚有一形式上的首领，所谓北洋系军人者，不能公然叛变。及世凯死，则形式上之首领也失之，而所谓北洋系军人者，争思割据地盘，篡窃政权焉。此盖历史上数千年来军阀割据之局之复演，社会之情状不能骤变，政局之形势自亦不能骤变也，顾国家则深受其害矣，自西力东侵以后，中国与日本均思变法自强，中国之能讲求外情，且在日本之先，顾日本之维新成功甚速，中国则累遭顿挫者，日本是时正自分裂而趋于统一，中国是时，则适自统一而趋于分裂，此为近数十年强弱不同之大原因。其原因全在政治上。昧者或谓其民族性有优劣，则大误矣。社会全为环境所铸造，人之性质程度，不论其为何种何族，均相等。世岂有环境变而处于环境中之人能久而不变者邪？袁世凯既死，黎元洪以副总统入京代理，恢复《临时约法》，召集袁世凯所解散之国会。以政治论，以法律论，全国本可相安，顾元洪非北洋系中人物，所谓北洋系军人者，遂群思排挤之。六年（1917），德国宣布无限制潜艇战争，梁启超说国务总理段祺瑞参加欧战，冀可提高国际地位，于是始而抗议，继而绝交，更进而谋对德宣战。而国会中人，加以反对，总统府中人，亦有与国会相结者。段祺瑞一方面，乃又有收买所谓公民团者，迫胁国会，要求通过对德宣战案，激起国会方面之反对。时北洋系中之人物,以安徽省长倪嗣冲最为狂悖,而其督军张勋,则自谓能效忠于清室。段祺瑞召集各省区督军、都统在京开会,各督军、都统乃攻击国会所定宪法草案,分呈总统、总理,要求不能改正,即加解散。旋同赴徐州开会。未几,黎元洪免段祺瑞职,安徽遂离中央而独立,各省区纷纷继之,元洪无如何,令张勋入京,共商国是。勋至天津,胁元洪解散国会,然后入。七月一日,勋奉溥仪在京复辟,黎元洪走使馆,令副总统冯国璋代理;以段祺瑞为国务总理。祺瑞誓师马厂,十二日复京师。元洪辞职,由冯国璋代理。复辟之役,盖非张勋一人所为,道路传言,皆谓在徐州开会时,张勋提出此问题,多数省区皆签字赞成,故张勋敢于以少数军队入京,冒天下之大不韪。段祺瑞持正之功,为不可没矣。然祺瑞与南方积不相能,复激成护法之役。

国会之解散也,广东、广西宣言,不受非法内阁干涉,重要政务,径行秉承元首。云贵及海军第一舰队继之。民国既复,南北本可从事调和,而南方谓民国业中断,可仿元年之例,召集参议院,于是国会开非常会议于广州,议决军政府大纲,选举孙文为大元帅,后又改举政务总裁七人,以诸部长为政务员,赞襄政务会议,以行军政府之职权。北方则召集参议院,修改国会组织及选举法,由之产生新国会,选举徐世昌为总统。南方乃由旧国会委托军政府代行国务院职权,以摄行总统职务。先是南北颇有战事,徐世昌就职后,下令停战议和,八年(1919)二月,开和会于上海,至五月,卒决裂。

是时之外交,亦更形败坏,冯国璋入京后,即对德宣战,段祺瑞之政策,目的已达,本可一意进行,乃又急于内争,欲以武力征服异己,于是名为参战,实仅招募华工赴欧而已。是时北洋系又分裂为皖直两系,段祺瑞大借日款,以练参战军,而未曾用诸参战。七年(1918),俄国革命后,单独对德议和,协约各国,有出兵西伯利亚之举,我国亦派海军随之,又与日本订立《共同防敌海陆军协定》,日兵之入吉、黑者遂多。八年(1919)一月,欧洲各国开和会于巴黎。先是日本与英法俄意秘密交涉,须于战后保证其接收德国在山东之权利,彼乃承认我参战,四国皆俱而从之。而章宗祥与日人订立《济顺高徐借款预备契约》,附以照会,许胶济铁路所属确定后,由中日两国合办,复文中有欣然同意字样。至是,中国要求青岛由德交还我国,日本则主张由彼接收，英法因有约在前，不得不袒日，美总统威尔逊虽赞成我之主张，而以章宗祥之复文，事在七年（1918）九月，其时欧战已停，日本不能再迫胁中国，遂致无能为力。事闻于中国，舆情大愤，学校罢课，商店罢市，要求惩办章宗祥、曹汝霖、陆宗舆三人，所谓五四运动也。而山东问题，卒如日意解决，我国遂未签字于对德和约，仅有总统以命令宣布对德战争已止。惟对奥和约，我仍签字，故仍为国际联盟之一员焉。自欧战起，俄国无暇东顾，蒙吁请取消自治，呼伦贝尔亦随之，是时本为我收复外蒙之好机会，而段祺瑞以其心腹徐树铮为筹边使，仍用高压手段，遂再引起蒙人之离心。俄人当民国八九年时曾两次宣言，放弃旧俄帝国用侵略手段在中国取得之土地及特权，我亦未能与之交涉，此皆段祺瑞当国时外交之失败也。

时北方皖直两系矛盾日深，而奉天张作霖亦思入关发展。九年（1920），直系第三师师长吴佩孚，自衡阳撤防北方，时参战军已改为边防军，冲突于近畿，边防军败，段祺瑞乃辞去职权，于是曹锟为直鲁豫巡阅使，吴佩孚副之，王占元为两湖巡阅使，张作霖为东三省巡阅使，兼蒙疆经略使，并节制热察绥三区。边防军驻外蒙者，为蒙人所攻，内地置诸不问，库伦遂为俄白党所陷。南方之军政府内部亦多问题，孙文等皆离广州，陈炯明初以粤军驻扎福建之漳、泉，是年十月还粤。军政府首席总裁岑春煊宣言，撤销军政府，徐世昌据之，下令接收。孙文等否认，回粤再开政务会议，十年（1921）四月，国会选文为总统。五月五日就职，乃将军政府撤销。吴佩孚资格虽浅，而以实际论，则为是时直系之中心人物，佩孚亦抱武力统一之见解。湖南军队攻入湖北，王占元战败去职，佩孚击湖南军，却之，进占岳州，遂继占元为两湖巡阅使。十一年（1922）四月，直奉战起，奉兵败退出关，东三省省议会举张作霖为联省自治总司令，吉、黑两督军副之，与中央脱离关系。于是段祺瑞蛰居天津，而皖系人物，到处活动者仍不少，卢永祥尚据浙江，遂成为皖奉两系与南方结合，以倾直系之局面。

先是十年（1921）十一月，美国召开太平洋会议于华盛顿，内分限制军备、远东问题两组。限制军备问题，英美法日成立《海军协定》，《英日协约》因此作废。后来英美法日意又成立《海军协定》

(1922)，又立《海军公约》（1930），规定英美日三国之海军比例为5：5：3，其期限均至民国二十五年（1936）为止。故论者均称是年为世界之危机也。远东问题，中美英法意日荷葡比九国订立公约，又立《九国中国关税条约》。九国公约列举四原则：（一）尊重中国之主权独立及领土行政之完整。（二）与中国以完全而无障碍之机会，以发展并维持稳固之政府。（三）确立并维持工商业机会均等之原则。（四）不得利用现状，攫取特殊权利，并不得奖许有害友邦安全之举动。巴黎和会以后，山东问题，日本求与我国直接交涉，我国主张提交国际联盟，及是，亦即在华府会议外解决，于十一年（1922）一月订立条约，青岛由日人交还，胶济路限期15年，由我赎还。其本于二十一条之要求所立之条约，中国要求作废，日本不可，但声明将第五号要求撤回，以租税担保之借款，及南满、东蒙借款，开放于国际银团，共同经营。其后乃由参众两院通过，咨请政府，于十二年（1923）照会日本，声明作废焉。库伦之白党，于十一年（1922）七月，为远东共和国所诛灭，外蒙占先已在恰克图立有政府，至是遂移于库伦，以活佛为皇帝。十三年（1924）活佛死，乃改为共和国焉。是岁，中国与苏俄订立解决悬案及暂行管理中东路两协定大纲，认外蒙古为中国领土，尊重中国之主权，中东路许我出资赎回，订于一个月后开会，决定办法。其后延至十四年（1925）八月始开，而是时东三省对中央独立，会议遂无结果。苏俄与奉天别立奉俄协定。要之，自第一次欧战停后，外交上颇有可乘之机，而我国忙于内争，未之能乘也。

直奉战后，十一年（1922）六月初二，徐世昌辞职。是岁六月，十五省督军请黎元洪入京复职，补足任期。元洪既入京，取消六年（1917）六月解散国会之令，国会再开，亦无甚成绩。是时直系内部复生分裂，曹锟左右，谋举锟为总统，与奉系言和，因是与吴佩孚不睦。十二年（1923）六月，北京军警包围总统府索饷，黎元洪出走，国会遂举曹锟为总统，于十月十日就职，并制定宪法，于是日公布之，然人皆视为沐猴而冠也。吴佩孚勾结陈炯明，谋倾南方政府。孙文初在桂林筹备北伐，十一年（1922）四月，将大本营移于韶关，陈炯明走惠州，五月北伐，六月，粤军叛，文走上海。岁杪，在广西之滇军及桂军讨陈炯明，炯明再走惠州，文回粤，以大元帅名义主持军务。

第六章
国民政府之北伐

　　二次革命失败后，孙文走日本，立中华革命党于东京，袁世凯死后，移于上海，改称国民党。孙文历年以护法为号召，然终鲜成功，盖议员多政客之流，绝无特操，欲利用军阀，军阀又多跋扈，只便私图，鲜明大义。迨苏俄革命告成，文知其所能成功者，实在党军两端之改革，乃于十二年（1923）十一月，将国民党改组，十三年（1924）一月，开全国代表大会于广州，改大元帅府为国民政府，六月，设黄埔军官学校，军队中皆设党代表，以宣传主义，于是南之壁垒一新矣。

　　十三年（1924）九月，江浙战起，直奉继之，吴佩孚统大军与奉军相持于九门口，而冯玉祥与胡景翼自前线回军，与驻守南苑之孙岳，改称国民第一、二、三军，入北京，佩孚自海道入江，走汉口，直系之势力瓦解。奉军踵之入关，冯玉祥、张作霖共推段祺瑞为临时执政，祺瑞要孙文北上，共谋解决时局。文主开国民会议，祺瑞亦有所谓善后会议及国民代表会议者，顾人民团体，无一得与，文戒国民党员不得参加。十四年（1925）三月十二日，文卒于北京。初文与陈炯明相持于广东颇久，及文卒，国民政府肃清东江，又平滇桂军之反侧者，广西先来联合，湖南之唐生智亦输诚，于是改组政府，废元帅，代以委员制，南方之势力转强。北方以张作霖为东北边防督办，冯玉祥为西北边防督办，改督军之称曰督理某省军务善后事宜，以胡景翼督理河南，景翼卒，岳维峻继之。其时西北河南皆凋敝，实力惟关外为强。杨宇霆督苏，姜登选督皖，李景林督直，张宗昌督鲁，又皆奉系也。初直系之齐燮元督苏，皖系之卢永祥督浙，先第二次奉直之战而战，所谓江浙战争也。初相持，旋直系之孙传芳自闽入浙，卢永祥败走，

· 229 ·

未几而吴佩孚败，奉军南下，齐燮元亦走。孙传芳仍据浙江，奉系未能除。十四年（1925）十月，传芳自称浙闽苏皖赣五省总司令。北师，奉系之在苏皖者皆走，传芳北取徐州，吴佩孚亦起汉口。奉军在关内者，郭松龄叛，出关攻张作霖，以兵行遭阻，败死，作霖乃得幸免。时吴佩孚无复实力，借靳云鹗招集杂军，以攻山东，未克。冯玉祥攻李景林，景林力拒，久之，乃弃天津，走山东，依张宗昌。是时奉系几成众矢之的，而吴佩孚忽联奉以攻冯。十五年（1926）一月，玉祥宣言下野，佩孚合奉军下南口，又遣兵攻西安，未克，而国民军北伐矣。

十五年（1926）六月，国民军北伐，入湖南，克长沙，吴佩孚来援，败绩，国民军遂下武汉，入江西，败孙传芳之兵，分军为左右，夹江东下。其留守东江之军克福建，入浙江。十六年（1927）二月，遂入南京。冯玉祥自西北回师，解西安之围，入河南。三月，国民军有清党之举，军事稍停顿。孙传芳之败也，走北方见张作霖，与之合，及是乘机南下，渡江之龙潭，国民军击却之。九月，山西军攻奉军，奉军退河北。十七年（1928）一月国民政府再北伐，五月一日入济南，三日而惨案作，我军乃绕道德州北伐。六月三日，张作霖退出关，四日至皇姑屯，遇炸死。东三省因此归心国民政府，至十二月而统一之业告成。

第四篇　中国近世文化史补编

第一章

商 业 篇

　　市舶司之设,元明二代亦皆有之。元设于上海、澉浦、杭州、庆元、温州、泉州、广州,凡七处,时有省置。明洪武初设于太仓黄渡,寻罢,复设于宁波以通日本,泉州以通琉球,广州以通占城、暹罗及西洋诸国,诸国皆听时至,惟日本限其期为10年,人数为200,舟为2艘,以金叶勘合表文为验,以防作伪,以其时正值倭寇为患也。嘉靖初给事中夏言言,倭患起于市舶,遂罢之。嘉靖三十九年(1580)凤阳巡抚唐顺之议复三市舶司,部议从之。四十四年(1565)浙江以巡抚刘畿言仍罢,福建开而复禁,万历中悉复。永乐中又尝设交阯云南市舶提举司。明之设司,意不在于收税,而在以此抚治诸夷,消弭衅隙,以其时倭寇方张也。在当时未尝不收制驭之效,然习之久,而畏恶外人之心日增,欧人之传教,又颇与华人习俗相违。清嘉庆时,又有西北教匪、东南艇盗之祸,遂并攘夷排教御寇为一谈,中西之交涉,生出无穷纠葛焉。原因虽多,而倭寇滋扰,致中国之视海客咸有畏恶之心,亦其中之一也《明史·食货志》曰:"明初东有马市,西有茶市,皆以驭边省戍守费,海外诸国入贡,许附载方物,与中国贸易,因设市舶司,置提举官以领之。所以通夷情,抑奸商,俾生禁有所施,因以消其衅隙也。"明之与外国通市,其意皆非以为利,故永乐初西洋剌泥国、回回哈只马哈没奇等来朝,附载胡椒,与民互市,有司请征其税,成祖不许。武宗时提举市舶太监毕真言:"旧制,泛海诸船,皆市舶司专理,近领于镇巡及三司官,乞如旧便。"礼部议"市舶职司进贡方物,其泛海客商及风泊番船,非敕旨所载,例不当预"。夫许外国互市而曰入贡,许附载方物贸易,而市舶司且若以接待贡使为职,永乐三年(1405)又置驿于三市舶司,以待诸番贡使,岂真以其来,为入贡而不为贸易哉? 夫亦曰入贡而后许贸易,则不致与沿海之民私相市,而官司无所稽考,以是为制驭之一策云尔。此办法

· 232 ·

似乎多事，而亦不能尽谓为不然。盖客强主弱，乃清中叶以后之情形，前此则适相反。故嘉靖倭变，朱纨访知"舶主皆贵官大姓，市番货皆以虚值，转鬻牟利，而值不时给"。而史且谓"市舶既罢，日本海贾往来自如，海上奸豪与之交通，法禁无所施"也。盖市舶官吏原来未尝不有赃私之行，然视土豪势家，则终有间矣。

　　北方游牧民，虽时与中国以兵戎相见，然通市亦恒不绝，史所载虽不详，亦可考见其盛者，则如汉设马邑之谋，匈奴单于觉之而去，自是绝和亲，攻当路塞，然"尚乐关市，嗜汉财物，汉亦尚关市不绝以中之"，又如唐杀突董，九姓胡死者千人，突董回纥毗伽可汗叔父也，而毗伽谓唐使，"国人皆欲尔死，我独不然。突董等已亡，今又杀尔，犹以血濯血，徒益污。吾以水濯血，不亦善乎！为我言有司，所负马值一百八十万，可速偿我。"若宽仁能以德报怨者，实贪马值不能绝耳。明初设马市三，一在开原南关，以待海西。一在开原城东，一在广宁，以待朵颜三卫。正统三年（1438）始设马市于大同以待也先，其后王振裁其马价，遂有土木之变，也先桀骜终必反。然非裁马价，有以激之，其叛或不至于是其速也。其后北抚俺答，东驭女直，亦藉大同马市，辽东义州木市。努尔哈赤之攻尼堪外兰，明人不能讨，顾开抚顺、清河、宽甸、瑗阳四关，许其互市。论者谓满洲之致富厚，习华事实于此有关焉。盖中国与外夷通商，不徒资其困乏，亦足牖其文明矣。蠢彼建夷，不思木桃之报，而为封豕长蛇，荐食上国，其罪可胜诛乎！

· 233 ·

第二章

财 产 篇

吾国虽久行私产之制，然贫富之相去实不可谓之悬殊。（一）因封建久废，有广土者甚少。（二）则财产久由各子均分。大家族在后世既已罕见，即有巨富之家，一再传后，财产亦以分而日薄。（三）则恤贫抑富，久为政治家所信奉。人民亦能互相救恤。（四）则地处大陆，人事之变迁甚剧。每一二百年，辄有大战乱。贫富之变易较易。此吾国民所以久有均贫富之思想，而数千年来，卒能相安无事者也。然今后之情形则非复曩昔矣。

今日生计之情形，所以大异于昔者，在舍器械有口曰器，无口曰械，合二字，为凡用具之总名，而用机器。器械仅能少助人力。且其为物简单，一人能用之，则人人皆能用；一家能有之，则家家皆能有之。故众人生利之具，无大不同。其所生之利，亦略相等。至于机器，则非复人人所能制，亦非复家家所能有。于是购机器，设工厂，不得不望诸资本家。其物必合众力而后可用，则其业必集多人而后可营。而管理指挥，遂不得不有企业者。资本家安坐而奉养甚厚，劳动者胼胝而饱暖犹艰，则易致人心之不平，企业者之利害，恒与资本家同，其于工人，督责既严，犹或肆行腹削，则易为工人所怨恨。旧日商工之家，师徒如父子之亲，主佣有友朋之谊，至此则皆无之矣。况手工造物，皆略有乐趣。机器既用，所事益简，终日反复，不出一两种动作，则易生厌倦之情。于是劳资相疾如仇矣。吾国之用机器，盖启于同、光之朝。初办者为军事如江南制造局、福州船政局，后渐进于交通如汽车、汽船，又渐进于开矿纺织等业如汉冶萍煤铁矿厂公司，李鸿章所设上海机械织布局，张之洞所设广东缫丝、汉口织布、制麻等局。其初多由官办，或官督商办，其后民业渐起。而外人亦投资中国，经营一切。

中日战后,又许外人设厂于通商口岸。于是新式事业,日增月盛。劳资相轧,遂日甚一日矣。今之论者,每谓中国人只有大贫小贫,而无所谓富。人民只患失业,不患业之不善。此诚然。然此特今日内乱不息,百业凋敝之时为然耳。一旦战事息而国内安,人民率其勤俭之习,以从事于实业,将见财富之增,一日千里。美利坚自赤贫以至富厚,不过50年,况于吾国,人口本庶,国土久辟者乎?《诗》曰:"迨天之未阴雨,彻彼桑土,绸缪牖户。"今日之劳资,虽若未成阶级,然其成为阶级甚易,固不容不早为之计也。

社会主义派别甚多。约其大旨,不越两端:一主各尽所能,各取所需。人之尽其能否,固无督责之人。其取其所需,不致损及他人,或暴殄天物与否,亦复无人管理,一凭其良心而已。此非民德大进,至"货恶其弃于地也,不必藏于己;力恶其不出于身也,不必为己"之时,未易几及。程度不及,而欲强行之,将有后灾,岂徒说食不能获饱而已。一则主按劳力之多少,智识技艺之高下,以定其酬报之厚薄。其主张急进者,欲以国家之力,管理一切。主张渐进者,并只欲徐徐改良而已。此则于现在情形为近。马克思曰:新社会之所须者,必于旧社会中养成之。今欲行社会主义,所须者何物乎?以人言:一曰德,一曰才。以物言:一曰大规模之生产器具,一曰交通通信机关。必有大规模之生产器具,而后生产可以集中;而后可由公意加以管理。否则东村一小农,西市一小工,固无从合全国而统筹并计也。大规模之生产器具,交通通信机关,既非一时所能有,人之经营擘画之才能,又非既有此等事,无从练习。其公德心,亦不能凭空增长。则人我不分之理想,断非今日所能行,无俟再计矣。故今日者,以"各尽所能,各取所需,合全世界而统筹并计,以定生产之法,分配之方;而人之生产,仍无一不为公,其消费则无一不仰给于公,与部落共产时代无以异,为最终之蕲向。而且前则暂于较小之范围内,求生产之渐趋于协力,分配之渐进于平均,随生产之渐次集中,徐图管理擘画之才能之增长;日培养公德心使发达,而徐图尽去其利己之私",则进行之正规也。

无政府主义,我国无之。近人或以许行之说相附会。案许行之说,乃欲取法于极简陋之国家耳,非无政府也。说见《政治史·政体篇》

编者：见吕思勉著《中国制度史·政体篇》，至于凭借国家权力，大之则制民之产，谋贫富之均平；小之则扶弱抑强，去弊害之大甚。则我国之人，夙有此思想。以政治放任既久，幅员辽远，政府之威权，不易下逮，奉行之官吏，难得其人，故迄未能行耳。然其思想，则未尝消灭也。试引王安石、龚自珍两家之言以明之。

王安石《度支副使厅壁题名记》曰："合天下之众者财，理天下之财者法，守天下之法者吏也。吏不良，则有法而莫守。法不善，则有财而莫理。有财而莫理，则阡陌闾巷之贱人，皆能私取予之势，擅万物之利，以与人主争黔首，而放其无穷之欲；非必贵强桀大，而后能如是；而天子犹为不失其民者，盖特号而已耳。虽欲食蔬衣敝，憔悴其身，愁思其心，以幸天下之给足而安吾政，吾知其犹不得也。然则善吾法而择吏以守之，以理天下之财，虽上古尧舜，犹不能毋以此为先急，而况于后世之纷纷乎？"此为安石变法，首重理财之故。盖国不能贫富予夺人，则贫富予夺之权，操于豪强，国家欲有所为，其事恒不得遂。然国家所行，多为公义。豪强所行，多为私利。国家所欲不能遂，而豪强则所为必成，则公义不伸，正道灭绝，社会将永无太平之日矣。安石之言，自有至理，后人或訾其挟忿戾之心，以与豪暴争，误也。

龚自珍《平均篇》曰："有天下者，莫高于平之之尚也。其邃初乎？降是，安天下而已。又降是，与天下安而已。又降是，食天下而已。最上之世，君民聚醵然。三代之极其犹水，君取盂焉，臣取勺焉，民取卮焉。降是，则勺者下侵矣，卮者上侵矣。又降，则君取一石，民亦欲得一石。故或涸而踣，石而浮，则不平甚。涸而踣，则又不平甚。有天下者曰：吾欲为邃初，则取其浮者而挹之乎？不足者而注之乎？则蠢然哝之矣。大略计之：浮不足之数，相去愈远，则亡愈速。去稍近，治亦稍速。千万载治乱兴亡之数，直以是券矣。人心者，世俗之本也。世俗者，王运之本也。人心亡，则世俗坏；世俗坏，则王运中易。王者欲自为计，盍为人心世俗计矣。有如贫相轧，富相耀，贫者阽，富者安。贫者日愈倾，富者日愈壅。或以羡慕，或以愤怨，或以骄汰，或以啬吝。浇漓诡异之俗，百出不可止。至极不祥之气，郁于天地之间。郁之久，乃必发为兵燧，为疫疠。生民噍类，靡有孑遗。人畜悲痛，鬼神思变置。其始不过贫富不相齐之为之尔。小不相齐，渐至大不相齐；大不相齐，即至丧天下。呜呼！此贵乎操其本原，与随其时而剂调之。上有五气，下有五行，民有五丑，物有五才。消焉，息焉，淳焉，决焉，王心而已矣。是故古者天子之礼：岁终，太师执律而告声。月终，大史候望而告气。东无陪水，西无睹财，南无陼粟，北无陼土，南无陼民，北无陼风，王心则平。听平乐，百僚受福。其《诗》有之曰：秉心塞渊，騋牝三千。王心诚深平，畜产且腾跃众多，而况于人乎？又有之曰：皇之池，其马喷沙，皇人威仪。其次章曰：皇之泽，其马喷玉，皇人受谷。言物产蕃庶，故人得肆威仪，茹内众善，有善名也。太史告曰：东有陼水，西有陼财，南有陼粟，北有陼土，南有陼民，北有陼风，王心则不平，听倾乐，乘欹车，握偏衡，百僚受戒。相天下之积重轻者而变易之。其《诗》有之曰：相其阴阳，观其流泉。又曰：度其夕阳。言营度也。故积财粟之气滞，滞多雾，民声苦，苦伤惠。积民之气淫，淫多雨，民声嚣，嚣伤礼义。积土之气虻，虻多日，民声浊，浊伤智。积水积风，皆以其国瘵昏，官所掌也。且夫继丧亡者福禄之主，继福禄者危迫之主。语百姓曰：尔惧兵燹乎？则将起其高曾于九京而问之。惧荒饥乎？则有农夫在。上之继福禄之盛者难矣哉！龚子曰：可以虑矣，可以虑，可以更，不可以骤。且夫唐虞之君，分一官，事一事，如是其谆也。民固未知贸迁，未能相有无，然君已惧矣。曰：后世有道吾民于富者，道吾民于贫者，莫如我自富贫之，犹可以收也。其《诗》曰：不识不知，顺帝之则。夫尧固甚虑民之识知，莫如使民不识知，则顺我也。水土平矣，男女生矣。三千年以还，何底之有？彼富贵至不急之物，贱贫者犹且筋力以成之，岁月以靡之，舍是则贱贫且无所托命。然而五家之堡必有肆，十家之村必有贾，三十家之城必有商。若服妖之肆，若食妖之肆，若玩好妖之肆，若男子唧晤求爵禄之肆，若盗圣贤市仁谊之肆，若女子鬻容之肆，肆有魁，贾有枭，商有贤桀，其心皆欲并十家五家之财而有之。其智力虽不逮，其号既然矣。然而有天下者更之，则非号令也。有四挹四注：挹之天，挹之地，注之民。挹之民，注之天，注之地。挹之天，注之地。挹之地，注之天。其《诗》曰：挹彼注兹，可以饎饎。岂弟君子，民之父母。有三畏：畏旬，畏月，畏岁。

有四不畏：大言不畏，细言不畏，浮言不畏，挟言不畏。而乃试之以至难之法，齐之以至信之刑，统之以至澹之心。龚子曰：有天下者，不十年，几于平矣。"此篇大意，以贫富不齐，为致乱之原。而以操其本原，随时调剂，责诸人主。盖古者国小民寡，政府之威权易于下逮。而其时去部落共产之世未远，财产之分配，较为平均。此等情形，习为后人所讴歌，所想往。后世虽以时异势殊，政府不克复举此责，然特为事势所限，以理论，固无人谓政府不当举此责；且皆以克举此职，为最善之治也。故借国家之权力，以均贫富，实最合于我国之国情者也。

然借国家之力以均贫富，亦必行之以渐，而断非一蹴所能几。何也？借国家之力，以均贫富，则国家之责任必大。为国家任事者，厥惟官吏。服官之成为谋食之计旧矣。监督不至，焉不朘民以自肥？监督苟严，又虑厩长立而马益瘝也。况夫监督官吏者，亦官吏也。任事之官吏不可信，为得可信之官吏，而任以监察之责乎？借使大业皆由官营，挟其权力，以为身谋，民之疾之，犹其疾资本家也；犹其疾企业者也。其自视，徒为求食故而劳动；而绝无劝功乐事之心，与今日之工人同也。安保其不反抗？而是时一反抗，即涉及政治。较之今日，劳资之争斗，愈可忧矣。且今日欲图生利，必借外资。借用外资，必所兴举之事，皆能获利而后可。否则有破产之忧矣。前清末叶，议借外资。即有人谓：宜以银行承受之，而转贷于民者。以民业较易获利，必多能复本；其规模不如官业之大，即有亏败，成功者多，足以偿之；非若官业，一失败，即有破产之虞也。然如此，则有助长资本之忧。若一切由国家自营，又虑官吏之不足任，而破产之终不可免也。何去何从？若何调剂？诚可深长思矣。

第三章
征 榷 篇

　　光绪三十四年（1908）赫德病归，以布雷顿代理，宣统三年（1911）赫德殁，以安格联继之。庚子赔款以海关税为担保，其时海关税入仅2000万，辛丑条约乃将各通商口岸常关暂拨洋关管理，清末磅价高涨，又益以常关50里内各分口。民国十五年（1926）一月十九日汕头海关监督兼交涉员马文车以洋关及通商口岸常关所入，已足敷赔债所需，而炮台司事王盛唐舞弊案，牵涉副税务司马多隆，呈请东征军总指挥批准，于是日将潮海关50里内各分口，派员收回。税务司提出抗议，国民政府以马氏事前未得政府许可，手续不合，于二月五日撤消之。

　　今日海关行政全在外人手中。据近来调查，税务司43，英人27；副税务司30，英人18；帮办157，英人62。华人之为副税务司者，惟清季亚东关有一人，民国五年（1916）有一人，至民国十五年（1926），华人之升税务司者乃得一人思第，升副税务司者得三人云粤海常关、秦皇岛、嘉兴分关。各海关本有监督，然条约上税务司系受命于总税务司，故监督命令，税务司不之听，必呈财政部，由部咨税务处转，由总税务司下令也。税务处设于光绪三十二年（1906），有督办税务大臣，总税务司以下，皆受管辖，后并入度支部。民国以来，亦归财政部管辖，各关监督有专任兼任之分，专任监督兼管所在地之常关，兼任者以道尹为之。

　　关税存放，民国以来亦成为一问题。我国以关税担保债款，由来已久。咸丰八年、十年（1858、1860）英法赔款，即以关税指拨至同治四年（1865）清讫，同治六年（1867）甘肃军事借款，亦以关税担保。其后甲午俄、法、英、德各款及庚子赔款，亦均以关税为担保。

· 239 ·

清时关道有库,海关收入皆交关道指定之中国之银钱号,由关道指拨道库,海关自身并无经营收付之权也海关经费,亦向关道具领。应付债赔各款,由关道按期或按月或半年将本息交付银行或银团,平时则分存上海各银钱号,其时收入,年约 4000 余万。上海银钱号得此大宗存款,颇足以资周转。辛亥革命,银行钱庄倒闭,关款始有亏欠。先是庚子赔款,因海关收入不足以偿,分摊之于各省,各省所认亦悉交上海道。及是各省或则不认,或虽认而解不以时,偿赔各款始有拖欠,各外银行乃在沪组织委员会,以清理积欠为名,为处分押品之计,拟具办法八条,呈诸外交团,外交团略加改动,于民国元年(1912)一月,由领衔驻使交我政府,勒逼照行。该委员会系以对 1900 年以前,以关税作保而现未清偿之债款及庚子赔款,有关系之银行,即汇丰、德华、道胜分存,总税务司应将关税净收入报告该委员会,至中国政府能付债赔各款为止。民国二年(1913),政府恐内地税款收解之权,亦落外人之手,由外财两部及税务处组织关税委员会研究此事,结果与税务司商定征收税款,统交中、交两行,订立合同九条,然税务司只认为中、交两行营业之关系,不认为关税与国库之关系,故积有成数,即照解汇丰,存行之期,至多不过 7 日,为数至多不过 10 万而已。

现在海关税存放办法,系每月按期平均分作三份,以三分之二存于汇丰、道胜两行,为债之担保。该两行即以所收数目支配于以下五项:(一)1898 年四厘半金债,每月拨汇丰。(二)1896 年五厘金债,每月拨汇丰。(三)1895 年四厘金债,每年于 6 月及 12 月拨道胜。(四)由总税务司以命令照拨之关余。(五)弥补庚子赔款,按月拨入庚子赔款项下。此外三分之一,则存入汇丰之总税务司海关收入保留项下。通商口岸 50 里以内之常关税,系在汇丰,为赔款之担保,记入总税务司常关税存款项下,以定率分作八份,每月按四期分配于以下两项:(一)庚子赔款项下此项尚有由海关税按期拨入者,向分存正金、汇丰、荷兰、华比、花旗、道胜、汇理七银行。欧战起,英、法、美、日、俄、意、比等国以我参战之故,自 1917 年起,准我停付庚子赔款五年,我即以此停付部分担保七年公债基金,悉以关银折算存入总税务司,担保七年短期内国公债项下,而以总税务司之命令,分存于正金、汇理、华比、花旗、道胜、汇丰六银行。（二）总税务司常关收入保留项下，向为拨入德华银行，以抵（甲）偿还奥赔款，（乙）部分的德国赔款之用，自对德奥宣战停付后，即改由汇丰保管，其中关于德国部分，则拨中国银行，充作两种关税借款之担保。所谓关余者，系关税所入，支配上项各款，尚有盈余，然后再交政府者。故关余名词，实始于1917年也。现在关税存放支配之权，完全操诸外人，而外人复有改善税款存放之主张，即（一）取利益均沾主义，须分存与中国有关系各银行，不能由一二银行垄断。（二）特组税务银行，由海关当局及各债权关系国派人共同管理。华会之际，日本代表有希望将海关税，由日本银行保管一部分之要求，并另附有意见书，法代表赞同日代表主张，亦有同样之书面声明。比国、意国代表并与日法代表声明，取同一态度。我国自华会决定加税之后，因外人议及存放问题，始知其关系重大，乃始加以研究，有（一）应由中央金库保管说。（二）指定银行保管说主此说者，以中央金库之银行，往往对政府滥行借债，致失信用，不如分存各商办大银行，由税务司指定较为可靠，亦少流弊。（三）国民银行保管说。欲集全国商会，共同发起组织。（四）新旧税分管说主此说者，以旧税向存外国银行，抵偿外债，已成惯例，一旦收回，恐不易办。新附加税，则必争归本国银行保管。（五）旧税亦必拨存本国银行一部分说主此说者，以关税按月有盈，盈余部分及已退还之赔款，亦应争回。（六）组织关税保管委员会说以财长税务处督办总税务司审行公会会长总商会会长组织之。

又按关款之充债赔款者，英、葡由汇丰存付，美由花旗存付，俄由道胜存付，日由正金存付，法、西、瑞典由东方汇理存付，意由华义银行存付，比由华比银行存付，荷由荷兰银行存付，最近道胜又以倒闭闻矣。

最近关税问题，皆因辛丑条约及九国关税条约而起。辛丑条约赔款负担既重，我国要求加税，各国乃以裁厘为交换条件。英约第八款，许我裁厘后，进口货税加至值百抽十二又五，出口货税不逾值百抽七又五，其中丝斤不逾值百抽五美约第四款，日约附加第一款，葡约第九款略同。并许我裁厘后对土货征销场税以常关为征收机关，常关以载在《清会典》及《户部则例》者为限。惟（一）有海关无常关，（二）沿边沿海而非通商口岸，（三）新开口岸，皆可增设、出厂税本款第九节已见前，美约略同，美约附件又许我抽出产税。照英约本应于1904年1月1日实行。然政府既惮裁厘，又习于因循，迄未筹备，厘金所病者，华商至外货入中国内地，本有半税可代，且通商口岸愈增，则内地愈少，故外人亦迄未提及。光绪三十四年（1908）外务部乃向各国提议加税，英日谓我于原约未曾履行，遂又延宕。至华府会议开会，中国代表提出关税自主案，其结果乃有所谓九国中国关税条约者，最近之关税会议，实根据此约而来者也九国者，美、比、英、华、法、意、日、荷、葡也。

（一）修正1918年12月19日上海修正税则委员会，所定海关进口货税表，以期切实值百抽五。此项委员会，由上开各国及列席华府会议各国承认之，政府曾与中国订有值百抽五之税则之条约，而愿参与修正之各国代表组织之。本案议决之日起，四个月以内修正完竣。至早公布后两个月实行。

（二）由特别会议立即设法，以便从速筹备，废除厘金，并履行1902年9月5日中英商约第八款，1903年10月8日中美商约第四款、第五款及1903年10月8日中日附加条约第一款所开之条件，以相征收各该条款内所规定之附加税。特别会议由签字本约各国之代表组织之，凡依据本约第八条之规定，愿参与暨赞成本约之政府，亦得列入。该会议应于本条约实行后三个月内，在中国会集，其日期与地点由中国定之。

（三）特别会议应考量裁厘，履行第二条所载，各条约诸条款所定条件之前，所应用之过渡办法，并应准许对于应纳关税之进口货，得征收附加税，其实行日期用途及条件，均由特别会议议决之。此项附加税，一律值百抽二又五，惟某种奢侈品，据特别会议意见，能负较大之增加，尚不致有碍商务者，得将总额增加，惟不得逾值百抽五。

（四）中国进口货海关税表，按照第一条，立即修改完竣。四年后，应再行修正，以后每七年修改一次，以替代中国现行条约每十年修改之规定。

（五）关于关税各项事件，缔约各国应有切实之平等待遇及机会均等。

（六）中国海陆边界，划一征收关税之原则，即予以承认，特别会议应商定办法，俾该原则得以实行。凡因交换局部经济利益，曾许以关税上之特权，而此种特权，应行取消者，特别会议得秉公调剂之。一切海关税率，因修改税则而增加者，与各项附加税，因本约而增收者，陆海边界均应一律。

（七）第二条所载办法，尚未实行以前，子口税一律值百抽二又五。

（八）凡缔约各国，从前与中国所订各条约，与本条约各规定有抵触者，除最惠国条款外，咸以本条约各条款为准。

所谓切实值百抽五者，吾国关税虽协定为值百抽五，然因货物估价之关系，实只值百抽一二。《辛丑条约》乃有切实值百抽五之说，于是年修改一次。民国七年，因加入参战，对协约国要求实行值百抽五，又将税则修改一次。据熟于商情者评论，其结果亦不过值百抽三又七一五而已。其时欧战未平，货价异常，外交部及各国驻使均备文申明，俟欧战终结后两年，再行修改。九国条约改定修改税则委员会，于十一年（1922）三月二十一日在上海开会，我国派蔡廷干为委员，与会者有英、法、意、荷、西、葡、比、丹、瑞、挪、瑞士、美、日并中国，凡十三国。所修税则于十二年（1923）一月十七日实行近人云南京条约后，入口税则，共修改四次。出口税至今未改，或云1858年，即咸丰八年，曾随进口税修改一次，未知然否？又云我国出口税，皆系从量，故随物价之变，征税轻重，大有不同。如茶自1806年以前，由中国垄断，其时茶价最高，自此以后，遂逐渐降低。而茶之从量征税如故，则加重。又如丝价逐渐高涨，而其从量征税如故，则减轻是也。我国出口税率，无原料、制造品……分别，概从一律协定，以致欲免某物之税，或欲加重某物之税，以图保护，皆有所不能，实一大缺点也。

关税特别会议，民国十一年（1922）十二月五日派顾维钧为筹备处处长，八日许顾辞，以王正廷代之。先是五月间，黑河华侨商会请各省商会各派代表在京开关税研究会议，财农两部从之。九月九日成立商会，所推副会长张维镛，又邀各商会代表及全国商会联合会驻京评议员开商约研究会，于十月一日成立。

关税研究会中，所争论最大者，为产销税问题。商会代表欲废产销税，以营业所得两税代之。其理由现有常关43，又50里内常关19，合分关分卡,约340~350其收入50里内常关500余万,50里外常关700余万,实为厘金之变相,存之仍不免留难。又英约常关以清会典所有为限,沿边及有海关处,虽可添设,内地则可移动而不能增设。关既有限制,征收必难普遍公平,且厘局长由省委任,要求撤换较易,关监督由中央委任,呼吁赴诉更难也边远省份尤为不便。又英约无出产税,日约第一款虽有出产字样,而订明悉照中国与各国商定办法,毫无歧异,则出产税可办与否尚属疑问。至于销场税,则如何办法,约文未言。当时总署饬赫德,即谓未知议约大臣意旨所在,难以拟具。何者厘既裁矣,查验为约文所禁,有限之常关,断不能遍征全国之销场税也。政府之意,主就条约所许,存留常关,以征产销两税。财部所拟办法,产税于起运后第一常关征收,销税于最后常关征收,惟特种大宗货物得就地征收产税此据英约第八款第三第七第八节。又产税得于最后常关征收,并征销场税。距常关远者,并得由当地商会代征补征产税亦然。通商口岸现有海关而无常关者,沿边区域包水陆沿海三者及内地自辟商埠,一律添设各常关管辖区域另定,有海关处,常关仍照现在办法,轮船由海关收税,民船由常关收税。其税额,产税为百之二又五,销税竞争品如丝茶、需要品如粮食百之二又五,资用品百之五,奢侈品百之七又五。此省运至彼省,途经通商口岸,在海关完过出口税者,如已满产销两税总额,即免征销场税,否则照不足之数补征。将税司兼管50里内常关之权解除,而照英美约,由省长官在海关人员中选一人或数人为常关监察员不限外人,当时政府及商会代表争持不决,后乃融通定议,谓于两年以内,将所得税、营业税、出产税、销场税等同时筹备,而究行何税,则俟特别会议议定。土货出口税,照约尚可加抽二又五,合为七又五之数,商会代表要求分别货物之性质原料竞争品、手工制造品等,以定或应减轻,或应全免,议决由政府与商民合组商品研究会,随时讨论施行。《九国条约》第六款,所谓关税上之特权,应指中英续议滇缅条约及中法会议越南边界通商章程续议专条内,彼此允让之利益而言,议决此事,须为进一步之要求于特别会议,提出局部经济交换之利益,与最惠国条款不相冲突。各国对于商约中关税部分,不能引机会均等各例,要求利益均沾,如此办法并可由单制协定渐入于复制协定。迭次修改税则,派员协定货价,时间每虑匆促，办理易致迁延。议次各财政讨论会所议，预定公布洋货进口货价办法，由政府于上海、汉口、天津、广州、大连五口设立调查机关，求平均之货价，供随时之修改按此案后仅办到上海一处。过渡期内值百抽二又五之进口附加税。华会宗旨欲以整理外债，或可提出一部为行政必要经费及教育公益事业之处，商会代表欲存为裁厘担保。议决将来会议时，如能拟出担保或裁厘办法，地方长官不致顾虑反对，则亦可将增收之附加税，拨充整理公债之用。

民国十四年（1925）八月五日九国公约批准文件全到华盛顿，按该约第十条，该约即发生效力。政府乃于八月十八日召集各国开特别会议，十月二十六日开会，我以王宠惠为全权代表，与会者凡十二国，会中组织四委员会，第一委员会处理关税自主问题，第二委员会处理关税自主以前应用之过渡办法，第三委员会处理其他有关事件，第四委员会为起草委员会。当1922年太平洋与远东问题委员会开第十七次会议时，中国委员宣言，对于关税条约，虽予承认，并无放弃关税自主之意，召集照会中即报此，再行提出。关税会议既开，中国政府提出：（一）与议各国向中国政府正式声明，尊重关税自立，并承认解除现行条约中，所包含之关税束缚，并中国国定关税条例于1929年1月1日发生效力。（二）我国政府允裁厘，与国定关税定率条例同时实行。（三）未实行国定关税定率条例以前，于现行值百抽五外，加收临时附加税。普通品值百抽五，甲种奢侈品，即烟酒值百抽三十，乙种奢侈品值百抽二十。（四）临时附加税条约签字后，三个月开始征收。

关于（一）十四年（1925）十一月十九日，在第一、二委员会议合通过，中国亦公布关税定率条例据某当局谈话云：实附有数种保留条件，其时法、意代表知会我国代表团，谓法意政府，只能照下列条件赞同上项议案，即（1）已纳关税之洋货，不得加征捐税。（2）各种条件互相维系。（3）裁厘应由双方承认与实行。（4）意国单独提出整理外债互惠税率问题。驻京日使馆与外交部于十五年（1926）一月二十日、二十七日先后换文两次，文内所列原则：（1）此互惠办法之施行，系为缔约国双方之利益。（2）缔约国之某种货物，得享互惠税率之利益。（3）互惠协定期间之规定，必须能符合缔约国两方经济变迁之情形之需要。（4）互惠协定一俟中国关税定章实行，即行有效。（二）中国政府曾正式声明，尽十八年（1929）

一月一日前切实办竣。又宣言抛弃不出之土货之出口税，复进口半税，以为裁厘初步。关于（三）中国尝公布烟酒进口税条例，日主实行华约第三条第二款，美主立即征收二又五附加税，奢侈品可值百抽五，水陆一律英亦主水陆一律。又日欲于过渡期内，议订新条约，规定某物互惠的协定税率与国定税率，同时施行。海关施行附加税后之进款，美主（1）只补各省裁厘损失。（2）各省违背裁厘复行征税，对于被税者予以赔偿。（3）整理无抵押借款。（4）中央行政费。后各国允将附加税增至"收入可增至7000万元至9000万元之间"之数，未能正式决定。政变作，我国代表多不能出席。七月三日英美法意日比西荷葡宣言，俟中国代表能正式出席时，立即继续会议。我国政府乃修正关税会议委员会组织条例，派蔡廷干、顾维均、颜惠卿、王宠惠、张英华、王荫泰为全权代表，然各国代表多已出京，迄今未曾开会。会中提出者，又有（一）外侨纳税案。自与各国通商以来，无论何项条约，均未许外人在租界内租界外免纳税捐。迩年中国推行税务，外侨辄借口租界，托词未奉本国政府训令，抗不交纳，租界外铁道附属地亦然，华人住租界铁道附属地者，亦不令纳税。中国政府不得已，暂在租界及铁道附属地周围，设卡征收，于外国商务，实亦有关碍。故政府宣言，凡外侨在中国领土居住者，无论在租界内或租界外，或铁道附属地及其他区域，均与中国人民同一服从中国政府公布之办法，负担其一切捐税。（二）从前遍订货价，亦出协定（1）集会愆期，（2）会议中间停顿，（3）已订施行迟延，以致多所延搁。华府会议业经要求先收回调查货价之自由，并应用自动修改之原则，今者1929年1月1日后当然修改，亦依中国法令，在此过渡期间，仍依据华会精神，拟具修改税则章程草案提交关会第二委员会，希望予以同意。

南方对于关余。民国八年至九年（1919—1920）三月之关余，本曾分付广东政府占全额百分之十三又七，后因七总裁意见分歧，政府瓦解，遂仍付诸北方。九年底南方政府恢复，要求照拨，并还以前积欠。总税务司暨外交团谓须请示本国政府，后美政府电谓应交外国所承认之政府，关余遂尽归北方。十二年（1923）九月五日南方政府照会北京外交团，请"各使训令代理关税各银行，将关余拨交总税务司，由本政府训令总税务司，分解南北"，并令总税务司"以政府辖境内之关余,须另行存储,并将 1920 年 3 月以后之关余补拨,否则将另委员海关总税务司"。外人疑南方政府将干涉海关行政,外交团令驻华海军赴广州,电领事团转复南方政府,谓关余为中国所有,外交团不过保管人,如欲分取,当与北京政府协议云云。此事遂未有结果当时实业界,因民国十年(1921)北方政府曾定以关余为国内公债基金,颇反对南方分用。据南方政府之言,则谓此项基金,尚可以 1400 万元盐余及 1000 万元烟酒税充之,且北方政府本不应自由处置南方应得之关余也。迨五卅案起,广东又有六月二十二日之沙基惨案,粤人封锁港澳。十五年(1926)中央政治会议第二十六次会议,决定征收入口货之消费税,普通货物百分之二又五,奢侈品百分之五,以为解除封锁最低限度,交换条件于十月十一日施行照会中仍申明无意干涉海关行政。封锁亦即于是日取消。驻粤首席总领事曾秉承驻京首席公使之训令,向粤政府提出抗议,粤政府以不能承认北京首席公使驳覆之领袖公使亦曾向北方政府提出抗议,以广东与山东及其他地方官吏并言。欧战后,中国于对德和约未曾签字,十年(1921)五月二十日所结中德协约第四条,两国有关税自主权,惟人民所办两国间或他国所产未制已制货物,其应纳之进口出口税,不得超过本国人民所纳税率。奥约则我仍签字,奥放弃 1902 年 8 月 29 日关于中国关税之协定。中俄解决悬案大纲协定第十三条,两缔约国政府允在本协定第二条所定之会议中,订立商约时,将两缔约国关税税则,采取平等相互主义,同意协定。内地常关,清季惟崇文门左右翼及张绥各边关直隶中央,此外均由各省派员征收。民国二年(1913)将淮安、临清、凤阳、武昌、汉阳、夔、赣等关改归中央,等派监督管理。三年(1914)设局多伦,四年(1915)改为税关。又将旧属于省之潼关、辰州、浔州、成都等关改简监督,雅安、宁远两关,改归部辖。广元、永宁两关属之成都,打箭炉关属之雅安。厘金,清咸丰三年(1853),太常寺卿雷以诚饷军扬州,始倡之于仙女庙,幕客钱江之谋也。本云事定即裁,后遂留为善后经费,由布政使派员征收。厘局之数,据前数年之调查,全国凡 700 余处,但只指总局而言,分局及同类之稽征局不在其内。

直隶 15　　奉天 34　　黑龙江 31　　甘肃 43
新疆 11　　山西 42　　山东 10　　河南 32

江苏	58	浙江	42	湖南	34	四川	20
福建	45	广东	29	广西	30	贵州	44
吉林	44	江西	47	安徽	42	陕西	30
湖北	25	云南	44	共752厘局。			

其收入光绪初年为2000万两据云实有7000万，余皆被中饱，清末预算所列为3500万两，民国初年，预算所列为2400万两。最近之调查则如下：

厘金收入调查一

1912年	36584005元	1916年	40290084元
1913年	36882877元	1919年	39251522元
1914年	34186047元		

厘金收入调查二

直隶	681295元	吉林	1267087元	山东	227888元
山西	623504元	安徽	1599412元	奉天	4169733元
黑龙江	537087元	河南	615553元	江苏	5791113元
江西	2651936元	福建	1238737元	湖北	5049819元
湖南	2598722元	浙江	4225532元	陕西	933791元
新疆	391079元	甘肃	995806元	四川	636989元
广东	2545568元	广西	982784元	云南	398000元
贵州	525561元	热河	319621元	察哈尔	250894元
总计39257511元					

（译自日本中华经济）

厘金之中饱，据各方面之调查，皆云超过归公之数。其病民在于设卡之多，一宗货物经过一次，厘卡收税即不甚重，而从起运以至到达，究须经过几次，能否免于重征，初无把握。厘本百分抽一之谓，据调查实在百分之五至百分之十之间，且皆非从价而从量盖因征收者之无能也，又有七四厘捐抽百之一又一、九厘捐抽千分之九等。凡抽税，何者为税之物？何物税率如何？必有一定之法，并须明晰榜示如清会典与户部关税云：凡货财之经过关津者，必行商大贾挟资货殖以贸利者。乃征之物有精粗，值有贵贱，利有厚薄，各按其时也，以定应征之数，部设条科，颁于各关，刊之木榜，俾商贾周知，吏不能欺……至小民日用所需，担负奇零之物，皆不在征榷之条，以历代之通法也。惟厘金不然，开办虽须得中央核准，然办法则并无一定，税品税率以及征收之方法，皆由各省官吏，各自为政，其可随时改变。据调查，江苏一省，即有八种不同之办法云。各省后来亦谋改良，然其所谓改良者，大抵名异而实则相差无几也。下表为民国四年（1915）以后各省所行之厘税。

省名	税名	税率
直隶	厘金（一次抽收）	天津1.25% 大石高黄1%
奉天	产销税	普通货物2% 粮1% 豆3%
吉林	销场税	运销本省货物2%
黑龙江	销场税	5%
甘肃	统捐落地捐	统捐5% 落地捐2.5%
新疆	统捐	3%
山西	厘金（一次抽收）落地捐	1.2%~2.4% 1.5%
陕西	统捐	5%~6%
山东	厘金地捐	厘金约2%
河南	厘金（一次抽收）	11.25%
江苏	宁属厘金 认捐 落地捐 苏属统捐（二次抽收）	约一分外加出江捐一道 2.5% 2%
安徽	统捐 厘金 落地捐 包捐	2%
江西	统捐（四次抽收）	3%~2.5%

续表

省名	税名	税率
湖北	过境税 销场税 落地捐	2% 5% 2%~4%
浙江	统捐（两次抽收） 落地捐	约5% 2.5%
湖南	厘金（一次或两次抽收） 落地捐	3%~1.5%
四川	统捐（一次抽收）	5%
福建	厘金（四次抽收）	10%
广东	厘金（二次抽收）	内地2% 沿海1%~1.6%
广西	统捐	梧州贺县2.5%~5%，粮石3.5%~5%，他地普通货物值百抽五。
云南	征厘加厘	5%
贵州	厘金	未详

统捐即一次征收。产销税照例产地在本省，而销地不在本省者，即不征销税。销地在本省而产地不在者，即不征产税，但通过者，即两税皆不征，过境税则又不然。落地税者，缴销子口单之拘，承买商人直指销货地点，完税一次。征收方法，除由官吏征收外，又有认捐及包捐，认捐由本业中人与税务机关商定，认数由财厅核准，包捐则由业外之人为之，此两法可免检查之烦，及节省征收费，然认包之人，所有之权太大。铁路兴后，有寓征于运之议。民国二年（1913）通过国务会议，拟先从国有铁路试办，苟有成效，再推及其他各路及他种运输业。五年（1916）交通部拟裁路厘，创办一特别运输税，皆未能行。

最近政府已在特别会议宣布裁厘，财政善后委员会所拟办法，厘金、统捐、统税、货物税、铁路货捐以及名异实同之通过税，商埠50里内外常关正杂各税之含有通过性质者，海关征收之子口税、复进口半税及由此口到彼口之出口税,均在裁撤之列,合计所裁之数为7500余万元。裁厘自是善政,然以此与加税为交换条件,则不当。何则?厘乃内政,苟以裁厘与列国交换,当以各国减轻中国货物之入口税为条件也。且有谓裁厘,决非三数年间所能办到者,其说由美之产业税,行之百余年,无人不以为恶税,亦能于三年内裁之邪?

  盐税自担保借款以来,于主权亦颇有关系。现在盐务行政,由财部附设之盐务署主管。督办由财政总长兼任,署长由次长兼任。署中设总务处及场产运销二厅,总务处司盐务人员之任用及考绩,场产厅司建造盐场仓栈及缉私之事,运销厅司运销,此外有盐运使10人、副使4人、总场长6人、盐场知事127人、榷运局9所、官硝总厂1所、掣验局2所、蒙盐局1所、扬子总栈1所、运销局1所。为担保善后大借款,故于署内设稽核总所,总办由署长兼任,会办聘外人任之。产盐地方设稽核分所,经理由华员任之,协理亦聘外人任之。盐税均存银行,非总会办会同签字,不能提用也该借款契约且订明本利拖欠逾展缓近情之日期,即须将盐政事宜归入海关管理。

盐产地	引地
两淮(十五场海盐)	江宁旧属六县,南通及如皋、泰兴两县,及扬州府属(以上为淮南食岸),淮安府属及今徐海道(除铜山丰沛萧砀,以上为淮北食岸),湖南殆全省(淮南汀岸),湖北武昌等31县(淮南鄂岸。另钟祥等30县与川盐并销),江西南昌等57县(淮南西岸),安徽怀宁等50县(淮南皖岸)
两浙(二十九场海盐)	浙江全省,江苏镇苏常松太海门25县,安徽休宁、广德、建平等8县,江西玉山等7县
云南(十二场井盐)	云南殆全省,贵州普支等4县
陕西(四场土盐)	即产盐之朝邑、蒲城、榆林、富平4县附近
长芦(三场海盐)	京兆直隶及河南之开封、陈留等52县
山东(六场海盐)	山东全省,江苏之铜山及丰沛萧砀,安徽之涡阳、宿县,河南之商丘、宁陵、鹿邑、夏邑、永城、虞城、睢县、考城、柘城

续表

盐产地	引地
福建（十二场海盐）	福建殆全省
四川（二十三场井盐）	四川全省，贵州之殆全省，湖北恩施等8县，云南昭通、宣威等8县
河东（一场池盐）	本省45县，河南伊阳等32县，陕西长安等35县
东三省（七场海盐）	东三省全部
两广（十九场海盐）	两广及湖南永兴等11县，江西兴国等17县，福建长汀等8县，贵州下江等11县
甘肃（十四场）	甘肃殆全省，陕西甘泉等47县

　　税率轻重不等，最重者，每百斤至四元七角，最轻者不满一元因生产运输之费不同，以此调剂之。盐税当担保庚子赔款，时每年收入不过1200万两，近年则在9000万元左右。除善后大借款外，民国元年（1912）之克利斯浦500万金镑，借款亦以盐税为担保。民国十年（1921）三月北方政府指定每年盐税中，拨1400万元为国内公债基金。盐税自担保大借款后，征税之地，均能交中交两行，每十日由中交两行汇交就近外国银行，再汇至汇丰、道胜、德华、正金、汇理五银行。对德宣战后，由四行经理。民国十一年（1922），因关税收入增加，借款本息均以关税支付，盐款实际已与借款无关，然此项办法仍未变更。民国十五年（1926），道胜银行停业，稽核所令道胜经理之款，概交汇丰，汇往伦敦，名为：盐务稽核总所拨备归还俄发债券本息账。其德发债票向由道胜汇出者，亦令该三行分汇伦敦，经阁议议决照办。但令该财部对三行声明："对于道胜经理中国各种外债之权利，政府保留自由处分移转之特权。"

　　民国二年（1913），财政部颁行盐税条例，除蒙古、青海、西藏外，产盐销盐各地方划为两区，第一区为奉天、直隶、山东、山西、甘肃、陕西、江苏之淮北各产地及吉林、黑龙江、河南、安徽之皖北各销盐地方。第二区为江苏之淮南、两浙、福建、广东、四川、云南各产地，安徽之皖南，江西、湖北、湖南、广西、贵州各销盐地方。三年（1914），第一区百斤税二元，第二区仍照从前税则，四年

（1915）以后，与第一区同，此为第一期办法，至第二期，则均改为二元五角，其后此项税率未能实行。

清时茶税，随地附加之捐颇多。故各省税率互有轻重，一省之中，亦彼此互殊。咸同以后，原定引制，渐成具文，光宣之交，各省或设统捐，或抽厘捐，或又按弘征课，税率亦不一致大体上西北重于东南。民国三年（1914）十月，因华茶运销外洋者，江河日下，将出口茶叶，向来每担征银一两二五者减为一两，而湘鄂皖赣洋庄红茶，求减轻茶厘，则未能实行。

烟酒牌照税，系民国元年（1912）熊希龄以总理兼财长时所办，整卖年税40元，零卖分16元、8元、4元三等。纸烟输入，当清光绪二十六年（1900），年仅3000元，民国元年（1912）已达3000万元现在1.7亿元。当时举办烟酒税，意在对外国输入之卷烟加以抽收，而结果仅办到牌照税而止。民国四年（1915），政府曾于京兆，设烟酒公卖局，定有暂行章程十四条，旋又定全国烟酒公卖局暂行章程二十条，立全国烟酒事务署，以纽传善为督办，各省皆设烟酒公卖局，由商人承办分栈，前此各省所收烟酒税如烟叶捐、烟丝捐、刨烟捐、酿造税、烧锅税之类及烟酒牌照税，均归并征收。传善去后，张寿龄继之，于民国十年（1921）八月三日，与英美烟公司立声明书十一条：凡自通商口岸运入内地者，无论其自外洋运来，抑在中国所制，除海关税及北京崇文门税外，均完一内地统捐，分四等，第一等每5万支，完12.375元，次7.125元，次4.125元，次2.25元，完过此项统捐者，各省厘金及各种税捐均免。在华制者，每5万支另完出厂捐2元，其在通商口岸或商埠销售者，出厂捐外，不完内地统捐，各省各有更税者，得以捐单为据，抵缴此项应纳捐款，惟营业税、牌照税不在此例另以公函声明，广东、广西、湖南、云贵五省为例外。遂于上海设全国纸烟捐总局，津、汉设捐务处，前此各省自抽之零星纸烟捐税陆续取消，均归沪局征收收入年约200余万元。而浙江于十二年（1923）三月开办纸烟特税，江苏、安徽、江西、湖南、湖北、直鲁豫川陕等继之，或称销场税或营业税，其税率大约为百分之二十，仿光绪初等洋药税厘并征之额也。英美烟公司，遂以此抵缴烟酒事务署所收之捐，英美公使亦迭向外部提出抗议。汪瑞闿为全国纸烟捐务督办，欲修改声明书，令英美烟公司于原有二五捐外,加捐若干,拨归各省应用,而使各省取消特税。曾于民国十三年(1924)与英领事及江苏所派委员,在江苏省公署协议,议未有成。十四年(1925)三月,督办全国烟酒事务姚国桢,与英美烟公司续订声明书四条,于十六日呈奉段执政核准。据该续订声明书,公司于先所认捐项外,加征保护捐一道,其额为百分之五,照纸烟所销售之省份,拨归该省,以抵补特税。倘各省于此外,再行征收,得将所征之数,于应缴该省数内扣抵,扣抵不足,仍得将应缴烟酒署之捐扣抵,此项办法于各省取消特税时发生效力。烟酒署与英美烟公司所订声明书,据舆论之批评,损失颇大。(一)通商口岸及商埠定为免捐区域续订声明书时,据烟酒署云:烟公司已允实行,时通商口岸及商埠,均贴印花。然系口头声明。(二)出厂税例,征百分之五,今校最下等内地统捐之数,尚觉不及。(三)出厂捐条文云:"在华制造行销各省",因之运销国外者海参崴南洋群岛等均不纳税。(四)海关税除外,而50里内常关漏未提及,以致外商投报常关扣抵应纳之捐。而其关系尤大者(五)子口税本所以代内地厘金,故在英文为 Transit Duty 沿途税。光绪二十四年(1898)总署咨准洋商进口货物领有税单者,自通商口岸至单内指定之地,允免重征,既至该地后,子口税单即应缴销,子口税单既经缴销,即与无单之货无异。故落地税等,我国向来自由征收,绝不受条约限制浙江之洋广货落地捐,江苏之洋广货业认捐等是。质言之,我国受条约限制者,惟(A)国境税及(B)国内税之通过税厘金及类似厘金之税。今乃许其将厘金及各种税捐概行免纳,是并国内税而亦与协定也。又(六)该声明之第九条,公司声明条约应享之权利,毫不抛弃。然则条约所享之权利优,即以条约为据,条约外之权利,又可以声明书攫得之,设使各种商业而皆如此,条约将等于无效矣。(七)烟税各国皆重美国五万支抽至美元百元,日本值百抽二百,实为良好税源,若与外人协定,姑不论他种捐税,外人踵起效尤,即就烟税而论,已失一笔大宗收入日本至一万数千万元。(八)至续订声明书所加税率,亦仅百分之五,此乃汪瑞闿在江宁省署协议时,烟公司已允,而我方未之许者,且此事之得失,不在税率之重轻,苟与协定,即税率加重,在彼方犹为有利也。(九)声明书期限为8年,财部宣布,照会英使时,曾声明如实行加税，修改税则，不受此声明书有效期间之限制，然除此以外，吾国改订税法，则不能不受其限制矣。然此项声明书实系违反约章，故以法律论，尝无效力之可言。各省开办卷烟特税，英美提出交涉，谓声明书允免重征，据吾国人之解释，则此项捐纳，乃所以代子口半税，子口半税，则所以代厘金，故所免者，亦应以厘金及与厘金同性质之税捐为限，各省所办非营业税，即销场税性质，营业税声明书且已除外，销场税据马凯条约，必入口洋货加征至百分之十二又五时，乃限制仅可征于土货，否则固当任我征收也或谓营业税系行为税，当按商店纯益，用累进法征收，性质与所得税相似。今按值百抽几，对货征收，明明非营业税，江苏官场解释，谓日本营业税以（1）售出货价，（2）赁房价格，（3）店伙人数为征收之标准。我国省略（2）（3）两项手续耳。又我方谓免纳限于英美烟公司。今营业税，取之营销店铺，间接取之吸户。营业者为我国人营业店铺之物，实为我国之物。彼谓批发商大都公司代理人，货物仍系公司财产。我方谓约章外商不得在内地开设行栈，我惟认为中国商人，故许其在内地营业，且制造营销合为一人时，两税当分别征收，固各国之通例也。又议决本省单行条例及省税，为省议会之职权，中央亦不能干涉。各省所办纸烟特税，成绩不甚佳良浙省除开支外，仅得数十万，而中央所收，为烟公司扣抵者百余万，苏省初云招商包办，实多业外之人，化名承充，尤属啧有烦言。民国十四年（1925），湖北督军萧耀南曾派军需课长与公司交涉，就厂征税，订立草合同。萧卒后，吴佩孚派军警督察处长李炳煦，将草合同修正，即派李为湖北全省纸烟捐务总办，于十五年（1926）三月十六实行原设特捐总处分局及包，概行取消。土产酒类公卖章程行后，久经征税，各省税率且逐渐增加，洋酒自民国四五年后输入日多，华洋商人，又多在华仿制者，近年政府乃颁行机制酒类贩卖条例，于京兆设机制酒类征税处，向贩卖洋酒商店征收。

渔税向视为杂税之一，沿海州县间或征收。此外则吏役埠头需索，水师营汛私费而已。日人既据大连青岛，遍设水产组合所，向中国渔民索取组合费，不纳则禁其捕鱼，而彼在中国沿海却肆意滥捕，又将所得组合费作为经营渔业之资大连水产会社水产试验场、满洲渔市场、东洋捕鲸会社、青岛渔业会社等经费，不下数千万元。据报载多出自组合费，费之变相渔税。又据报载农商部尝与日本缔结渔业借款600万元，以七省领海划作数渔区为抵押品。长此以往，我国沿海渔民必将失业，难免不流为海盗，甚可虑也。近年农商部始公布渔业条例，"非中华民国人民不得在中华民国领海采捕水产动植物及取得关于渔业之权利。"第一条，然日本渔轮仍有利用我国人，巧立名目，蒙混注册者欧、美、日本对于领海，均有捕鱼区域及禁区域之别，凡属民船采捕之地，渔轮机船不许羼入，所以维沿海渔民之生计也。台湾此项区域，以沿海岛屿灯塔向外量起，自10海里至60海里不等，平均计算离岛屿约35海里。民国十年（1921），外海两部汇订领海线，以各岛潮落，向外起算3英里为界。江浙渔会曾函上海总商会，拟议扩充。

烟酒牌照税为营业税之一。此外属于营业税者，有牙税有领贴费，有常年税，自十余元至数百元、当税、特种营业执照税民国三年（1914），定分十三种，计其资本抽百分之二又五。

登录税分契税及注册费两种。契税所包其广凡产业移转有契为凭者，皆税焉。注册费分（1）轮船、（2）铁路、（3）商业、（4）公司、（5）矿业、（6）律师、（7）著作权七类。

清代鉴于明末矿税之弊，各地之矿，有司多奏请封闭，惟云南有铜矿，户工二部恃以铸钱。此外率多私采。民国乃定矿税条例，分为矿区税，视其种类及矿区之大小，矿产之多少而定。

印花税民国二年（1913）所行者，第一类发货票、银钱收据15种，第二类提货单、股票、汇票等11种。三年（1914）八月续颁人事凭证帖用印花条例，为出洋及国内游历护照、免税单照、官吏试验合格证书、中学以上毕业证书、婚书等。

牲畜税及屠宰税本系杂税清初凡贸易之牲畜，值百抽三，屠宰无税，季年东南各有屠宰税，民国因之，民国三年（1914）冬，财政部调查各省牲畜税为骡、马、驴、牛、羊、豕六种，西北多于东南。四年（1915）正月，财政部颁屠宰税简章，以猪、牛、羊三种为限。

房捐起于清末清初大兴宛平有铺面税，仁和、钱塘有间架房税，江宁有市廛钞，北京琉璃高瓦两厂，有计檩输税之法，新疆乌鲁木齐亦有铺面税，康雍间先后奉旨豁免，由各地方自办，民国亦有仍之者。

第四章
官 制 篇

民国肇建，临时政府组织大纲定行，改设五部，曰外交，曰内务，曰财政，曰军务，曰交通，后修改删此条。设陆军、海军、外交、司法、财政、内务、教育、实业、交通九部，时采美制，不设总理。孙文既逊位，袁世凯就职于北京，临时政府组织大纲改为临时约法，设总理，析实业为农林、工商二部。三年（1914），袁世凯开约法会议，修改临时约法为中华民国约法所谓新约法，复废总理，设国务卿，并农林工商二部为农商部。世凯死，黎元洪为总统，复设总理、外官。民军起义时，执一省之军权者，曰都督；司民治者，曰民政长。废司道府州，但存县。袁氏改都督曰将军，民政长曰巡按使，设道尹。护国军起，掌军者称都督。黎元洪为总统，改都督将军，皆曰督军，巡按使曰省长。凡督军皆专一省之兵，侵及民政，论者固有军民分治议，不果行。其所辖跨数省，或兼辖数省者，则称巡阅使云，此民国以来，北京政府官制之大略也。民国之官吏，以好贿闻于天下，明清制禄之薄，固有以使之也，官吏之薪金，亟待改善焉。

第五章

选 举 篇

　　考试为中国固有之良法，然历代任官，由于考试者，实仅科举一途而已，犹未尽其用也。及孙文乃大昌，其义列为五权宪法之一焉。案自国民政府成立以前，各省已有举行考试者，以县长佐治员，教育、警察、卫生各行政人员，会计人员，司法员吏管狱员、承审员、承发吏等为多。使领馆职员，外交部亦曾举行考试，然非定法也。十八年（1929）一月一日，国民政府乃公布考试法，分考试为普通、高等、特别三种。普通考试在各省区举行，高等考试在首都或考试院指定之区域举行，每年或间年一举。初试国文、党义，次分科试其所学。其事由典试委员会任之，以主考官为委员长普通考试，主考官由国民政府简派，高等考试特派。监察院派员监试。应试及格者，由考试院发给证书予以登记。举行考试之前，先之以检定考试，在各省举行。二十年（1931）三月分布特种考试法，以试候选及任命人员及应领证书之专门职业或技术人员而定其资格。定以是年四月至六月为检定考试之期，七月十五日举行高等考试，其普通考试分区巡回举行。分全国为九区，区设典试委员会，以次分赴各省。江苏、浙江、安徽、湖南、湖北、江西、六省为第一区，河北、山东、河南、山西、察哈尔、绥远六省为第二区，辽宁、吉林、黑龙江、热河四省为第三区，陕西、甘肃、青海、宁夏四省为第四区，四川、西康、云南、贵州四省为第五区，广东、广西、福建三省为第六区，新疆为第七区，蒙古为第八区，西藏为第九区。第一次甘肃、宁夏、青海三省，四川、西康两省皆合并举行，新疆暂行委托考试，蒙古西藏则暂缓。定于是年九月十五日举行，高等考试既毕，大水为灾，交通艰阻，展期至次年一月至六月间，因国难又未果，展至七月至十二月间，至十二月乃有山西省举行。明年河北、绥远、河南继之。二十三年（1934）首都及浙江乃又行之焉。军兴以来，需才孔亟，而平时典试等法，至此或难尽行。二十八年（1939）十月二十八日，乃公布非常时期特种考试暂行条例，规定特种考试由考试院视需要随时举行，分类分科及应考资格亦由院规定。其试法得分初试再试，而二者又各得分为若干试，亦有院定之。得不设典试委员会，由院派员办理。与普通考试相当者，得委托任用机关行之。高等考试及普通考试，亦颇得援用其法。考试院又拟订战地任用人才考试办法，先分地调查，次分类筹备，乃指定后方地点，派员巡回举行。又制定全国人才登记规程，有应高等、普通考试资格者，或由调查，或因申请，予以登记其学历经验，优者或介绍工作，或举行奖学考试，以资鼓励。其特种公务员邮电、路航、关盐等及专门职业技术人员考试之法，亦在拟订之中前此数尝举行，惟来有定法。高等考试是年十月一日分在重庆、成都、昆明、桂林、皋兰、城固、永康七处举行，先是中央政治会议议决，此后高等考试分初试及再试，合格者一律入中央政治学校训练，期满后举行再试，及格乃依法任用。及是依以举行初试及格者，皆送中央政治学校训练，训练之期定为一年，期满由院再试及格，则发给证书，依法任用。不及格者得再试一次，训练期内，膳食、服装、讲义均由学校供给，并月给津贴30元焉。其普通考试，战后广西、云南、陕西，皆尝举行。二十九年（1940）十二月十六日公布县参议员及乡镇民代表候选人考试暂行条例，分试验、检讨二项，试验科目由考试院定之，检讨除审查资格外，得举行测验或口试，其办法亦由考试院订定。

　　高等考试之分科，有外交官、领事官、教育、卫生、财务、行政人员，有会计统计人员，有司法官、监狱官、律师，有西医师、药师，其条例皆十九年（1930）公布；有警察行政人员、工业、农业、农林技术人员，其条例皆二十年（1931）公布；后又有建设人员普通考试，科目有普通行政人员、教育卫生行政人员、监狱官、书记官，其条例皆十九年（1930）公布；警察、农林行政人员，工业、农业技术人员，其条例皆二十年（1931）公布。后又有审计人员。二十八年（1939）高等考试分（一）普通行政，（二）财务行政，（三）经济行政，（四）土地行政，（五）教育行政，（六）司法官，（七）外交官、领事官，（八）统计人员，（九）会计、审计人员九项，后又加合作行政人员一项。特种考试，有监所看守，有图书管理员，有助产士，有牙医，有商品检验技术人员，有邮务人员，有中小学教师（检定），有引水人，其条例皆二十年（1931）公布，战后财务、交通、电信、路政、邮务、会计、工程、地方行政、农业推广、土地呈报、教育视察、气象测候，皆尝举行考试。盖有所求，则试之无定限，已公布之条例，或亦不能改废也。

十九年（1930）十一月二十九日，国民政府公布考试复核条例，京内外各官署，在考试院举行考试以前，遵照中央法令所举行之考试，均依该条例加以复核，如考试章程是否根据中央法令，或经中央核准考试方法，是否依照考试章程考试科目，是否与所任职务相当，成绩是否及格是也。二十年（1931）一月乃呈请，嗣后各省请举行考试者，一律停止。各项考试概归考选委员会呈院核准施行焉。惟仍有由各机关自办而呈院核准备案者，建设委员会于普通工程及事务人员，即尝行之。

铨叙部设登记、甄核、育才三司及铨叙审查委员会，以审查公务员资格成绩，任免升降转调俸给年金奖恤抚恤本属内政及司法行政部及规划公务员补习教育及公益之事。十九年（1930）四月公布现任公务员甄别审查条例，印就表格及证明书发交中央各院部会及各省市政府，请转发所属各机关，限期填送。是年六月开始审查，分资格、成绩两项，资格分革命功勋、学历、经历、考试及格四项，成绩由长官加具考语，分甲、乙、丙、丁四等。报部之期本定是年十二月，后展期五次，至二十二年（1933）乃截止，然未填送者，实尚十之六七也。审查既竣，乃行登记，举审查合格者而籍录之，是曰初次登记。其后升降调免及其他事项如死亡等一一籍录，谓之动态登记焉。二十八年（1939）十二月八日公布非常时期公务员考绩条例，分工作、操行、学识为三项，工作占50分，操行、学识乃各占25分，总计满60分为及格留任惟工作不及30分，操行、学识不及15分者，仍以不及格论。不及格者降级或免职，在80分以上者晋级。二十九年（1940）十二月二十日公布各机关人事管理暂行条例，规定各机关就原有经费及人员中，设置人事处司科股或指定专任人员办理送请铨叙、进退迁调、考核奖惩，其他人事登记、训练补习、抚恤公益等事项焉。

　　法不难于立而难于行。二十二年（1933）考试院秘书处致考选委员会公函，内附周邦道等条陈云：两年来第一届高考及格，依法任用，呈荐试署实授者，只34人，内已遭罢免者10人，现在任用者，不过24人，皆有备员之名，而无得官之实。公务员任用法虽已施行，能否推行尽致，尚不可知。且依该法施行条例，有轮班选补3名叙一之法则，如教育部分发，尚未任用者有6人，即令今后历任长官均能守法不渝，亦须候至第十六个缺，第六人始能进叙，实非一二年所能，其他机关情形，亦多类是云云。考试及格者，任用之难可以想见。二十七年（1938）二月四日《译报》载《字林西报》云，中国目前引用私人非常普遍，文官考试实已不存。六月二十八日《文汇报》转载《新华日报》"保卫武汉与第三期抗战问题意见"一文，其第五节，"解决一切问题之中心枢纽"云：一是党派门户成见未能全泯。二是个人亲故私情时常发生作用，抗战之时如此，平时可知。今之所谓公务员任用法者，核其实，已难尽如人意，而其行之之难，犹如是。昔人所谓去河北贼易，去朝中朋党难，其理亦不外是也。

第六章

刑 法 篇

　　宣统元年（1913）定法院编制法。预备立宪案定光绪三十六年（1910）颁布新刑律，三十九年实行。是年颁布民商律、刑民事诉讼律。四十一年（1915）实行同时编订法律。民国成立，因而改良之，仍设修订法律馆，颁布单行法多种如国籍法、商会法、商标法、商业注册条例、公司注册条例、商事公断处章程、证券交易所章程、物品交易所章程、会计师暂行章程、森林法、狩猎法、矿业条例、著作权法等。然根本大法未立吾国之根本大法，萌芽于民军起义时，各省都督府代表所定临时政府组织大纲，参议院成，修改之为临时约法，其五十四条，规定宪法由国会制定。逮国会开，而赣宁之役起，于是有先选总统，后定宪法之议。总统选出，而国会解散。袁世凯召集约法会议，修改临时约法，名之曰中华民国约法，世称之曰新约法。黎元洪为总统，恢复临时约法，召集国会，宪法会议亦续开。未几张勋胁元洪，解散国会，议员自行集会于广州，又开宪法会议，迄亦未成。直奉战后，徐世昌去位，黎元洪复职，撤销解散国会之令，国会再开，至十二年（1923）十月一日而宪法乃成。时直系曹锟为总统，南方诸省拒之，曹锟败后，段祺瑞为执政，召集国民代表会议。其条例第一条云：临时政府为制定宪法及其施行附则，召集国民代表会议云云。则亦未承认国会所定之宪法也，民刑商法亦未完善新刑律草案系清末修订，法律馆所拟，光绪三十三年（1907）八月成，由各部各省加以签注，宪政编查馆核订，资政院通过，其总则宣统二年（1910）十二月颁行。民国元年（1912）三月十日大总统令，从前法律及新刑律，除与国体抵触各条外，均准暂行援用。其民法清末拟订未成，而民刑事诉讼法则成于光绪三十二年（1906），而未颁布。商律起光绪二十九年（1903）三月，命载振、袁世凯、伍廷芳拟订，是年商部成商人通例及公司律，民国皆修改颁行。三十二年（1906）又成破产律，则民国亦迄未颁布也。民国十年（1921）十一月十四日大总统

· 262 ·

令,将民刑事诉讼条例,施行于东省特别法院。明年一月六日又令,自是年七月一日起,通行全国,二十五日又公布民刑事简易程序暂行条例,其后国务会议又议决准法制局呈。民国十四年(1925)修订法律馆所拟民律案、总则编、民律案续编、票据法案,及清宣统元年(1909)修订法律馆所拟商律商行为法案、海船法案,及民国四年(1915)法律编查会所拟破产法案,均准参酌采用,仍饬修订,法律馆将该项法案分别妥为厘订,呈请颁布,而惩治盗匪法三年(1914)十一月二十七日颁行,十一年(1922)十二月司法部以部令废之,而河南、湖北、江苏各军事长官反对。十二年(1923)三月三日大总统又以命令复之,惩治盗匪审讯全由县知事,京兆呈准司法部,外省呈准省长执行。高级军官驻处,距审判厅、县公署在百里以上,或时机紧急时,亦得审讯,呈准最高级直辖长官执行,治安警察法三年(1914)三月二日颁行,所以限制结社集会公众运动,收藏军器等,轻者由警厅,重者由法院处理,戒严法元年(1912)十二月十五日颁布戒严,由司令官发布,出版法等三年(1914)十二月四日颁行,十五年(1926)废,此法规定警察官得没收出版物颇饬峻刻兼之。警察权限太广违警罚法,四年(1915)十一月七日颁布,罚则有六。曰训诫,曰罚金,曰拘留,曰没收,曰停止营业,曰勒令歇业。罚金自1角至15元,拘留自1日至15日,然涉及二款者,罚金得增至30元,拘留得增至20日,京师又倍之。第二十六条,与警署以逮捕之权,而无立讯取保持传等规定,则人可以细故被拘已。中国警察,普通者为京师警察、地方警察、县警察,谓省会及商埠之警察也。其官制,皆三年(1914)八月二十九日所公布。治安警察章程公布于六年(1917)九月二十六日,此外有司法警察,有水上警察,而铁路税务处、盐务署、烟酒事务署等,亦皆得行警察权。警察处分为行政处分,只能诉之上级行政官,而不能诉之普通法庭也颇损人民之自由,尚有待于改订也。

审判之法,清季所行为四级三审制。四级者,大理院、高等审判厅、地方审判厅、初级审判厅。三审者,初审在初级厅,上诉止于高级厅;初审在地方厅,则上诉终于大理院也惟内乱、外患、妨害国家三罪,以高等厅为初审,大理院为复审,为四级二审。审判厅皆与检察厅并设大理院及总检察厅设于京师,高等审判检察厅设于各省,大理院得就高等厅内设分院,高等地方皆得设分厅。盖采德日之法也。鼎革以还,亦就其法而加以改进,未设审判厅处,皆于县署附设审检所。民国三年(1914)裁之,并及初级审判厅,减地方厅之权,而就县公署设简易庭，以承审员、县知事司审判其条例系民国三年（1914）四月五日公布，县知事受高等审判厅长监督，承审员由县知事呈请高等厅长任命，其上诉在邻近地方厅及高等厅。非新式法院，律师不得出庭，见民国二年（1913）二月十六日司法部令。其制迄今未革，民国六年（1917）五月尝命全国各县皆设县司法公署，以理初审事件，不问事之轻重，以司法部考试合格者，与县知事并行其事，然设者寥寥也。东省特别法院，设于民国九年（1920）十月三十一日，初以治俄人，其后凡无领事裁判权国之外人，皆归审理焉高等及地方审判厅，各一在哈尔滨，分庭三在满洲里、海拉尔、横道河子。平政院为民国所创设，凡行政诉讼及诉愿至最高级行政长官，而仍不服者，则控诉于此私人对政府主张权利，仍归普通法庭。审判处设于内外蒙古处长为简任职，得以道尹兼，审理员若干人，由都统选任，由司法部长呈请任命，热、察、绥、库伦、恰克图、乌里雅苏台、科布多、唐奴乌梁海皆设之。新疆则沿清末所设之司法筹备处，不服县之判决者上诉焉再上即至大理院。在内地省长有监督司法行政之权，在内外蒙古，则由热、察、绥都统，外蒙古宣抚司监督司法官考试章程系民国六年（1917）十月十八日公布，书记官考试章程民国八年（1919）六月二十日公布，承发吏民国九年（1920）五月十六日公布、县司法公署审判官民国六年（1917）五月一日公布、承审员民国八年（1919）六月二十日公布皆考试而后任用。律师公会之法，系民国六年（1917）十月十八日颁布，无领事裁判权国之律师，得代理其国人之诉讼，有暂行章程系民国九年（1920）十二月十四日所公布。

新刑律所用刑罚分主刑及从刑，主刑可以独科，从刑则必随主刑。主刑五，曰死，用绞刑于狱中行之；曰无期徒刑，除假释赦免外，终身监禁；曰有期徒刑，一等自10年至15年，二等自5年至10年，三等自3年至5年，四等自1年至3年，五等自2月至1年；曰拘役，自2日至1月；曰罚金。从刑二，曰没收违禁之物，犯罪用之物，犯罪所得之物，以无他人之权利者为限；曰褫夺公权其类有六，一服官，二选举，三受勋章，四入军籍，五为学校职教员，六为律师。褫夺有一部全部之分，时间亦有远近，必犯徒刑以上刑，始得褫夺公权。

美国太平洋会议时，中国曾提出撤销领事裁判权案，议决与会各国各派委员一人，组织委员会，考察在中国领事裁判权之情形及中国之法律、司法制度、司法行政，将考察所得，报告各国政府，其改良之法，以及他国辅助中国改良，及渐次撤销领事裁判权之法，委员会认为适宜者，并得建议于各国政府惟采用与否，各国皆得自由。所谓各国，中国亦在内。此案议决于民国十年（1921）十二月二日，始在北京开会，至五月十日出京调查，历汉口、九江、江宁，抵上海，更经青岛至哈尔滨及吉林参观其法院监狱看守所，九月十六日将报告书签字，全书凡分四编。第一编述各国在华领事裁判权之沿革及其现在情形；第二编述中国之法律及司法制度、司法行政；第三编加以评论；第四编则建议也。就其第三、四编观之，实足为我它山之石焉。按该报告书所不满于我者，曰无根本法总统发布法律，系根据约法，而今约法失效，则凡所发布之法律，皆无根据。曰军事法令及审判权力太大案我国审理军人者，由陆海军高等军法会审，设于陆海军部审理，将以上陆海军军法会审就军队所驻之地设之，陆海军别有刑事条例，然非军人而犯此条例者，亦适用之。而军人则只由军法审判，是平民受治于军法，而军人不受治于法庭也。加以戒严之权在于军人，其审讯也，既无律师出庭，并且禁止旁听，又无上诉机关，并无解严之后，得由普通法院复审之规定。而得施棍刑，至于600，平民权利，存者亦仅矣。曰重要法律，多未制定，而已公布之法，多援引未公布之法，使人无所适从，又施行细则，颁布太迟，或竟不颁布委员会建议宜速修正者为刑法，速颁布者为民法、商法、银行法、破产法、专利法、公证人法、土地收用法。曰各省多自定章程颁行如当时东三省自定伪造操纵军用票者处死刑之法。曰以行政官监督司法谓省长等。曰新式法院太少当时共150，兼理诉讼之县知事太多合计约1800。新式监狱之数，当时为63所，此外则法院附设看守所，以羁禁刑事未决之犯及民事被告，典狱长、看守所长由检察长监督，职员亦由考试任用，其余皆旧式监狱矣。承审员由其选用，律师又不许出庭，判决多由口头，而罚金自60元，拘役自30日以下，只许行政诉讼，人民权利无所保障。曰警察得行检察权，得为行政处分，又多越权受利之事警察得逮捕人民，又得与检察官同时从事侦查。曰人才太乏、经费太少，以是薪俸未足养廉，监狱官尤甚，又以此故，法院不能多设。统计须400万人，乃有一新式第一审法院，30万人乃有一县知事公署，且多以地方厅摄初级厅，高等厅摄地方厅之事。平政院则全国只有一所，交通又极不便，诉讼太难。曰未决犯人之保释太难，拘押民事被告太无限制。曰内地用刑讯及虐待囚徒之事尚多。曰国民不甚了解新法律，故新法虽颁，旧法依然通行。其所痛心疾首者，尤在军人。谓其戒严，初不宣布，军事裁判既操其手，又多侵越司法之权，即杀人多用斩刑，可见其肆无忌惮案除惩治盗匪法外，无斩刑。其所最称许者，则为新式法院及监狱，谓诚足以治理欧美人而无惭色也。观于他人之评论，而我当知所以自奋矣。

领事裁判权为法权未明时之遗制，17世纪即绝迹于欧洲，而存于地中海东南岸诸国，其根据由于积习相沿，而在远东，则概由于条约如中国、日本、朝鲜、暹罗。中国之畀外人以领事裁判权，始于英五口通商章程十三款。又咸丰八年（1858）天津条约，光绪二年（1876）芝罘条约。而美国道光二十四年（1844）条约第十六、第二十一、第二十四、第二十五、第二十九各款，又天津条约及光绪六年（1880）条约、法国道光二十四年（1844）约第二十七、第二十八款，天津条约第三十八、第三十九款继之其后。各国得此权者，还有德国天津条约第三十五款、俄国天津条约第七款、瑞典道光二十七年（1847）广州条约第二十款，又光绪三十四年（1908）条约、挪威、意大利同治五年（1866）天津条约第十五、十六、十七款、丹麦北京条约十五款、荷兰同治二年（1863）天津条约第六款、比利时同治六年（1867）北京条约第十六款、瑞士民国七年（1918）六月三日条约，此中国畀外人以领事裁判权最后者、墨西哥光绪二十五年（1899）条约、巴西、秘鲁天津条约第十二条、日本同治十年（1871）之约，两国皆有此权，中日战后，乃为彼所独有等国，事有先后，约文亦不一律。然各约多有最优待国之条，彼此得互相援引，故其办法略有一定也。

凡原被告均系外国人，而其国籍同者，即由其国领事审判。若均为外人而国籍异者，则由该两国自行立约办理，中国不过问通常亦系向被告之领事控诉。原被告有一人为华人，则华控洋在其国之领事，而中国官员得观审。洋控华在中国官署，而其国领事得观审，此皆定之于条约者也观审之权见于条约者，为光绪六年（1880）中美条约第四款，惟历来所行，亦多由习惯，而至不尽根据于条约也。无约国人控有约国人，当向有约国领事自不待言，其有约国人控无约国人，或两无约国人相控，则仍归我国审判，惟邀一外国官员陪审，此则洋泾浜设官，会审章程见下阶之厉也。

我国自设新式法院，不许外人观审，律师亦限用中国人，外人如必欲行其观审之权，则只有就行政官起诉耳。然多乐就新法庭者。民国八年（1919）五月二十三日始公布，无领事裁判权国人民民刑诉讼章程，九年（1920）十月三十日及比利时条约宣告废弃后，尝两次修正章程，规定此项审理，均归新式法院，无者须送附近之新式法院，路遥或有不能移送情形者，呈报司法部核办管收及监禁，亦用新式监狱及拘留所，无者则以适宜房屋代之。

咸丰八年（1858）中英条约第二十一款，规定外人住所船只非经其国领事许可，不得搜查，即有中国罪犯潜入其中者，亦必照会领事，查明实系犯罪，然后交出。外人以住屋船只庇护逃人，实基于此。至外人所雇用之华人，亦必领事许可，然后可以逮捕。则又条约所无，而洋泾浜章程阶之厉者也。又照条约，中国警察本得逮捕外人惟逮捕后须交该国领事，惟租界警察由外人办理，逮捕之权，遂为所有。至上海则虽欲逮捕居住租界之中国人，亦必经领事签字，由会审公廨预审，方能解交中国官署矣。故租界不除，即领事裁判权撤消，我国法权亦尚不能无损也。又咸丰八年（1858）中英条约第九款，中法条约第八款，均规定外人之至内地者，领事裁判权亦不丧失，故苟犯罪，亦必须送交就近领事官，沿途只得拘禁，不得虐待。此亦外人之至内地者，所以恒为人民所疾视也。

中英通商章程谓两国人民相控，领事应先行调处他国之约，亦多有此说。于民事多用之，而在上海之法人，用之尤多。大抵始由领事调处，不能宁息，则由领事会同中国官员调处。所会同之官，初无一定，自交涉员以下皆可。凡外人控诉华人者，如不服判决，旧以上海道为上诉机关。后易之以交涉员、领事亦得观审，更不服，则法无上诉机关，惟可移至京师，由该国使臣与外部交涉耳。华人控外人而不服领事之判决者，可依其国之法上诉，惟事不易行耳。

领事裁判之名，初不符于事实，中英天律条约第十六款，明言英国人民有犯事者，由英国领事官或委员惩办。当时华文译本，但称由英国惩办而已。其后芝罘条约，于此特重加声明第二款。英、美、意、挪威、日本，在我国皆设有法院英有高等法院在上海，系于1904年所设；美以上海领事兼法院司法委员，其等级与地方审判厅同，每年至天津、汉

· 267 ·

口、广州各一次,亦得至各领事馆开庭,其制始于1906年;意国法院附设于领事馆中;挪威则上海总领事即为法院法官,以有法官资格者为之;日本领事亦有一定资格,其审级与初审法院同,余则皆以领事判决,或派会审员副之。上诉或在其本国或在中国附近如法在河内、西贡,葡在澳门卧亚,终审除荷在巴达维亚,日本在旅顺、汉城、台湾外侨寓东三省之日人,上诉在关东高等审判厅,终诉即在该厅内之最终上诉庭;在间岛者,上诉在汉城之高等审判厅,终诉在汉城大理院;在中国南方者,上诉在台湾高等审判厅,终诉亦在该厅之最终上告庭;在中国中部者,上诉在长崎高等审判厅,终诉在其本国之大理院,皆在其本国。英、美、法、日皆有监狱,以禁短期罪犯,他国罪犯,或寄此四国狱中,或寄上海租界西牢,或送致其本国,法律皆从其本国,亦有参酌地方习惯,或用条理,或依国际法。用外国法者,领事亦有因该国法律许可,得定章程,令侨民遵守者。各国律师均得出席于其本国之法庭,在他国则以相互为条件,此在我国各国领事裁判权之大致也。

　　领事裁判权之行于近东,以彼此所奉之教不同为口实,然虐待异教徒,土耳其等国有之,我国无有也。或谓由彼此习尚不同,则我于彼,亦应有此权矣。又靳而不与,何也?故其所借口,仍在我法律及司法制度之不善也其所列举,约有数端:刑罚残酷一也。监狱不善二也。司法行政不分三也。官吏歧视外人四也。连坐之法,累及无辜,五也。罪未定而先用刑讯,六也。此说诚非尽诬,然此制之存于我有害,于彼亦未必有利,其害于我者,则主权之受损,一也。外人之横行,二也。领事官究非法官,用法不尽能持平,不免偏袒其本国人,华人又不谙其诉讼程序,不免受损,三也。华人及其财产,在领事馆注册,即不受中国法律治理,四也。有外籍者,欲享外人所不能享之权利,则自称华人,逮其犯事,又请外国领事保护,五也。外人以其住宅船舶庇护中国之逋逃,六也。中国与各国无交还罪人之约,各国之间亦然。以致罪人往往漏网外人亦有逃入华界及他国人住宅者,七也。彼之不利,则法律错杂,一也两造为原被告异,其权利义务异。除停止审理及移交其本国领事外,无惩治原告之法,原告或藐视被告国之领事,二也。被告反诉,即须在别一领事处,两领事判决或不同,则窒碍难行,待之则迟延已甚,三也。数国人共犯一罪,必由数国领事,各自分别审理,不便尤甚,四也。上诉太远,即如英美在中国有法院者,相距较远之侨民，赴诉亦甚不便，五也证人证物远不能致，即赴诉，亦甚难审理。领事所辖太广，亦甚遥远，六也如意在中国领事有五，上海领事兼管苏皖闽浙山东之侨民，汉口领事兼管两湖四川江西河南陕甘，天津领事兼管直隶山西，哈尔滨领事兼管东三省，广州领事兼管两广云贵，以此而言，赴诉诚觉远哉遥遥，虽云领事可至他处开庭，然其事亦甚难行也。且外人之来，本为通商，通商之局，今后决不能限于数口岸。然领事裁判权不除，中国终不能许外人杂居内地，则尤其大不利者也。职是故，领事裁判之制，固我之所痛心，亦彼此所疾首也。

辛丑和议成后，重订商约，英第十二款、美第十五款、日第十一款三国皆有俟我法律完备，司法制度改善，即弃其领事裁判权之条。光绪三十四年（1908），瑞典条约第十款，则谓各国皆允弃其领事裁判权，瑞典亦必照办。民国七年（1918），瑞士条约同。民国十年（1921）九月二十六日墨西哥照会，允于将来修改。1899年墨西哥条约，明载放弃领事裁判权条文。民国四年（1915）二月二十八日智利条约，于领事裁判权，未曾提及。民国九年（1915）六月一日波斯条约，则明定无领事裁判权。欧战后德、俄、奥、匈诸国丧失其领事裁判权者，亦皆于条约中订明。即日本以兵力胁我，所订民国四年（1920）五月二十五日之约，亦有南满东蒙地方司法改良，日侨即统归中国审理之语。故领事裁判权迟早必废，不过如我国今日司法情形，而欲外人之即肯放弃，则非如俄、德等之遭遇事变，恐亦难旦夕期之。为我计者，当尽力改良司法，而交涉则宜各别为之。巴黎和会、太平洋会议两次提案，一则空言无补，一则转使人协以谋我，则殊为无谓耳调查委员之来，南方政府以领事裁判权应即撤废，无待调查，拒之是也。

领事裁判权而外，又有所谓会审公廨，其事起于同治七年（1868）之洋泾浜设官会审章程，而其事权旁落于外国领事之手，至今华人诉讼，亦受外人干预。则鼎革之际，华官之弃职为之也。初上海之既开埠也，两江总督、江苏巡抚会奏，令苏松同知移驻上海，专管华洋事件。是时士大夫多深恶洋人，称租界曰夷场，以涉足其间为耻，居其地者，仅极贫无籍之民，租界甚寥落也。逮太平军起，沿江之民避难者，多至上海。咸丰三年（1853）刘丽川又陷上海县城。于是上海之民，亦多避入租界者，租界居民始繁。其时中国官吏，遁逃租界内，居民无治理，英美法领事乃自定条例以治之，并进而裁判华人案件矣。同治七年（1868）上海道与三国领事订定章程十条，遴委同知一员，常驻洋泾浜，管理华洋诉讼，即俗所称华洋同知者也。其章程第一条云："遴委同知一员，专治洋泾浜，管理各国租地界内钱债、斗殴、窃盗词讼各案，立一公馆此即后来所谓公廨者，置备枷杖以下刑具，并设饭歇。凡有华民控告华民及洋商控告华民，无论钱债与交易各事，均准其提讯定断。照中国常例审讯，并准其提讯定断及发落枷杖以下罪名。"第二条云："凡遇案件牵涉洋人，必应到案者，必须领事官会同委员审问，或派洋官会审。若案情只系中国人，并无洋人在内，即听中国委员自行讯断，各国领事官，毋庸干预。"权限原自分明，惟第三条规定受雇于洋人之华人及第六条规定无约国人民之讼案者，不免丧失国权耳。当时此项章程，系由上海道禀陈两江总督，由两江总督奏请，饬下总署，照会英使，然后由上海道宣示，不过行政处分，在内非法律，对外非条约，本可由行政官署更改废弃者也。此后除租界所生刑事案件，捕房解至公廨者，亦由领事派员参与上海人称之曰早堂。其民事案，由华员独审，则称晚堂，为越出权限外，余皆照章办理。公廨经费由上海道拨给，上诉亦在上海道，固纯然中国法庭也。洋泾浜章程之订定也。法领事谓其第十条与条约冲突，故未签字，明年就法领事署，别设会审公廨，然其章程亦多援用沪道所定。光绪二十四年（1898），租界地址扩充，三十一年（1905）以领事要求，各国公使商决，续订章程十一条，未为中国所承认，然实则多已照行与于此役者，为英美德奥意俄荷比日韩十国。是岁停止刑讯，乃以五年以下之徒刑为公廨发落之限。其实旧时徒刑，最重不过三年。所谓枷杖，乃指违警之轻罪杖以笞代。旧时罪重于此者，均归上海县审断命案亦由县相验，以知县品卑于同知，而为正印官也。此次之改变，公廨越权多矣。然亦未满足其遂，为外人侵我法权之伥也。辛亥扰攘之际，外人乘之侵我主权，会审官变为由各领事会同聘用华会审官，正一人，副四人，洋会审官一人或二人，华人民事案，亦由其会审，除无期徒刑及死刑，预审后移交中国外，其余悉由其判决，徒刑有至二十年者，上诉在公共租界，或即由原审官，或则易人重审。在法租界，则以资格较深之员复审，亦不复上诉上海道尹与交涉员矣。审理虽以租界为限，然停泊上海之船只，亦在审理之内。别有检察处类中国法院之书记厅，处长一人，员十二人，皆由工部局推荐旅沪外人，由各领事会同委用。内分交保处、收支处、总写字间、洋务案处、车务案处。总写字间者，办理刑事案件者也。属于华官者，有华官办公处，官秘书一人，科长三人，书记若干人。廨官俸给，均在上海道存款内划交，其他费用在罚金中提取。华会审员既非法官，洋会审员亦徒熟华事，不知法律，所用法律既杂，又或参酌习惯，判决先后互异，律师非遍通各国之法，不能承当，需索特甚，诉状堂供皆须兼用中英文，所费既多，办理尤滞，案积如山，民事有延至一二月，然后审理者。恃强攘权而又不能善其事，即外人亦莫不齿冷也。

　　领事之攘夺会审公廨，其所借口者，日革命之际，代我管理。然则民国政府成立，即应交还，本无待于交涉。乃始因各国尚未承认民国而搁置，及承认之后，外交部照会公使，请其交还。领衔英使朱尔典反谓公廨自外人代管以后，较胜华人自管之时，必须酌改办法，方可交还当时报载朱尔典所提条件，有会审官参用外人，一切罪名，均可判决。上诉亦由原机关复审，监狱收支，均须用外人管理等，说未知确否。民国四年（1915）八月三日外交部拟定办法五条，照会领衔美使，以欧战起，中国又迭遭政变搁置。十一年（1922）十月二十六日，外交部又将前定五条办法酌改，大致民事案件，专由华官审理，刑事案件许洋员会审，但以与租界治安有关者为限案案件之究为民事抑刑事极难定，本民事也，在狡猾者不难使之牵涉刑事，或变为刑事，故此项办法，当时论者颇以为不安也。照会领衔葡使，亦无成议。□□年五月三日领衔荷使，照会我国外部，谓苟欲交还公廨，则公廨经费必须有着，公廨判决，中国法庭均须承认，其办事亦须予以协助案自外人代管公廨之后，大理院判例，均以其判决为无效。司法部亦训令各司法机关，不许予以协助，并须承认推广上海租界云云。中国不许。而德人受英、美、意、日等国所委会审官审理，亦提出抗议对中国外交部。五卅案起，沪人以交还公廨，列为十三条要求之一，外部趁机废原拟五条办法，别提新案，外人又不可。时则东省特别法院业已设立，于是议仿其制，亦设特别法院于上海，议未就，而孙传芳使淞沪商埠总办丁文江特派交涉员许沅商诸各领事。自十五年（1926）五月至八月，与英美挪荷日五国领事会商者，凡七次。乃改会审公廨为临时法院。（一）有关租界治安之刑事，（二）犯洋泾浜章程及其附则者，（三）有领事裁判权国之人所雇用之华人为被告，均许其观审。（1）有约国人及工部局为原告之民事，（2）有约国人告诉之刑事，则准其会审于法庭中，别设上诉庭，庭长由临时法庭庭长兼任，初审许观审者，此时亦许观审，许会审者，至此亦许会审，刑事上诉即于此。民事案则以交涉员为上诉机关，由交涉员约同领事会审，租界内检验，由推事会同领袖领事所派之员为之，适用法律须顾及本章程所定及公廨诉讼惯例，有约国人之传票、拘票及搜查其住所，仍须领事签字，监狱由工部局警务处管理，法庭庭长得派员会同领袖领事所派之员视察，司法警察由工部局警务处选派，工部局警务处所拘捕之人，24小时内，须送交临时法庭。事务会计归书记长管理，书记长由领袖领事推荐，此皆交还公廨章程所定也。别以换文申明：（甲）以前公廨判决及此后临时法庭判决，苏省政府视为与他法院判决效力相同。（乙）刑事发生于外国船上，外国人所有之地，属于工部局租界外马路及上宝区内，均临时法院管辖。（丙）无领事裁判权国之人民为刑事被告，由第三国领事观审。（丁）庭长推事之名，须通知领袖领事。（戊）许观审之案，外国律师均得出庭，原被告诉状答诉状，均别备英文者一份。（己）法院须雇用外国人10名，由工部局选派。（庚）江苏省政府指定法院之补助费等项，法院庭长、推事，均由省政府任命。十年以上徒刑交还后一年之内仍否，另以换文申明及死刑，经省政府核准，死刑在租界外官厅执行，亦规定于章程中，此章程施行期限为三年。三年之内，中央政府如别有办法，即行废止。否则续行三年，唯期满六个月前，省政府得通知领事团，提议修正后以换文申明领事团亦有此权。又在此期限之中，中国如撤销领事裁判权，不受此约拘束。章程以八月三十一日签字，公廨于明年一月一日交还。初设特别法庭于上海之议之起也，论者谓中国新式法院向不许外人观审，苟在上海许之，则又生一恶例。故在上海设法院亦不当许其观审，外人苟不弃其观审之权，则当今其在上海县公署起诉，而以交涉公署为上诉机关，又传票、拘票之送致，判决之执行，必不容领事签字，且不当用租界警察。孙传芳所定约，实未暇计及此，迄今亦未有善其后也国民政府颁行新刑律后，许观审之刑事，以新旧比照定之。而鸦片罪案，彼即弃其观审之权，以其太多也。

以上为洋泾泾会审公廨之始末，至法租界之会审公廨，则根据条约，必由外交部交涉方可解决也。又会审公廨，汉口及厦门亦有之，汉口之会审公廨权与于光绪二十一年（1895），是年改洋街保甲局为洋务会审公所，初袭保甲局弹压委员成规，专管租界警务，后亦审理华洋案件，驯至纯系华人案件，亦许其会审。徒刑至二年以上，其初羁押，皆在夏口县署。民国元年（1912）始自设拘留所，期长者犹禁湖北省立模范监狱，七八年（1918—1919）间因多狱隘，不能容，遂并押公所之拘留所。为厦门之会审公廨权与于光绪二十八年（1902），鼓浪屿公共地界章程第十二、第十三、第十四三条革命时事权落入外人之手，与上海同。迄今尚未有办法也。

第七章
学 校 篇

　　书院之设肇于唐五代之间，宋初有所谓四大书院者：曰白鹿，为南唐升元中所建，在庐山白鹿洞。曰石鼓，唐元和间衡州守李宽所建。曰应天，宋真宗时府民曹诚所建。曰岳麓，开宝时潭州守朱洞所建此据《通考》，《玉海》有嵩阳而无石鼓，嵩阳在登封县太室山下，五代时建，宋太宗赐额。朝廷皆赐之额，此外赐额赐田赐书者尚多。纯出人民自立者，尤不可枚举。元制先儒过化之地，名贤经行之所，好事之家出钱粟瞻学者，并立为书院，盖亦因乎俗也太宗八年（1236）杨惟中从皇子库春伐宋，收集伊洛诸书送燕京，立宋儒周敦颐祠，建太极书院，延儒士赵复、王粹等讲授其间，此元建书院之始，亦理学行于北方之始也。明太祖因元之旧，洪武元年（1368）立洙泗、尼山二书院，其后各省，亦皆有书院。世宗嘉靖十六年（1537），御史游居敬疏，南京吏部尚书湛若水倡其邪学，广收无赖，私创书院，乞戒谕以正人心。帝慰留若水，而令所司毁其书院。十七年（1538）吏部尚书许瓒复言，抚按司府多建书院，聚生徒，供亿科扰，亟宜撤毁，诏从其言。神宗万历七年（1579）张居正以言官之请，概行京省查革，然亦不能尽撤，后复稍稍建置，其最著者，京师曰首善书院，江南曰东林书院。阉祸起，首毁京师书院，而天下之书院随之矣《野获编》："嘉靖来年徐华亭以首揆为主盟，一时趋鹜者，人人自托吾道。凡抚台莅镇，必立书院，以鸠集生徒，冀当路见知，其后间有他故，驻节其中，于是三吴间竟呼书院为中丞行台矣。今上初政，江陵公痛恨讲学，立意剪抑，适常州知州施观民以造书院，科敛见纠，遂遍行天下拆毁，其威令之行，峻于世庙。江陵败，而建白者力攻，亦以此为权相大罪之一，请尽行修复，当事者以祖制所无折之，其议不果行。近来理学再盛，争以皋比相高，书院聿兴，不减往日。"《春明梦余录》曰：京师有首善书院，不知者统谓之东林，当日直借东林以害诸君子耳。盖东林无锡书院名也，宋儒杨时建，后废为僧寺。万历中吏部考功郎顾宪成罢归，即其地建龟山祠，同志者为构精舍居焉。乃与行人高攀龙等开讲其中，及攀龙起为总宪，疏发御史崔呈秀之赃，呈秀遂父事魏忠贤，日嗾忠贤曰东林欲杀我父子，既而杨涟、左光斗交章劾珰，珰益信呈秀言不虚也，遂首毁京师书院，而天下之书院随之矣。马贵舆曰："州县之学，有司奉诏旨所建也，故或作或辍，不免具文，乡党之学指书院，贤士大夫留意，斯文者所建也，故前规后随，皆务兴起。"盖官立学校，士多以利禄而来，私家所设之书院则不然，故其效较著。然至讲学之风盛，而依附者，咸为名誉之所归，则来者不复皆潜修之士，重以党祸之激荡，遂至胥天下而有毁学之祸矣。书院所讲学术，率随时尚为转移，自宋迄明，多讲理学。清代考证学盛，书院亦随之。如诂经精舍、学海堂阮元所立、南菁书院黄体芳立、广雅书院张之洞立等是也。《清会典》"直省会城立书院，府州县立义学、社学，选择生徒肄业其中，聘荐绅宿儒学问淹贯者为之师，束惰膏火之费，官为供备，以宏乐育"。然以地方公款所立之书院，各府州县几多有之，其陋者则亦课八股文为应举之备而已。新教育兴，乃皆改为学校。清学制与明大同，其由府州县学入国学者，亦有岁贡、恩贡，又有优贡、拔贡。优贡提督学政清提督学政于京堂翰詹科道部曹中差，盛京以奉天府尹，台湾琼州以巡道兼于岁科试讫，就教官所报，优生中择优送部考试官增生准作贡生附学，及武生准作监生。拔贡每十二年由国子监疏请行之例以酉年。合岁科两试之优者府学二，县学一，钦命大臣会同督抚盛京奉天府尹复试，送吏部再应廷试，廷试一二等者，引见候旨录用，三等入监，举人惟副榜入监，谓之副贡，俗总称为五贡。除拔贡一二等外，皆当入监肄业。然实无入监者。又有功贡，则诸生从军有功者为之，事不恒有。监生有优监、荫监、例监；荫监又分恩荫、难荫，恩荫京官四品、外官三品以上，武官内外皆二品以上，公侯伯视一品，子视三品，男视四品；难荫无限制。荫生入监三年，难荫六月即得铨选，然实亦不入监也。恩荫铨选视其父之品级，难荫亦然，而其选途尝较优于恩荫。

京师有宗室学左右翼各一，觉罗学左右翼各四，皆属宗人府，以王公一人总其事。宗室学有总副管，觉罗学有副管，皆有清汉书骑射教习，派京堂官稽查课程盛京有宗室学、觉罗学各一，以将军府尹总其事。

咸安宫学十六,景山学六,皆以教内府三旗幼丁正黄、镶黄、正白。八旗义学以教八旗子弟,皆以进士、举人、恩拔副贡为汉教习,翻译生员及因公挂误而通知翻译之废员为满教习近支亲王、贝勒、贝子、镇国公得在上书房读书。万善殿汉书学以教幼年内监。

讲新学之学校肇于清末同治元年(1862),江苏巡抚李鸿章始就上海设广方言馆,后移于制造局,就其中设翻译馆,译出西书颇多当时口译者如林乐知、傅兰雅,笔述者如华蘅芳、徐寿,类多学问淹贯之士。六年(1867)总署奏设同文馆于京师,有英、法、俄、德四国语文及天算。光绪二年(1876)沈葆桢设船政学堂于福州,学生分肄英法文。肄英文者习驾驶,肄法文者习制造,是时以为西人之所长者兵事及械器而已。甲午战后,舆论乃一变,戊戌变法,诏废科举,设学校。政变后皆复故。庚子以后,乃复议兴学,初以张百熙为管学大臣,奏定大学堂章程,设大学于京师,旋命与张之洞会定一切学堂章程实多出之洞。以总理学务大臣统理全国学务管学大臣改为京师大学堂监督,后改官制乃设学部。教育始于蒙养院,其上为初等小学堂,五年毕业,又其上为高等小学堂,四年毕业;中学分文、实科,五年毕业,其上为高等学堂,三年毕业;又其上为大学堂,政法、医科四年,余三年毕业。大学堂之上曰通儒院,期限五年。与初等小学并设者,有艺徒学堂;与高等小学并设者,有初等实业学堂;与中学并设者,有初级师范、实业学堂;与高等学堂并设者,有优级师范、高等实业学堂及译学馆毕业年限与初高等小学、中学、高等学堂同,惟译学馆为五年。大学分八科,一经学、二法政、三文、四医、五格致、六农、七工、八商。高等小学毕业,由道府会同考试,送学政复试,最优等作为廪生,优等增生,中等附生。中学由道府考送,督抚学政会同复试,最优等为拔贡,优等为优贡,中等为岁贡。高等学堂毕业者作为举人,咨送学务大臣复试,以内阁中书知州最优等,中书科中书知县优等,部寺司务通判中等补用。大学毕业者,给予进士出身,以翰林院编修检讨最优等、庶吉士优等、分部主事中等用下等为同进士出身,留堂补习一年。其余学堂亦皆有奖励。犹未脱旧时学校贡举之制也。民国肇建,改学堂之名皆曰学校,去奖励之法,初等小学四年,定为义务教育;高等小学三年,与并设者曰乙种实业学校;中学四年,与并设者为师范学校四年,预科一年及甲种实业学校分农工商,三年。其上为专门学校,三或四年。高等师范学校三年,预科一年,大学三年或四年。废清之高等学堂,而设大学预科,亦三年。民国六年(1917)改为预科二年,本科一律四年。废通儒院,大学毕业后从事研究者无年限。民国十年(1921),全国教育联合会开第七次会于广东,议改革学制。明年又开会于济南,教育部因之召开学制会议,改初等教育为六年,得分四年、二年两级,仍以四年为义务教育,视地方情形得延长之,又得展小学之期为七年,中学六年,分前后期或前四年后二年,或前二年后四年,或皆三年。高级中学普通科外,得设农工商师范家事等科。乙种实业学校改为职业学校收高等小学毕业生。甲种实业学校或改职业学校,或改高级中学农工商科。师范学校前后期各三年,亦得但设后期,收初级中学毕业生。大学设数科或一科皆可,设一科者曰某科。大学毕业期限四年至六年。法、医二科最少五年。高等师范收初级中学毕业生,四年毕业,若收高级中学毕业生,而毕业期限仍为四年者,则称师范大学。专门学校毕业期限三年或四年医科必须四年,亦收初级中学毕业生,若改收高级中学毕业生,亦得改称某科大学,此自清末至民国北京政府学制之大略也。

  游学亦始清末同治末年,曾国藩奏请派遣幼年学生赴美,由香山容闳率之往,别设正副监督以监护之。光绪七年(1881)裁撤,以学生多曙美女子信基督教也。甲午后各省派遣及自费留学外国者乃骤增,其时往日本者最多时留学生亦有奖励,考取者分别给以举人进士出身,后亦冠以所学科名称,某科举人,某科进士。光绪三十一年(1905)美国退还庚子赔款,明年设游美学生预备学校于清华园,自是以后游美学生,乃日增月盛焉。

后　记

　　吕思勉（1884—1957），字诚之，笔名驽牛、程芸等，江苏常州人，中国近代历史学家。

　　吕思勉先生出身于书香世家，先祖曾是清代常州第一位状元，官至弘文院大学士；父亲曾任江浦县教谕，母亲亦是武进名门之女，能诗能文。吕思勉先生 6 岁，开始从师授业；10 岁时，由于家境败落，父母亲自教诲，系统阅读经学、史学、小学、文学等各种文史典籍。23 岁后专治史学。1905 年起开始从事文史教育和研究工作，先后在苏州东吴大学（1907 年），常州府中学堂、南通国文专修科、上海私立甲种商业学校、江苏省立第二师范学校、沪江大学、光华大学等校任教。抗战时期，归乡闭户著书。抗战胜利后，重返光华大学，曾担任历史系主任、代校长。早年还曾在上海中华书局、上海商务印书馆任编辑。1951 年入华东师范大学历史系任教。

　　吕思勉先生是我国近代史上一位卓有成就的史学家，读书广博，治学严谨，著作等身，尤其是在通史和断代史领域都有极高的建树和权威。他的史著强调史料分析，融会贯通，同时亦重视历史发展过程的前因后果的探讨。他的两部通史、四部断代史、五部专史及其他多种著作，洋洋洒洒近千万字，皆以史料翔实与汇通而著称，素为学界所推崇，对中国现代史学的发展有重大影响。

　　本书共分为四个部分：《中国近代史讲义》、《中国近世史前篇》是吕思勉先生在上海光华大学上课时的讲义；《中国近百年史概说》是先生在 1943 年在辅华中学时的讲义；《中国近世文化史补篇》曾收入 1928 年的商务印书馆"新时代史地丛书"，并收入《万有文库》第一辑。前三部分内容基本一致，乃作者不同时期的讲义集结而成；后一部分是对前三部分内容的补充和深化详解。以便让读者从多角度了解近代中国百年历史。

在编辑整理过程中，为方便今人阅读，繁体字改为简体字，竖排改为横排，并采用现今通行标点。另，只是对一些纰漏和原则性问题稍作改动，其他如原书中人名、地名及其译名一仍其旧。

本丛书的起源、宗旨、特点等诸方面，在"出版者的话"（代总序）里面略有阐述，在此无需赘言。我们在这里想着重说明的是，有些著作尽管历经百年沧桑，某些论据与观点于今日有待商酌，但仍不失中国近代文化思想学术史上的精彩篇章。

古人曾言："校书如扫尘，尘随帚去辄随有。"（宋人朱翌语）我等虽全力以赴，难免有所不足，祈望各位读者和方家斧正。更加期盼这套《中国近现代文化思想学术文丛》能得到各界朋友的支持，使之更臻完善。

编　者